교과서 밖에서
배우는
윤리
공부

교과서 밖에서
배우는

윤리
공부

초판 1쇄 인쇄 2016년 6월 15일
초판 1쇄 발행 2016년 6월 29일

지은이 정은교
펴낸이 김승희
펴낸곳 도서출판 살림터

기획 정광일
편집 조현주
북디자인 꼬리별
표지디자인 이혜원

인쇄·제본 (주)현문
종이 월드페이퍼(주)

주소 서울시 영등포구 양평로21가길 19 선유도 우림라이온스밸리 1차 B동 512호
전화 02-3141-6553
팩스 02-3141-6555
출판등록 2008년 3월 18일 제313-1990-12호
이메일 gwang80@hanmail.net
블로그 http://blog.naver.com/dkffk1020

ISBN 979-11-5930-018-9 03370

교과서 밖에서
배우는

윤리
공부

정은교 지음

윤리를 세워야 사람이 된다

이 책은 고등학교 『윤리와 사상』, 『생활과 윤리』 교과서를 겨냥하고 썼다. 고등학생들이 교과서에 들어 있는 내용을 제대로(올바로) 이해하려면 이 책부터 읽고 '생각(반성)하는 힘'을 먼저 키워야 한다. 교과서는 기특하게도(?) 정말 많은 얘기를 읊었는데 대부분 쪼가리(도막) 지식을 마구 늘어놓아서 그 책만 읽어서는 변변히 배움을 얻을 수 없다. 이를테면 교과서를 아무리 들춰 본들 헤겔과 하이데거와 요나스와 레비나스에 대해 뭘 알겠는가. 심지어 글러먹은 얘기도 군데군데 들어 있으니 차라리 교과서를 밀쳐버리는 쪽이 더 나을지도 모른다. 이 책이 그 모두를 충분히 살핀 것은 아니지만 학생들이 윤리(그리고 철학과 사회정치) 공부와 관련해 기본으로 알아둬야 할 생각거리는 대강 훑었다. 대학이나 대학원 수업에서 생각거리로 꺼내 드는 것들도 여기 (간단하게나마) 소개해놓았으므로 이 책은 꼭 고등학생만 읽어야 할 것이 아니다.

교과서라는 놈을 잠깐 생각해보자. 고등학생쯤 되면 세상에 대한 지각知覺이 제법 싹터서 교과서가 많이 허술하다는 사실을 직감으로 느낀다. 스스로 배움을 찾는 청년들이 펴내는 인문학 잡지 『나다』에서 학생들한테 '교과서가 어떤 것이라 여기느냐'고 물어봤다(2015년 겨울호). 그들이 되돌려준 말인즉슨 이렇다. "짐이다. 지겹다. 기간제 쓰레기다. 획일적인 사회를 보여주는 교육의 폐해다. 쓸데없이 두껍고 뭔소린지 모르겠다. 나무한테 미안하다. (하지만 눈물을 머금고) 1년 동안 씨름해야 할 상대다." 좋은 점은 없냐고 또 물었다. 공부에 취미 붙인 학생은 긍정적인 대답도 내놨다. "수학책이 어렵지만 푸는 맛이 있다. 국어책에 재미있는 글도 더러 있다. 생물책은 배울 게 있다……." 하지만 다른 면에서 교과서의 미덕을 발견한 학생들이 더 많다. "책의 사진을 잘라서 책상이나 사물함을 꾸미기에 좋다. 냄비 받침으로 써도 된다. 두꺼워서 베고 자는 데 좋다. 낙서할 여백이 있다."[1]

> 덧대기 1
> 내 책의 1~2부(플라톤, 칸트, 헤겔)에는 고등학생한테 다소 어려운 대목도 있다. 두고두고 새길 요량으로 읽기 바란다. 3~4부에는 현실 사회를 알려주는 얘기가 많다. 윤리 문제를 현실의 흐름과 연관 짓지 않으면 공허한 공부가 된다.

옥석玉石을 가려서 교과서를 읽어라

그런데 이것이 한국 학교만의 문제일까? 데레저위츠(예일 대학 교수)가 『공부의 배신』이라는 제목의 책을 냈다. "왜 하버드 대학생(과 같은

---

1. 학생들을 바보로 만드는 데 교사가 큰 몫 하지 않았느냐는 비판이 나올 만하다. 맞다. 하지만 당장 눈앞의 사람한테 원망을 퍼붓고 싶은 유혹을 떨쳐라. 사회 전체를 파헤쳐야 해결책이 나온다. '(학교) 교무실에는 천 개의 섬이 떠 있다'고 하는데 왜 교사들이 자기 섬에 갇혀 살아갈까? 그 원인을 (통 크게) 살펴 학교와 전체 사회를 바꿔내야 한다. 그런 변화가 시작되면 교사들이 금세 달라진다.

명문대학생)이 바보가 됐나?" 하고 묻는 이야기다. 그가 가르친 학생들은 전국에서 내로라하는 수재秀才들이었지만 비판적이고 창조적으로 생각하는 법, 목적의식을 찾는 법에 관해 무거운 질문을 받으면 다들 어찌할 바를 몰라 했단다. 그들은 똑똑하지만 세상에 용감하게 대들 줄 모르는 겁쟁이 양sheep이랬다. 오늘날의 대학은 인문학에서 경제학으로, 곧 '실용적인' 학문으로 교육의 초점을 옮겼기 때문에 학생들이 스스로 생각하는 힘(!)을 더더욱 잃어버렸다고 한다. 그가 이렇게 말했다. "오늘날 엘리트 학생들의 학습된 행동, 곧 부드러운 자신감과 매끄러운 적응력, 그 모든 허울을 들춰보라. 그러면 두려움과 불안, 좌절과 공허감, 목적 없음과 고독감을 발견하게 될 것이다. 초등학교 입학과 더불어 시작된 '끝없이 주어진 일과' 덕분에 명문대에는 입학할 수 있었지만, 자기가 어떤 삶을 바라는지 이들은 모른다."

그들도 한국 학생들처럼 대학입시에 목을 맸다. 하지만 그들이 '바보 양'이 된 까닭이 대학입시 탓만은 아니다. 그들이 배우는 교육 내용(학교 수업)이 세상에 대해 제대로 눈뜨게 해주지 못한다는 사정도 한몫했다. 아니, 그 사정이 더 크다. 어느 한국 학자가 미국 대학생들한테 특강을 한 소감을 털어놓은 적 있는데 그들이 세상에 대해 참 모르더라는 것이다. 교실에서 배운 게 없다(적다)는 말이다. 그곳에 진취적인 학생들도 없지는 않겠으나, 대다수는 눈앞의 일(학교 성적과 취업)만 좇으며 살아간다. '오리 신드롬(증후군)'이라는 미국 대학의 유행어도 있는데 겉으로(곧 남들한테) 그럴싸한 모습을 연출하기 위해, 속(물밑)으로는 열심히 발버둥(물갈퀴질)을 치는 것을 꼬집는 낱말이다.

그런데 '교육 내용(수업), 문제 있다'고 하면 어린 학생들은 대뜸 넘겨짚어서 중고교 교사들을 원망할지 모른다. "대학에서 학문 하는 사람들은 다 똑똑한데, 그것을 중고교에 전달해주는 사람들이 문제가 있어!"하고. 우리는 세상을 깊이 들여다봐야 (중고교 교과서의 내용을 채우는) 대학교의 학자들 중에 헛똑똑이가 참 많고, 절름발이 학문이 수두룩하다는 사실을 비로소 깨닫는다. 2008 세계공황이 터지자 지금까지의 경제학 이론이 대부분 헛것이었음이 드러났다. '대학에서 부르주아 주류 경제학만 가르치지 말라'고 요구하는 학생운동이 유럽과 미국에서 벌어졌다.

왜 학생들이 배움의 길로 힘차게 나아가지 못할까? 인류의 선각자 pathfinder일 리 없는, 다시 말해 지금의 지배질서를 사수하려는 권력의 지로 똘똘 뭉친 사회 지배층이 민중한테 내리먹이고 싶은 '지식의 틀'에 따라 교과서가 서술되고,[2] 그것이 학교에 강제되기 때문에 그렇다는 대목을 놓쳐서는 안 된다. 교과서가 국정이냐, 검인정이냐의 차이는 그렇게 큰 것 아니다. 학자(대학교수)들이 세상을 아는가? 대부분의 학자는 제가 관심 품고 있는 것밖에 모르고, 그것도 자기가 보고 싶은 쪽으로만 바라본다. 그래서 급변하는 세상을 학문이 따라가지 못하고 있다. '그들도 모르는 것이 많다'는 사실을 머리에 넣고, 어떤 앎이든 옥석을 가릴 줄 알아야 우리는 비로소 세상에 눈을 뜬다.[3] 예컨대 주류(자아) 심리학은 애당초 사회에 대한 병리적病理的인 개인의 '적응' 문제만을 도마 위에 올려놓은 것이고, 분석철학은 세상에서 철학이 밀려난(=소외된) 처지를 당연한 것으로 치고서(전제하고서) 앎의 틀을 짠다. 그 두 학문에는 자본주의 자체의 미래나 프란츠 파농과 전봉준의 민족해방투쟁을 '문제'로 궁리해보겠다는 지향성이 들어 있지 않다.

> **덧대기 4**
> 유럽의 뛰어난 학자들은 (훔볼트 교육개혁이 이뤄진) 19세기 초에 와서야 대학에 몸을 담았다. 그 이전에 살았던 학자들은 대학에 가고 싶어 하지 않았다. 그런데 인류는 지성이 숨 쉴 데가 딱히 없는 그런 시절로 도로 뒷걸음질 칠지도 모른다. 돈벌이에 허덕이는 시장판이 된 21세기의 대학도 18세기 이전처럼 학문(문화) 발달에 기여할 것이 없는 한갓 직업소개소 수준으로 쭈그러들 위험이 높다.

2. 대다수 학자들은 쪼가리 학문만 하고 있어서 지배층이 바라는 '지식의 틀'에 쉽게 포섭된다. 사회 교과서가 가장 노골적이다. 2011년 '시장 기능의 한계와 정부 개입' 단원이 통째로 빠지고, '기업가정신 교육'이 새로 들어갔다. 노동교육은 초중고 통틀어 2~5시간밖에 배정하지 않았다.

3. 엄기호의 말을 옮기자. "교과서의 힘은 학생들이 생각하지 않아도 되게 하는 데 있다. (학생들은) 아무런 생각이 없거나 생각하기 귀찮은데도 뭔가를 말해야 할 때, 교과서에 적힌 얘기를 앵무새처럼 읊는다. 그게 맞는 얘긴지 따져보지도 않고!" 가령 교과서에 적힌 대로 '기업 만세!'를 외친다.

도덕적 불감증이 정치적 무관심을 낳는다

학생들의 현실은 어떠한가? 『나다』 잡지에 적혀 있는 어느 청년의 얘기를 옮긴다. "대학 첫해 동안 배운 것이 고등학교 3년 동안 배운 것보다 많았다. 고작 책 몇 권에 얽매여 구절구절을 외우다시피 하고, 똑같은 문제 유형을 반복해서 푸는 데 그렇게나 많은 시간을 쏟아부은 것이 낭비가 아니면 뭐란 말인가. 학업의 문제만이 아니다. 나는 대학에 들어가서야 비로소 나하고 정체성이나 사고방식이 다른 사람들과 어떻게 어울릴지를 고민하게 됐다. 초중고 12년 동안 언제나 '모범생'이었던 나는 정해진 시험을 치고, 윗사람의 지시에 따르는 면에서는 최상급의 인간 부품이었지만, 다른 사람들과 대화를 나누고 무엇을 더불어 결정하는 일, 남의 권리가 내 권리만큼이나 소중하다는 사실은 학교에서 배우지 못했다. (어른이 돼서) 아기가 걸음마를 떼는 것처럼 처음부터 배워야 했다. 요컨대 학교가 허락하는 지식에는 사람이 시민으로 살아가는 데 필요한 언어가 들어 있지 않았다."

도덕 책(수업)이 사람의 도덕성을 (별로) 길러주지 못한다는 사실은 어린 학생들도 어렴풋이 안다. 사람이 어찌 (생활 속의 실천 없이) 책 몇 권 읽는다고 선뜻 영혼이 깊어지겠느냐만 그 책들이 학생들한테 '생각의 눈'이라도 틔워줘야 도덕성의 바탕이라도 마련될 터인데 교과서는 그런 구실도 하지 못한다. 어찌하여 슈바이처가 생명외경 사상을, 요나스가 자연에 대해 책임윤리를 품게 됐는지 그 절절한 대목을 짚어줘야 우리는 비로소 '그 생각을 알았다'고 할 수 있거늘, 낱말 몇 개 건성으로 끄적거려놓고서 어찌!

무엇을 어떻게 배워야 할까. (실천 문제는 접어두고) 머리로 배우는 것만 살펴보자. 우리는 어떤 사상이든 그 합리적인 핵심부터 읽어낼 줄 알아야 한다. 그래야 세상일을 온전히 배운다. 교과서에 거론되는 사상이라면 무엇이든 (한 옴큼에 불과할지라도) 어떤 미덕이 있다. 모든 사상에서 미덕을 찾아낼 수 있어야 옛 선현들한테서 '배웠다'고 할 수 있다. 동시에, 그 모든 사상을 비판할 줄 알아야 우리는 그들을 넘어선다. "플라톤과 칸트와 마르크스와 요나스가 똑똑히 살피지 못한 대목은 뭐지?"

또 윤리학 책만 들여다봐서는 윤리를 알 수 없다.[4] 칸트가 "직관 없는 개념은 공허하고, 개념 없는 직관은 눈먼 것이 되기 쉽다"라고 했는데 윤리를 놓고서도 그런 말을 할 수 있다. "정치학 없는 윤리학은 공허하고, 윤리학 없는 정치학은 눈먼 것이 되기 쉽다." 예컨대 환경위기를 생각해보자. 우리가 그 문제에 대해 왜 '책임'을 떠맡아야 하는지, 윤리학을 제대로 알아야 우리는 하나의 시민으로서 제 할 바를 다할 수 있다. 하지만 국가와 세계가 그 문제를 떠맡게끔 다그치는 정치운동이 벌어지지 않는다면 환경위기는 본때 있게 극복되지 못한다. 몇몇 개개인이 아무리 열심히 '환경 지킴이' 구실을 한다 해도, 달라질 부분은 그리 많지 않다. 거꾸로, '우리가 자연을 어떤 태도로 맞아야 하는지' 윤리학의 깨달음을 갖추지 못한 정치가들은 환경문제도 건성으로 대응하기 마련이다. 이것은 대다수 민중더러 여태껏 누려온 소비생활의 즐거움을 얼마쯤이라도 포기하자고 설득하는 문제다. 대중의 윤리의식이 높아지지 않고서는 성사되지 못하고, 정치가는 자

---

4. 윤리 교과서는 '모든 것'이 윤리란다. 민족통일도, 종교분쟁도 다 윤리 문제란다. 그것들, 윤리와 무관하지는 않지만 정치문제다. 또 응용윤리학이 산더미 같은데, 이것은 윤리학이 어떤 이론적 곤경에 빠져 있다는 증좌다. 학문 체계가 통일돼 있지 못하고, 윤리(학)적인 근거 짓기가 안 돼 있으니 개별 문제가 생길 때마다 '전문가끼리 알아서 판단하라'고 떠맡긴다. 민중은 그 토론에서 소외되기 십상이다.

칫하면 대중한테 외면당할 위험도 짊어져야 한다. 당장 성공하는 것만 바라는 정치가라면 대중한테 달콤하게 다가가지 않는 얘기는 뒷전으로 미루고 싶을 게다(정치가 한갓 너절한 오락이 돼버린 시대다). 그러니 옳은 정치의 길을 모르고서 윤리를 장담할 수 없고, 옳은 윤리를 모르고 정치를 희롱해서도 안 된다.

우리는 어떤 사람이 되지 말아야 할까

실천 문제도 생각해보자. 여러분이 시험 성적을 얼마나 올리느냐의 문제가 아니라, 여러분이 어떤 사람으로 커갈 것이냐는 문제다. 그런데 '어떤 사람이 돼라!'고 설득하기보다는 '어떤 사람이 되지 말라'고 호소하는 것이 더 쉽다. 여러분더러 '예수의 뒤를 따르라'거나 '제2의 유관순(전태일)이 되라'고 권유하는 것은 쉽지 않은 말이다. 하지만 '꽉 막힌 가부장家父長은 되지 말라'거나 '제2의 이완용이나 악덕 기업인이 되지 말라'고 호소하는 것은 가능하고, 그것만큼은 실현돼야 우리 사회가 무너지지 않는다. 사회가 성숙하는 것은 다음 일이요, 우선 무너지지 말아야 할 것 아닌가.

글쓴이는 "우리, 조무래기(평범한) 악당이 되지 말자!"[5]라고 호소하고 싶다. 이것은 정치학자 한나 아렌트(1906~1975)가 처음 꺼낸 말이다.

---

5. 신문방송은 "북한이나 IS(이슬람테러집단)가 악마"라고 요란하게 선전한다. 그들이 비판받아야 할 부분을 비판하는 것은 옳다. 그런데 그 선전만 듣다 보면 "거기 말고 딴 데는 악마가 없다"라는 은밀한 무의식까지 아로새기게 된다. 정말 그럴까? 거기 있는 악당들이 외려 조무래기 아닐까? 세월호 사건(구조 방기 의혹)과 관련된 악당은 누구누굴까? 예전에는 누가 악당인지 분명했지만(가령 인디언 학살자들이나 히틀러!), 현대에는 누가 악당인지 불분명해졌다. 대단한 악당은 많지 않고 조무래기들이 (허약함의 가면을 쓰고) 널리 흩어져 산다. 그들을 가려낼 섬세한 눈길과 높은 도덕윤리가 필요하다.

그는 독일 나치당의 유대인 학살 책임자 아이히만의 재판을 참관하고서 "무척 남다른 대단한 악당인 줄 알았는데 정말 평범한 소시민이더라. 저 스스로 생각할 능력이 없어서 (허수아비처럼) 윗사람이 시키는 대로 한 것 같다. 그런데 이게 더 끔찍한 일이다"라고 짚어냈다. 이에 대해, 아이히만이 법정에서 순진한 척 벌인 연기演技에 아렌트가 속았다고, 달리 생각하는 사람들도 있지만 아무튼 아이히만이 파렴치한 악당인지, 머리가 비어 있는 평범한 악당인지는 그렇게 중요하지 않다. 아렌트가 짚어낸 앎이 '인종 학살극'을 벌이는 데 참여한, 독일의 수많은 군인(관료)들한테도 다 해당하는 얘기이니 말이다. 그것이 반유대주의가 기승을 부린, 한때의 독일에만 그치는 얘길까. '(평범한) 조무래기 악당'은 세계 곳곳에 있다. 우리 자신도 어려운(꼼짝달싹 못할) 처지에 빠지면 얼마든지 악당 노릇을 벌이기 십상이다. 1970년대에 한국군이 베트남에 파병됐는데 그 시절에 한국군이 베트남 민중한테 저지른 악행에 대해 김대중 전 대통령(1998~2002 집권)이 베트남 정부에 사과한 적이 있다. 아시아 곳곳의 노동자들이 한국 자본가의 억압과 착취에 저항하는 일도 심심찮게 일어났다. 일제강점기 때 면서기를 지낸 사람들은 (조무래기에 속하므로) 나중에 '친일파'라는 비난까지 받지는 않았지만 그들이 우리 겨레의 독립을 가로막은 악당이 아니라고 말할 수는 없다.

불행한 역사에 대해, 꼭 나쁜 짓을 벌인 사람만 책임이 있는 것이 아니다. 구경꾼들onlookers도 역사의 죄인이다. 독일의 니묄러 신부(1892~1984)가 이런 시를 썼다.

그들이 공산당원을 잡아갔을 때 나는 침묵했다.
나는 공산주의자가 아니었으므로

그들이 사회민주당원을 잡아갔을 때 나는 침묵했다.

나는 사회민주당원이 아니었으므로

그들이 노동조합원을 잡아갔을 때 나는 침묵했다.

나는 노동조합원이 아니었으므로

그들이 유대인을 덮쳤을 때도 나는 침묵했다.

나는 유대인이 아니었으므로

그들이 나한테 왔을 때

내 곁에는 나를 도와줄 이가 아무도 남아 있지 않았다.

그는 히틀러가 권력을 잡은 초기에는 나치당에 협력했다가 뒤늦게 그들과 맞섰다. 위의 시는 자기를 뉘우치는 시다. 니묄러 같은 사람이 우리의 희망이다. 늦더라도 인간 해방의 대열에 함께할 사람들이! 그럴 윤리를 품은 사람들이! 혹시라도 전 세계의 소시민小市民들이 죄다 '뉘우칠(=반성하는) 힘'을 잃어버린다면[6] 우리는 더 이상 역사책을 쓸 수 없을 것이고 더 이상 문명文明을 자랑해서도 안 된다. 사람의 무리를 가리켜 호모 사피엔스, 곧 이성인理性人이라 일컬어서도 안 된다. 인류가 'homo-pig'로 굴러 떨어지지 말라는 법이 있는가.[7]

사람 세상에 대해 조무래기 악당들과 방관자를 꾸짖어야 한다면, 자연(우주)에 대해서는 '(우리가) 암세포는 되지 말자'고 호소해야 한

---

6. 초등 6년 사회 교과서에 2016년부터 '위안부(=일본군 성노예)'의 용어와 사진이 삭제됐다. 일본 정부의 끈질긴 '역사 은폐' 노력에 한국 정부가 (마침내) 맞장구를 쳤다. '소녀상 철거'도 약속해줬다.

7. 사람은 현실을 들여다보고서도 눈길을 돌리기 일쑤다. 보스니아 내전(1992~1995)에서 끔찍한 학살이 저질러졌다는 사진 보도가 있었으나 (그 시절의) 유럽인들은 반응하지 않았다. 전쟁이 끝날 기미가 보이지 않는다는, 이웃 나라가 참견할 구석이 없다는 무기력감 때문에 '생각하기'를 접어버렸다. 연민(가엾어함)의 감정은 쉬 사그라들고 우리 모두는 무관심한 방관자로 곧장 되돌아간다.

다. 이것, 생명세계에 대해 외경심畏敬心을 품은 사람들이 건네는 무거운 비유법이다. 황막한 우주 곳곳에, 죽어 있는 물질들 가운데서 스스로 살아가는 것들(=생명)이 돋아난다는 신비로움을 마주하면 우리는 문득 소름이 돋는다. 그것을 신神의 조화造化라 불러도 좋고, 소박하게 자연의 섭리(큰 이치)라 여겨도 좋다. 죽어 있는 물질의 일부였던 우리가 생명으로 바뀌고 더더욱 '우리we'가 된 것이 기적(=놀라운 일)이라면 그 기적에 걸맞게 우리의 영혼도 깊어져야 한다. 꽃이 피어나고 노고지리가 지저귀는 우주에 대해 경탄할 줄 모르는 존재는 호모 사피엔스가 아니다. 그런데 동료 사람들을 노예로, 자기의 기계 부품으로 취급해서 제 돈벌이에만 이용해먹고, 더불어 살아가는 (마음과 눈동자가 있는) 동료 생명체들을 공장식 산업축산에서처럼 제 먹잇감으로만 다룬다면, 그렇게 희희낙락喜喜樂樂하는 사람이 (우주를 돌보는) 영혼의 눈이라 할 수 있겠는가. 사람의 문명이 지구의 생태계를 망가뜨리는 지경에 이른다면 그런 눈먼 사람들을 (지구별에 기생하면서 생명체들을 좀먹는) 암세포라 불러야지 달리 무엇이라 부르겠는가.

윤리를 북돋는 것만이 참교육

현대 사회의 지배층은 옹졸하고 교만하다. "비까번쩍한 과학기술 문명을 보라! 우리가 제일 잘나가!" 그런데 20세기 들어, 실존철학과 온갖 비합리적인 사상이 곳곳을 휩쓸었다는 것은 인류한테 그 문명을 다스리는 지혜가 과연 있는지, 미심쩍어하는 사람이 무척 많았다는 얘기다. 우리 시대가 '이성이 가장 성숙한 시대'라고 착각해서는 안 된다. 중력파重力波를 찾아낼 만큼 자연과학의 앎은 깊어졌지만 인류

앞에 놓인 윤리적인 과제를 제대로 떠안을 만큼 대다수 사람들의 영혼이 깊은지는 몹시 미심쩍다. 도덕적 불감증이 깊어져서 다들 정치적 무관심의 늪에 빠져 있다. 공부 잘하는 (남)학생일수록 일간베스트 게시판을 기웃거리며 비뚤어진 생각을 (더 많이) 배설한다는 사례를 보면, 학교가 윤리(그리고 정치) 교육에는 도무지 젬병이 아니냐는 염려도 떨칠 수 없다. 이를테면 유럽으로 몰려드는 난민들의 문제는 세계적 정치경제의 위기를 말해주는데 그들을 우리의 '이웃'으로 받아들이는 윤리적 과제에 대해 한국의 학교교육은 얼마나 진지하게 접근하고 있는가? 2015년 9월 초 터키 바닷가에 떠내려온 세 살 난 꼬마 아일란 쿠르디(시리아 난민)의 주검을 '함께 애도하자'고 학생들한테 말을 건넨 교사는 얼마나 있었을까. 디스토피아(=절망적인 미래)에 대한 섣부른 비관론에 휩싸일 것까지는 없어도 아마겟돈(성서 요한계시록에 나오는 선과 악의 마지막 싸움터)의 정치투쟁이 하루빨리 일어나야 옳다는 생각을 지울 수 없다.[8]

학생들은 진정한 종교 신앙이 어떤 것이고, 어찌해야 참사랑을 꽃피울 수 있을지 지혜의 눈을 틔워야 한다. 옳은 과학과 옳은 기술이 어떤 것인지, 하나하나 따져가며 살필 줄도 알아야 한다. 요컨대 사람답게 산다는 것이 무엇이고 남들(사람들)을 섬긴다는 것이 무엇인지, '가갸거겨'부터 배워야 한다. 수능고사에 나오는 문제 풀이를 윤리 공부라 착각하지 마라. 앎의 알갱이essence를 움켜쥐지 못한 '지식 암기'는 히틀러의 졸병들만 길러낸다.[9]

물론 그러기에 앞서 20~30대의 청년이, 아니 50~60대의 노인이 먼

---

8. 아마겟돈이 무슨 총칼끼리 맞붙는 싸움터로 여기기 쉬운데 힘없는 민중과 폭격기를 앞세우는 힘센 사람들의 싸움이다. 총칼을 휘둘러서 이기는 게 아니고, 무릎 꿇지 않아서 이기는 것이다.

저 윤리를 세워야겠지. 윗물이 맑아지지 않고서 어찌 아랫물이 맑아지기를 바라랴. 나이를 먹는 만큼 사람의 지혜가 깊어지는 것도 아니다. 그러니 어른들(글쓴이 자신)부터 눈에 흙이 들어갈 때까지 사람의 윤리를 배우고 또 배워야 한다. 그 지혜를 잊었으면 다시 걸음마를 떼야 한다.[10]

그런데 누구한테 배울까? 1960년대에 미국의 흑인 소녀 클로데트 콜빈은 버스 타는 것조차 차별하는 사회 지배세력에 반대하다가 감옥에 갇혔다. 흑인 민권운동이 한창 벌어지던 때다. 1970년대에 영국의 어린 소녀 메리 베스팅거는 '베트남전쟁에 반대한다!'고 쓴 완장(띠)을 둘렀다 하여 학교에서 벌을 받았다. 어린 학생한테도 '표현의 자유'가 있다고 부르짖은 것이다. 1995년, 파키스탄의 열네 살 소년 이크발 마시흐는 공장에 들어가 어린이 노동의 실태를 꼼꼼히 조사했다. 아이들을 노예처럼 부려먹는 자본가들을 고발하기 위해서였다. 2000년, 이스라엘의 소년 이셀 아슬레는 '아랍인과 유대인이 서로 싸우지 말자'고 시위를 벌이다가 총에 맞아 이슬처럼 스러져갔다. 세계 곳곳에는 민중이 고통받는 현실에 맞서 어른들보다 더 치열하게 행동한 청소년이 있었다. (이 사회의 지배세력이 만드는) 교과서는 그런 뭉클한 사실들을 별로 자상하게 알려주지 않는다. 그러니 교과서 밖(=세상 속)으로 숨은 진실을 찾아 떠나자.

---

9. 홍사단의 설문조사에 따르면 "10억 원을 받고 1년간 감옥살이할 생각이 있느냐?"라는 물음에 고등학생의 절반이 '그렇다'고 답했다. 그렇게 황폐한 마음가짐이 깨달음의 공부 없이 바뀔 수 있을까.

10. 누가 탈무드의 랍비 힐렐에게 10초 안에 하느님의 가르침을 설명해보라고 하자, 대뜸 '이웃 사랑'이라 답했다. 이것의 수용은 믿음의 도약이고, 짐승에서 사람으로 바뀌는 윤리적인 기적이다.

차례

1부

고전 사상

1 플라톤과 아리스토텔레스

소크라테스가 탈옥을 거부하고 당당하게
죽음을 맞은 것은 지행합일의
윤리적인(숭고한) 행동이었다.
"폴리스가 설령 비뚤어진 일을 저지른다 해도,
나는 그것에 대해 무한책임을 지겠다."
하지만 플라톤은 스승의 죽음에 충격을 받아,
기성 정치에 발을 끊었다.

먼저 고등학교 『윤리와 사상』 책에 서술된 그리스 철학의 내용부터 간추리자.

(1) 소크라테스는 소피스트의 상대주의를 비판하고, 대화법(변증법은 여기서 시작됐다)을 통해 끊임없이 보편적인 진리와 윤리를 추구했다.

(2) 플라톤은 세계를 현상과 이데아로 구분하고, '동굴의 비유'를 통해 선善의 이데아를 설명했다. 태양이 선善의 이데아를, 동굴 속에 갇혀 사는 죄수들은 현상 세계에 살고 있는 우리를 상징한다. 그는 철학자가 다스리고 여러 계층이 조화를 이루는 이상 국가를 꿈꾸었다.

(3) 아리스토텔레스는 사람이 논리적 사유(추론)를 할 수 있는 이성적 존재이자 공동체적(사회적) 존재라고 했다. 그는 선의 이데아를 거부하고 감각과 경험에 의거한 현실의 앎과 중용의 도덕을 중시했다.

교과서는 플라톤이 이상주의를, 아리스토텔레스가 현실주의를 대표한다고 요약한다. 틀린 얘기는 아니지만 너무 간단한 걸맞기다. 두 사상가를 놓고서는 학문 동네에서 오랫동안 수많은 입씨름이 벌어졌었다. 학문의 역사에서 비중이 작은 사람이야 간단히 한두 마디로 규정하고 넘어가도 좋겠지만 두 사람은 유럽 사상사의 출발점을 이룬 인물이므로 자세히 살펴야 한다.

먼저 플라톤. 그는 아테네의 명문 귀족 출신이다. 공자보다 120년 뒤에, 장자보다 60년 앞서 태어났다. 그가 태어날 무렵(기원전 427년으로 짐작), 아테네가 이끈 델로스동맹과 스파르타가 이끈 펠로폰네소스동맹 사이에 30년 가까이 전쟁이 벌어졌다. 투키디데스의 『펠로폰네소스 전쟁사』에 따르면 아테네는 이 전쟁에서 패배해 종속국에 가까운 처지로 떨어졌다. 이 전쟁은 나라(도시국가)들 사이의 전면전으로 치달아 종교와 문화가 숱하게 짓밟히고 잔학 행위가 숱하게 벌어졌다. 이로써 (기원전 5~7세기의) 그리스 황금시대가 점점 저물기 시작했다.

그는 젊어서 소크라테스의 제자가 됐다. 소크라테스는 책을 쓴 적 없고, 플라톤의 책 『대화편』을 통해 전해올 뿐이다. 여기서 주어지는 생각거리는 스승의 사상이 제자의 책에 나와 있는 그대로냐는 것이다. 왜냐하면 소크라테스는 플라톤 말고도 디오게네스를 비롯해 여러 제자를 두었고, 제자들마다 생각이 달랐기 때문이다. 욕심 없는 삶을 보여주는 유명한 일화를 남긴 디오게네스[11]의 경우, 플라톤의 사상을 신통찮게 여겼다. 그러므로 플라톤은 스승의 가르침을 자기가 추구하는 방향에 따라 취사선택해서 책에 적었을 수도 있다.

11. 마케도니아의 알렉산더 대왕이 디오게네스를 (유명하다길래) 찾아와 '바라는 게 뭐냐'고 묻자, 디오게네스는 햇빛을 가리지 않도록 비켜서달라는 것뿐이라고 대꾸했다. 플라톤과 디오게네스는 아마 스승의 서로 다른 면을 이어받았을 것이다. 전자는 사상을, 후자는 기개를!

그가 20대 후반의 열혈 청년일 때 아테네 폴리스가 소크라테스한테 사형을 선고했다. 나라가 인정하는 신들을 인정하지 않고 다른 신을 들여왔으며, 젊은이들을 타락케 했다는 죄목(구실)이었다. 확증은 없지만 아테네 법정이 비난한 '다른 신'이 이집트에서 흘러들어온 유일신 사상이 아니었겠냐고 우리는 짐작한다. 요즘 우리는 유럽 사상의 시작이 '그리스(아테네) 시절'부터라고 여기고, 윤리 교과서의 서술도 그때부터 시작되지만 플라톤만 해도 이집트를 '선진 문명'이라 여기고 거기로 순례여행을 떠났었다. 프로이트는 이집트에서 잠깐 생겨났던 유일신 사상을 유대인들이 받아안아 유대교를 일으켰다고 밝혀냈다.

소크라테스가 '사형 판결'을 순순히 받아들인 것과 관련해서는, 과거 박정희 전두환 시절의 교과서에 '그거, 악법이라도 지켜야 한다'는 훌륭한 교훈을 후손들에게 남긴 것이라고 적혀 있었다. 독재정권의 앞잡이들이 소크라테스를 자기들의 방패막이로 뻔뻔스럽게 내세웠던 것이다. 그것, 탈옥 거부는 아테네 폴리스의 등에가 될 것을 스스로 자부한 사람이 자기 폴리스에 대해 '무한책임'을 짊어지는 숭고한 행위였지, 아무나 쉽게 해낼 일이 아니었다.[12] 그는 대화를 통해 이성적인 합의를 끌어내는 것을 삶의 원칙으로 삼고 살았는데 그 대화(법정에서의 공방)에서 자기가 상대방을 설득해내지 못한 결과를 스스로 꿋꿋하게 감당했다. 그때는 폴리스(의 판결)에 등 돌리고 다른 나라로 건너가는 일이 예삿일로 벌어지던 시절이었는데도! 우리는 '법을 (덮어놓고) 지켜라!' 하는 분부에 앞서 "소크라테스를 본받아 자기 사회의 등에가 돼라!"라는 권고부터 젊은이들한테 먼저 건네야 한다.

12. 알렉산더 대왕이 죽자, 그에게 휘둘려 살았던 아테네에서 마케도니아를 거부하는 바람이 일었다. 알렉산더의 가정교사를 지낸 아리스토에게도 화살이 날아오자 그는 아테네를 탈출했다. 말이 쉽다고 그에게 소크라테스를 본받아, 그 화살을 고스란히 맞으라고 충고할 수 있겠는가?

'이상 국가'는 이중세계론의 연장이다

　아무튼 스승의 죽음에 충격을 받은 플라톤은 폴리스 정치 곧 민주정에 대한 불신이 깊어졌다. 그래서 (얼마든지 폴리스에서 활약할 수 있는) 귀족 출신인데도 정치와 발을 끊었고, 철인哲人 왕에 대한 소망도 그래서 나왔다. 이를 어떻게 읽어야 할까? 소크라테스한테 터무니없는 죄목을 뒤집어씌운 것으로 보아, 그 시절의 아테네 민주주의가 중우(= 여러 바보) 정치로 타락한 것은 분명하다. 그렇다고 훌륭한 지도자(철학자)가 나라를 움켜쥐고 이끌고 가야 한다는 생각이 저절로 정당화되는 것은 아니다.[13]

　우리는 그의 '이상 국가'를 정치적 좌절의 맥락에서 읽는다. 펠로폰네소스 전쟁의 패배로 진취적인 기운이 가라앉은 아테네는 민주정(이는 중우정치로 타락한다)을 하든, 귀족정치(이는 과두제로 타락한다)를 하든, 철인왕이 다스리건(이는 참주정치로 타락한다), 어떤 정치 형태든 힘을 받을 리 없었다. 정치 체제의 장단점은 상대적인 것이다. 요즘의 우리는 더더욱 '일반화의 오류'를 경계해야 한다. 어떤 민주정이 타락했다 해서 모든 민주정이 어김없이 타락의 길로 치닫는다는 결론이 나오는 것은 아니라서다. 그는 소크라테스가 죽은 뒤, 아테네를 떠나 곳곳을 순례하다가 시라쿠사 폴리스의 참주(=독재자)가 훌륭하다는 소문을 듣고 그에게 '철인왕의 정치'를 기대하고 찾아갔다가 허탕을 친 적 있다.

　그런데 그런 생각은 누구한테서 힌트를 얻은 것일까? 플라톤은 사람들한테 자기가 소크라테스의 제자라는 사실을 열심히 알렸다. 그래

---

13. 하이데거(1889~1976)의 지도자론은 철인왕 구상에 닿아 있다. 하이데거는 대통령과 의회를 다 부정하고, 진리는 시적詩的 사상가나 지도자를 통해 직접 밝혀져야 한댔다.

서 앎이 얕은 학생들은 그가 저 혼자 그런 생각을 해냈거나 소크라테스한테 배웠으려니, 여긴다. 하지만 "철인(철학자)=왕"의 구상은 피타고라스(기원전 580~490)의 생각을 이어받았다. 수학책에는 피타고라스의 이름을 딴 (직각삼각형의 세 변의 관계를 나타낸) 정리定理가 소개돼 있지만, 그가 명쾌하게 논증을 해냈다는 것이지 그 정리의 내용 자체야 훨씬 전, 이집트에 이미 알려진 것이다. 아무튼 피타고라스는 수학만 들이판 사람이 아니다. 피타고라스는 철학(지혜 사랑)이라는 말을 처음 썼는데 이는 사람의 영혼이 윤회전생의 바퀴로부터 해탈할(벗어날) 방법이다. 육신(몸뚱이)의 세계와 영혼의 세계가 따로 있다는 이중세계론은 그가 아시아의 사상으로부터 이어받았고(불교와 뿌리가 같다), 플라톤에게 물려주었다. 피타고라스 교단教團은 영혼을 닦는 수행修行까지 힘써서 일종의 종교라고도 하겠다. 그런데 피타고라스는 젊은 시절에 (이오니아 지방의) 사모스 섬에서 민주주의를 실천해보다가 좌절을 겪었다. 함께 민주화에 나섰던 친구가 참주(독재자)로 변신해버린 것이다. 그래서 '정치가 바로 되려면 철학자가 나서야겠구나!' 하는 생각으로 돌아섰다. 원래 수학은 땅의 측량(이집트)과 점성술(바빌로니아), 화폐경제의 발달(이오니아)에 힘입어 꽃핀 것이다. 그런데 피타고라스는 수학을 실용(응용) 학문으로 여기지 않고 거기에 철학적인 뜻을 듬뿍 실었다. 수數를 신비로운 것으로 높게 자리매김한 것이다.[14]

14. 정수整數를 철학적으로 읽는 데 골몰해서 '대수학의 발달'을 가로막았다. 그를 이어받은 플라톤과 아리스토텔레스도 수학을 논증의 도구로 삼았을 뿐, 수학 발달에 별로 공헌하지 못했다.

물질과 운동, 분리냐 통일이냐

플라톤의 이데아론은 "육신은 더럽고, 영혼만이 고결하다"라고 여기는 이중세계론의 연장延長이므로, 오늘날의 우리가 물려받을 진취적인 방향의 생각이라 하기 어렵다. 거기서는 민주주의 사상이 싹틀 수 없고, 그런 생각 자체가 정치적 좌절의 표현이다. 아테네 철학자들은 그리스 본토보다 앞서 꽃피어난 이오니아 사상[15] 가운데 피타고라스와 파르메니데스(기원전 510~450)만 받아들였을 뿐, 자기들 입맛에 맞지 않는 사상가들은 애써 깎아내렸다. 그들은 '자연철학'만 주로 들이팠지, 사회에 대한 탐구가 없지 않으냐는 것이다. 그런데 자연에 대한 (이오니아 철학자들의) 생각 속에 이미 '사회를 바라보는 눈'이 깃들여 있는 것이다. 더 살펴보자.

이오니아의 자연철학은 아르케(시초)에서 운동하는 물질을 발견했다. 물질과 운동이 분리될 수 없다고 봤는데 피타고라스가 이 둘을 분리해서 생각했다. 물질의 근저(밑바탕)에 수학으로 파악되는 '관계'가 있다고 여겼다. 감성적인 지각과는 다른 앎(또는 참된 세계)라는 관념이 이로부터 생겨났다. 세계를 멈춰 있는 것으로 봤다. 이에 대해 헤라클레이토스(기원전 6세기 초~?)가 "만물은 유전한다. 우리는 같은 강물에 발을 담그고 있고, 또 담그고 있지 않다"라며 비판했다.

파르메니데스는 "있는 것은 모두 '하나'로 있다"라고 말했으니 얼핏 보면 헤라클레이토스와 반대되는 말을 한 것 같다. 실제로 플라톤은 파르메니데스의 사상에서 감명을 받아 선善의 이데아 구상을 가다듬었다. 아리스토(텔레스)는 파르메니데스를 다음과 같이 비평했다. "그

---

15. 가라타니 고진이 쓴 『철학의 기원』 참고. 『교과서 밖에서 배우는 고전공부』에 이를 간추렸다.

는 있는 것, 곧 하나만 있을 뿐, 그 밖에는 아무것도 없다고 했다……
하지만 그도 현상의 사실은 싫어도 따라야 해서 개념적으로는 하나이
지만 감각에서는 '많이 있다'고 설명했다. 그리고 뜨거운 것(불)을 있
는 것 쪽에, 차가운 것(흙)을 없는 것 쪽에 배분했다."

가라타니 고진에 따르면 파르메니데스의 얘기는 피타고라스의 이
중세계론에 대한 에두른(우회하는) 비판이란다. 이오니아학파는 카오
스(공허)에서 천지天地가 생겨난다는 옛 신화를 부정했다. 아르케(시초
물질)는 다양한 모양을 띠지만 무無에서 생겨나는 것도, 사라지는 것
도 없다. 이와 달리 피타고라스는 만물의 근원이 물질이 아니라 수數
라 했다. 공허에서 하나가 태어나고, 공허를 흡수해서 여럿을 낳는다
고 했다. 이는 공허(무)로부터 세계의 생성이라는 신화적 생각의 복원
이다. 파르메니데스는 "공허는 있지 않은 것"이라고 이 생각을 반박했
다는 말이다.

신화myth에서는 모든 것이 사후事後의 것으로 보인다. "지금 세상이
이렇게 되어 있지. 그거, 이미 벌어진 일이잖아? 그러면 그것은 신들의
뜻과 목적에 따른 결과가 틀림없어." 플라톤의 이데아론(또는 제작자로
서의 신 관념)과 아리스토텔레스의 원인론(목적인, 형상인)도 사후(나중)
에 발견되는 세계야말로 참된 세계라는 생각의 표현이다.[16] 나중에 더
살펴겠지만 기독교는 말할 것도 없고, 근대 독일 관념론의 헤겔한테도
이런 목적론적인 생각이[17] 이어진다.

16. 고진에 따르면 플라톤은 파르메니데스의 '하나론'을 자기 관점에서 읽어낸 셈이다.
17. 세상일은 다 (신의 뜻과 같은) 어떤 목적에 의해 지배되거나, 그 목적에 따라 판단해야
    한다는 생각.

플라톤의 합리적 핵심은 보편 진리관

플로티누스(204~270)는 플라톤의 이데아/현상계 이원론을 계승하면서 이를 조금 수정해서 "이데아가 (많든 적든) 세상으로 흘러나온다"라고 파악했다. 높다란 이원론의 담장을 조금 낮춘 셈이다. 그의 제자들이 3~6세기에 신플라톤주의를 형성했다. 이들에게 배워 기독교 신학의 기틀을 세운 사람이 『고백록』을 쓴 아우구스티누스(기원후 354~430)다. 기독교는 플라톤 사상을 받아들여 "'하나'인 신이 무無에서 유有 또는 여럿을 창조했다"라는 얘기를 정교하게 할 수 있었다. 근대 독일 철학에서 헤겔도 '절대정신이 역사를 창조해냈다'고 생각하여 '(근원적인 것으로) 이념=이데아가 객관적으로 있다'는 플라톤의 생각 틀을 이어받았다. 물론 그는 인류 역사의 진행을 절대 정신의 창조 과정으로 읽어냈다.

19~20세기의 철학자들 가운데는 플라톤의 사상에서 미덕보다는 허물을 들춰낸 사람이 더 많다. 마르크스를 비롯한 유물론자들은 말할 것도 없고, 20세기의 탈근대 사상가들(들뢰즈와 푸코 등)도 플라톤의 생각 틀을 받아들이지 않았다. 후자의 기본 메시지는 '절대보편의 진리가 어디 있느냐?'는 상대주의론(또는 회의론)이다. 교과서는 "플라톤 이후의 서양 철학사는 단지 플라톤에 대한 주석(덧붙이는 말)에 불과하다"라는 화이트헤드(1861~1947)의 말을 인용했다. 화이트헤드는 플라톤 사상이 기독교의 주춧돌이 되면서 그 영향력이 막강해졌다는 사실을 강조하려고 그런 말을 (가볍게) 한 것이지만 좀 과장됐다. 그렇게 책에 써놓으면 모든 학자들이 플라톤 얘기의 (자질구레한 대목은 토를 달더라도) 큰 줄기는 수긍한 것으로 학생들이 잘못 받아들인다. (목적론적인 철학이라는 점에선 같은 편인) 그의 제자인 아리스토텔레스만 해

도 이상주의와 현실주의로 대립각을 세웠는데 아리스토텔레스의 현실주의를 플라톤의 '주석'에 불과하다고 말할 수 있는가. 플라톤은 원자론을 처음 밝힌 선배 철학자 데모크리토스의 얘기를 사정없이 묵살했는데 데모크리토스 같았으면 화이트헤드의 '주석론'을 수긍했을까. 하이데거의 지도자론처럼 '철인(철학자)=왕' 구상도 파시즘을 응원하는 얘기가 될지 모른다고 플라톤을 매섭게 단죄하는 비판이 한갓 주석에 불과한가! 플라톤에서 헤겔로 이어지는 관념론 철학이 '유럽 사상의 주축의 하나'라는 정도로 말해야 그 자리매김이 온당하다.

하지만 플라톤의 관념론(또는 이중세계론)은 비판한다고 해도 그의 철학에 들어 있는 합리적 핵심은 소중한 것이다. "보편 진리가 있다. 그것을 알 수 있다"라는 기본 메시지 말이다. 근대 사회로 접어들면서 이것이 흐릿해진 사상, 다시 말해 현대판 소피스트 철학(곧 포스트모더니즘 사상)이 무성했다. 그래서 그의 생각의 흐릿한 대목들을 나무라는 것보다 합리적 핵심을 옹호해줄 필요가 더 절실하다. 플라톤은 '국가론'에서 통치자는 사유재산도 가족도 갖지 않고 오직 선善의 이데아를 실현한다는 대의大義에 복무해야 한다고 말했다. 현실에서 동떨어진 공상空想이라 흉보기보다[18] 그것이 소외된(뒤집힌) 형태일망정 유토피아에 대한 꿈을 담고 있다는 핵심에 더 주목하는 게 슬기로운 판단이다.

'동굴의 비유(또는 알레고리)'에 대해 한마디 덧붙이자. 이 얘기를 간추리면 "동굴 안에서만 지내느라 세상 모습을 착각하던 사람들이 햇

---

18. 미국의 역대 대통령 가운데 쪼끔이나마 이상理想 철학을 품었던 사람이 몇이나 될까? 제퍼슨과 링컨 정도? 2015년, 미국 공화당의 대선 예비후보로 나선 트럼프는 위험한 인종주의 선동으로 오히려 인기를 끌었다. 인간 사회는 자기 대중의 정치의식 수준에 어울리는 정치 대표자를 배출할 뿐이다.

빛을 받고서야 비로소 세상을 알게 됐다"라는 것이다. 중세 초기의 기독교도들은 플라톤의 철학을 이 비유로써 알아들었다. "요컨대 (동굴밖) 태양이 곧 하나님이라는 거군요!" 그런데 이 비유는 꼭 플라톤이 바라는 답만 끌어내지 않는다. 비유는 비유일 뿐이다. 동굴 안의 모습이 진짜 세상 모습이라고 철석같이 믿던 사람이 어째서 잠깐 햇빛을 쐬었다고 대뜸 "아, 그동안 잘못 알았구나." 하고 깨달을 수 있는가? "동굴 안의 친구들은 착각에 빠져 있고, 햇빛을 쐰 사람만이 세상을 알게 된다"라는 앎 자체는 하늘 위에서 내려다보는 사람(또는 중립적 관찰자)만이 할 수 있다. 햇빛을 쐬더라도 동굴 안에서 이미 의심이 싹튼 사람만이 대뜸 깨달음을 얻는다. 우리 모두는 신神의 눈을 갖지 못한 동굴 안의 사람들인데 '과연 세상이 이대로일까' 하는 의심을 어떻게 바로 이 동굴 안에서 싹틔울 수 있는가? 이 비유를 갖가지로 비틀어 볼 때라야 우리는 생각을 더 끌어낼 수 있다.[19] 그 태양이 그저 대지를 불태울 뿐인 검은 태양이라면? 또는 바깥이 너무 추워서 살아남기 위해 사람들이 동굴을 파고 살림터를 장만한 것이라면? 우리가 만날 수 있는 것은 또 다른 동굴(그림자 극장)들뿐이라면? '그림자들 뒤에는 반드시 그 실체(태양)가 있다'는 생각은 꼭 자명自明한 것이 아니다. 그림자(현상)들 자체가 나름의 이치에 따라 스스로 움직인다거나, 그림자들 뒤에는 아무것(실체적 현실)도 없다고도 볼 수 있다.

---

19. 지젝이 쓴 『시차적 관점』 326쪽 참고.

이데아를 하늘에서 끌어내리다

다음은 아리스토텔레스. 그는 기원전 384년, 아테네의 이웃 나라 마케도니아 어의(=왕을 돌보는 의사)의 아들로 태어났다. 어려서 아버지 곁에서 견문을 쌓은 덕분에 그는 자연학(특히 생물학)에 관심이 많았다. 다윈의 진화론이 나오기 전까지 생물학 책에는 그가 탐구

플라톤은 하늘을, 아리스토텔레스는 땅을 가리키고 있다. 유럽 철학의 두 방향을 대변하는 얘기다. 하지만 이 두 사람이 외면한 철학 동네(이오니아 철학)도 있었다. 두 사람 다, 놓치고 있는 부분도 읽어내야 한다.

한 내용이 적지 않게 들어 있었다. 청년이 되어 플라톤의 아카데미아를 찾아가 20년간 공부한 뒤 알렉산더 대왕의 가정교사로 일하고 다시 아테네로 와서 학교를 세웠다. 그는 자연학뿐만 아니라 논리학(삼단논법 등)과 시학(카타르시스의 비극론),[20] 윤리학(중용의 덕윤리)과 정치학(분배의 정의), 물리학에 이르기까지 모든 학문을 두루 탐구했다. 그의 학문은 그리스가 몰락한 뒤, 유럽에서는 전승되지 못하고 오히려 아라비아의 이슬람 문화권에서 받아들였다. 유럽은 12세기에 와서야 이슬람권을 통해 아리스토텔레스의 학문을 배우기 시작했다.

아리스토텔레스는 모든 운동에는 원인mover이 있다며 이를 질료인material cause과 동력인moving cause, 형상인formal cause, 목적인final cause으로 나누어 설명했다. 예컨대 금반지는 질료(재료)가 금金이고, 형상은 동그라미 모양이다. 갑돌이가 제 사랑을 알릴 목적으로 그것을 구해다가 갑순이 손가락에 끼워주었다. 그는 참나무의 씨앗에는 (그것이

---

20. 조동일은 연극의 원리로 '카타르시스' 말고도 인도의 연극에서 나온 미감美感이란 뜻의 '라사', 한국 가면극의 '신명풀이'도 있다고 봤다.

나중에 자라서 될) 참나무의 형상이 들어 있고, 그 참나무가 씨앗의 목적이라고 했다. 사물事物의 목적, 곧 이데아가 하늘 위에 있지 않고 사물 속에 들어 있는(내재하는) 것으로 생각했다. 씨앗의 목적은 참나무(또는 소나무)요, 병아리의 목적은 닭이다. 거기까지는 사람들이 상식常識으로 '그러려니' 여길 수 있다. 그런데 아리스토텔레스는 여기서 생각을 한 걸음 도약한다. 만물이 모두 하나같이 지향하는 제1의 원인이 있으니 그것이 신神이라고! 그리고 그 근본 원인을 탐구하는 앎을 '형이상학'이라 일컬었다. 만물의 목적(이데아)을 하늘에서 끌어내리긴 했지만 그것을 아예 없앤 게 아니고, 사물 속에 집어넣은 셈이다. 운동의 제1원인으로서 신을 슬며시 들여왔으니 기독교와 통하는 구석이 생겼다. 이성(과학)과 신앙을 조화시키고 싶었던 토마스 아퀴나스(1224~1274)한테는 아리스토텔레스의 이야기가 안성맞춤으로 읽혔다. 중세 기독교 신학은 아리스토텔레스의 철학을 토대로 삼았다.

뒷문으로 신학을 불러들이다

신들gods을 없앤 이오니아의 자연철학과 달리, 피타고라스와 플라톤은 물질과 그 운동을 분리했다. 물질이 스스로를 움직일 수 없으므로 그 주체를 따로 떠올려야 한다. 올림푸스의 제우스신은 아니라도 어떤 신이 있어서 우주 전체를 합목적적으로 제작해냈다고 상상했다. 일종의 관념적인 주체다. 반면에 아리스토텔레스는 어떤 점에서는 자연철학을 이어받아 물질의 자기운동성을 인정한 셈이다. 운동(생성)은 물질에 들어 있는 원인(형상목적인)에 의해 생겨난다는 게다. 플라톤의 '제작자'와 같은 어떤 주체를 따로 설정하지는 않았지만 실제로는 '원인'이 그런 구실을 한다. 이오니아학파는 사물이 운행하는 처음 단계에서 생각을 했고, 그래서 형상인이나 목적인을 애써 부정한 반면, 아리스토텔레스는 사물이 다 만들어진 단계, 이를테면 다 자란 참나무의 시점時點에 서서 자기가 발견한 사실(→참나무)을 시간을 거슬러서 그 씨앗에 덮어씌웠다. 같은 종種의 발달은 그렇게 설명할 수 있다. "그 씨앗은 이렇게 될 운명이었어!" 그런데 다윈은 아메바나 이끼를 맞닥뜨리고서 '너희는 앞으로 고등식물과 고등동물로 발돋움할 운명(목적)이란다!' 하고 생각하지 않았다. 하등생물에서 고등생물로의 변화과정에 (신神이 부여해준) 어떤 목적이 들어 있었던 게 아니라 우연히, 어쩌다 보니까 그렇게 된 것이라고 냉정하게 살폈다. 아리스토텔레스 얘기는 같은 종이 재생산되는 것은 설명해줘도, 새로운 종이 생겨나는 변화는 설명해주지 못한다.[21] 아니, 갖가지 종의 변화를 설명해봐야겠다는 문제의식 자체가 그에게는 없었을 것으로 보인다. 한참 뒤의 다윈처럼 온갖 화석化石 자료들이나 사람들이 가축(개, 양, 닭)의 품종개량을 거듭한 경험을 알고 있지 못했으니 말이다.

아리스토텔레스는 물체들이 저마다 자신의 '자연적인 장소'를 갖는다고 여겼다. 물체들은 자기의 본질을 갖고 있고, 그 본질에 따라 그 자연적인 장소도 결정된다. 물은 무겁다는 본질을 갖고 있으므로 낮은 곳으로 흐르고, 공기는 가볍다는 본질을 갖고 있으므로 높은 곳으로 솟는다. 이 모두를 종합하면 모든 것이 저마다 자기 있을 곳에 있어야 한다는 절대적인(본질주의적인) 생각으로 쏠리기 마련이다. 세상에 대한 인류의 앎이 얕았을 때에 누구나 떠올렸음직한 생각이다.

반면에 근대 과학은 사물을 추상적으로 헤아린다. 어떤 사물의 객

---

21. 다윈은 '진화'라는 낱말이 목적론으로 읽힐까 봐 '변이를 통한 변화'라고 고쳐 불렀다.

관적인 속성은 그것이 공간을 얼마나 차지했는지, 그 양quantity이 얼마인지다. 근대 과학은 사물을 기하학으로 옮겨놓는다. 하나의 물체는 좌표 공간에서 하나의 점으로 배치된다. 질량을 갖고 있는 점, 곧 질점mass point! 거기 힘을 덧붙인다. 힘은 질량과 서로 관련된다. 물체들 사이의 관계는 시간 속에서 힘을 갖고 운동하는 관계이고 과학은 그 질점들 사이의 관계를 탐구한다.

중세 사람들한테는 아리스토텔레스의 자연학이 그들의 상식과 딱 맞아떨어졌다. 귀족과 농노들의 신분이 세습되고 고정돼 있는 사회에서는 물체의 자연 상태도 멈춰 있는 것으로 느끼기 쉽다. 이와 달리, 르네상스(14~16세기 유럽의 문예부흥 시대)가 꽃핀 자유 도시에서는 목적을 갖지 않는 운동(=생성)을 생각하는 상상력이 생겨날 수 있다. 조르다노 브루노(1548~1600)는 "우주는 무한하고, 태양은 수많은 별 중의 하나일 뿐"이라고 말(생각)했다 하여 화형火刑을 당했는데 이는 자유도시들이 국가(절대왕정)에 다시 흡수되고 르네상스가 철퇴를 맞았음을 알려준다. 브루노는 놀랍게도 이오니아의 '운동하는 물질' 개념을 되살린 셈인데 이런 자유사상이 다시 억눌리고 새로운 이원론(정신과 연장延長을 칼같이 구분한 데카르트의 학설)이 득세하게 된 것이다. 브루노의 능산적 자연(스스로 운동하는 주체로서의 물질) 개념을 스피노자와 마르크스가 이어받았는데 그 개념에 의거해야 자연과 사회의 역동적인 변화를 설명해낼 수 있다.

보편자냐, 개별자냐

중세 유럽의 철학자들은 "보편자(=보편적인 것)냐, 개별자(=개별적인 것들)나"를 놓고 한참 입씨름을 벌였다. 우리 눈앞에 얼쩡대는 멍멍이인 '복슬이'나 '메리'나 또 다른 녀석들을 죄다 묶어서 우리는 '개dog'라 일컫는다. 전자는 '개별자'들이고, 이것과 견줘서 후자는 '보편자'다. 보편자로서 '개'가 어떻게 생겨먹었는지 우리가 흐릿한 윤곽만 머리에 떠올릴 수 있을 뿐, 그것을 만져볼 수도 없고 살펴볼 수도 없다. 그런데 플라톤을 따르는 학자들, 예컨대 안셀무스는 보편자로서의 개념이, 이를테면 개가 정말 있다고 여겼다. 개별적인 바나나들이 바나나로서 있을 수 있는 것은 '보편자로서의 바나나'가 있기 때문이라고 했다. 이로부터 안셀무스는 신을 논증한다. "하나님은 모든 곳에 있다. 또 아무 곳에도 없다. 그는 공간이나 시간으로 들어올 수 없기 때문이다." 나중에 칸트는 이 말은 참도 거짓도 아니고, 참과 거짓을 말할 영역을 벗어나 있다고 논평했다.

한편 "보편자가 있다"라고 말하는 실재론을 퇴짜 놓은 유명론唯名論이 있었다. 이름만 있다는 주장! 보편자는 그저 낱말에 불과한 것이고, 지금 여기 있는 개별물들이 진짜 실재한다는 것이다. 우리가 개별물들을 두루 묶는 낱말(개, 바나나 따위)을 쓰는 까닭은 사람의 생각 능력이 부족한 데다가 많은 개별물을 한꺼번에 가리킬 필요 때문이다. 오캄(1285~1349)의 유명론은 플라톤의 이데아론이나 "하나가, 하나만이 있다"라고 말한 파르메니데스와 플로티노스에 대한 비판이다. 그는 "설명할 때는 최소한의 필연적인 것보다 더 많이 가정해서는 안 된다"라고 면도칼 같은 원칙을 짚었다.

아리스토텔레스는 뭐라고 생각했는가? 플라톤처럼 개별 사과들과는 별개의 보편자(이데아)가 따로 하늘에 있는 것은 아니지만, 보편자로서의 사과가 갖가지 개별 사과들 속에 들어 있는 덕분에 하나하나의 사과가 사과일 수 있다고 얘기했다. 아리스토텔레스의 생각도 오캄의 유명론nominalism 쪽으로 한 걸음 나아간다. 플라톤(기하학의 선험적 확실성)에 견주어 현실과 경험(생물학)을 중시한다. 라파엘로의 그림 '아테네 학당'에서 늙은 플라톤은 손가락으로 하늘을 가리키는 반면, 아리스토텔레스는 한 손에 큰 책을 들고 너른 세상을 바라본다.

아리스토텔레스의 정치사상도 살피자. 그는 폴리스를 '코이노니아 폴리티케'라 일컬었다(politics는 여기서 생겨난 말이다). '폴리스라는 모임(코이노니아)'이라는 뜻이다. 폴리스는 '완전한 자족autarkeia'이라는 최고 단계에 다다른 것이므로 여러 다른 모임들을 포괄하는 으뜸 모임이랬다. 이 단계에 이르러서야 사람은 입에 풀칠하며 그럭저럭 사는 게 아니라 '잘 사는 것', 곧 '좋은 삶'이 가능해진다며 사람은 자연 본성으로 보아 폴리스적인 동물이라는 것이다.[22] 그런데 그의 말은 아테네의 현실과 아귀가 맞지 않는다. 그 시절 그리스에서는 노예뿐만 아니라 외국인도, (어린이는 말할 것도 없고) 여자들도 폴리스 근처에 얼씬거릴 수 없었다. 인구의 10% 남짓에 불과한 아테네 출신의 성인 남자들만 거기 참여할 자격이 있었다. 90%를 정치에서 따돌림을 해놓고는 '그들을 포괄한다'고 말하는 것은 낯이 간지러운 일이다.[23] 일반인이야 별 생각 없이 살아도, 이치를 따지는 학자는 은근히 마음이 켕긴다. 실제로 소크라테스는 폴리스가 민중 모두를 제대로 대변한다고 여기지 않았기 때문에 거기서 무슨 한자리 차지할 생각을 애당초 버렸다 (그런 결기가 있었기에 인류의 스승이 될 수 있었다).

22. 아테네 철학보다 먼저 생긴 이오니아 철학은 '폴리스'를 자명한 전제로 삼지 않았다. 후자는 지중해 교역의 교통공간에서 사물을 바라봤다. 플라톤 이전 시대를 잊고서는 유럽 철학을 더 깊이 알 수 없다.
23. 그때 시민(폴리스 구성원)이 아닌 사람에게 폴리스가 어떻게 비쳤을까? 대다수 노예는 그런 게 있는 줄도 몰랐겠고, 귀동냥으로 아는 여자(아내)들한테도 자기와 무관한 낯선 동네로 비쳤을 것이다.

목적론은 현실을 숨기는 가리개였다

아리스토텔레스는 그래서 목적론을 들여왔다. 참나무 씨앗에는 참나무로 자라날 목적이 들어 있고, 폴리스에는 중용中庸의 도덕을 실천해서 좋은 세상을 실현해낼 목적이 있다고! 그는 사람이든, 염소든 낱낱의 사물이 충분히 발달했을 때의 상태를 그 사물의 '자연 본성'이랬다. 그래서 가장 발달한 모임인 폴리스는 덜 발달한 다른 모임들(예컨대 여자들의 수다 떠는 친목회)의 목적이 된다고 했다. 그는 멀쩡하게 살던 다른 나라 사람들이 이웃 나라와의 전쟁에서 패배해 하루아침에 노예로 팔리는 것은 자연스러운 것으로 여기지 않았지만('안됐다'는 동정심이 생기지만), 오래전부터 노예로 살아온 신체 건장한 사람들을 놓고는 '노예로 사는 것이 자연스럽다'고 말했다. 누구나 사람답게 살 가능성이 있다는 것을 (소크라테스와 달리) 믿지 않은 셈이다.

그의 목적론은 차별의 현실을 미화美化한다. 참나무의 발달과 사람의 발달은 같은 것이 아니다. 참나무는 생명체의 재생산 메커니즘을 단순하게 이어가는 것뿐이지만, 사람은 이성과 감성으로 남들이 생각하지 못한 새롭고 더 자유로운 세계를 창조할 수도 있다. 폴리스가 정치제도의 최종 형태가 될지, 또 다른 어떤 체제가 생겨날지 어찌 미리 넘겨짚을 수 있는가. 그런데 그는 현실주의자답게 당대의 현실 안에서 당장 추구할 수 있는 것에 생각이 머물러 있다.

여기서 그가 쓴 '자연'이라는 낱말은 요즘과 뜻이 다르다. 아리스토텔레스는 사람이든, 독수리든 낱낱의 사물이 충분히 발달했을 때의 상태를 그 사물의 '자연 본성'이랬다. 그런데 정치 공동체에서의 '잘 사는 삶'은 사람이 일부러 만들어내는 인위적인 것이 아닌가? 그의 '자연physis'은 훌륭한 삶의 완성을 지향하는 목적론적 성격을 갖는다.[24] 이와 달리, 요즘 사람들은 '날것 그대로'가 자연이라 여긴다. 야만인이 문명인보다 자연에 더 가깝다고 본다. 자연과 문명을 구분 짓는 이런 통념은 근대에 접어들어 생겨난 구분법이다.

로마법의 기틀을 잡은 키케로(기원전 106~43)는 '코이노니아 폴리티케'를 라틴어 societas civilis로 번역했다. 공화정으로 운영되던 로마의 도시국가를 civitas라 일컬었다. '시민의 모임'이라는 뜻이고, 영어로 civil society다. 로마법에서 societas는 시민 당사자들 사이의 계약을 가리킨다. 공적인 것이 아니면서도 가정이나 마을을 넘어선 더 큰 범주의 사적 단체들이 소키에타스라 불리게 됐다. 요즘 사교단체, 결사체, 학회 등의 이름에 이따금 society가 쓰이는 것은 societas의 흔적이다. 폴리스는 시민 개개인이 아니라 도시국가를 가리킨 말이었지만 라틴어로 번역된 낱말인 civitas는 시민 개개인을 더 강조한다. 요즘의 '시민사회civil society'는 키케로가 국가(공화정치)를 가리키려고 쓴 말인 societas civilis와 많이 동떨어진 뜻이다. 강남 귤이 강북으로 옮겨 가면 탱자가 되는 것처럼 사회정치적 풍토(조건)에 따라 말뜻이 달라진다. 1300년이 지나, 토마스 아퀴나스는 '폴리스적인 동물'이라는 낱말을 사회적이고 정치적인 동물로 번역했다. 사회와 정치를 구별하는 생각의 길을 튼 것이다. 근대로 접어들면서 정치적인 활동 없이도 사회적인 삶이 가능하고, 오히려 정치적인 삶이 사회생활의 일부라는 생각이 자리 잡았다. 그리고 아리스토텔레스의 정치학에 보이지 않게 전제돼 있던, '일부 엘리트만이 나라를 다스린다'는 생각은 슬며시 사라졌다. 그 전제를 허물지 않는 한, 어떤 정치학도 온전한 것이 될 수 없었

24. 폴리스에서 정치 토론을 벌이려면 로고스(이성)를 갖춰야 한다. 로고스는 '말하다'라는 낱말에서 갈라져 나왔고 영어는 reason이나 logic으로, 우리말은 '이성, 말씀, 논리, 이치'로 번역된다.

다. 아리스토에게는 폴리스만 공공 영역이고 나머지 코이노니아(모임)들이 다 사적私的인 동네였지만, 요즘 근대 사회에서는 (코이노니아들이 발전된 것인) society가 공공 영역이고, 개인individual이 그 (새로운) 짝 개념이 됐다. 어떤 낱말이든 시대마다 그 시대의 특징을 아로새긴다.

분배 정의는 계급투쟁의 문제다

아리스토텔레스의 학문 가운데 자연학 쪽의 내용은 요즘 교과서에서 거의 사라졌다. 물리학 관련은 갈릴레이와 뉴턴의 과학이 나오면서 일찌감치 퇴장했고(그는 무거운 물체가 가벼운 물체보다 빨리 떨어진다고 여겼다), 생물학(특히 동물학) 관련은 수명이 더 길어서, 현미경으로 더 세밀한 영역을 탐구하게 된 19~20세기에 와서야 빛을 잃었다. 하지만 인문사회 쪽의 내용 가운데는 지금도 그리 낡은 얘기가 아닌 대목이 많다. 정의론이 그 하나다.

아리스토텔레스는 정의Justice의 범주(생각 틀)를 교환적(=교정하는) 정의와 분배의 정의로 구분한다. 전자는 상거래에서 생겨나는 잘못이나 (사람들 서로 간의) 범죄적인 잘못을 교정하는 정의를 가리키고, 후자는 공동체의 어떤 자원들(관직, 명예 등)을 분배하는 문제인데 그는 국가(정치)가 남다르게 떠맡아야 할 것이 후자라고 여긴다. 상거래의 정의(질서) 따위는 국가가 있기 이전에 먼저 자리 잡아야 할 분야이지 국가가 감당할 필요가 없다는 것이다.[25]

---

25. 그는 순수한 영리 행위는 '좋은 삶'이 아니라 단순히 '삶 자체'에만 매달리므로 부도덕한 것이랬다. 그런데 현대 자본주의는 '좋은 삶'의 이념을 던져버리고 눈먼 자기 팽창의 길로 치달았다.

그는 아테네라는 도시국가 하나를 놓고 정의를 생각했으니 그렇게 (쉽게) 말했겠지만, 현대의 인류는 교환(교정)과 관련된 정의의 실현 문제도 국가와 민중의 (본격적인) 과제로 삼아야 한다. 선진 자본경제와 개발도상국 경제 사이에 불평등(부등가교환)의 확대 흐름이 지속되고 있어서다.[26] 이를테면 아프리카의 빈곤 문제를 그들 잘못, 곧 그들의 경제가 뒤처진 탓만으로 여기면 안 된다. 아프리카 민중은 민족해방운동의 성과로서 여러 나라들이 독립국가의 간판을 내걸던 1960년대보다 그들이 세계 자본 체제에 더 깊숙이 포섭된 20세기 말에 들어와 빈곤이 더 깊어졌다. 남(개발도상국)과 북(선진 자본경제) 사이의 정의롭지 못한 교환관계가 그들의 빈곤이 깊어지는 데에 큰 몫을 했다는 얘기다. 이를 크게 수정하지 않고서 아프리카의 앞날을 낙관적으로 전망하기 어렵다. 인류의 양심과 책임윤리는 세계적 차원의 경제 불평등 문제에도 가서 닿아야 한다. 물론 이것이 만만한 과제가 아니라서 당장 현실적 실천 시나리오를 내오기는 수월하지 않다. 그렇다 해도 우리가 그 과제를 떠안고 있다는 사실조차 머리에서 지워버려서는 안 된다.

아무튼 그는 정치학의 목표가 공동체(폴리스)의 구성원들 사이에서 한 사람의 이익이 꼭 다른 사람에게 불이익을 끼치는 것은 아닌 보편적인 분배 정의의 관념을 탐구하는 데 있다고 했다. 분배 영역의 원리는 (어느 계급/계층이 얼마나 더 갖느냐 하는) 비례의 문제다. 사회 계급(계층) 사이에 부富와 재화goods를 어떤 비례로 분배할 것이냐! 뜨거운 쟁점이 되는 것은 '어떤 것을 얻는 데에 누가 얼마나 기여했느냐' 하는 잣대(자격 기준)를 정하는 일이다. 다들 합의할 수 있는 잣대를 찾지 못

26. 리카도(1772~1823)는 국제무역이 저마다 비교 우위를 지닌 분야에 이익을 주므로 서로 좋은 일이라 생각했지만 현실에선 (그 무역을 통해) 남북의 격차가 갈수록 벌어졌다.

한다면 공동체가 쪼개질 수 있어서다. 그 잣대로 평민(데모스)들은 자유를, 부자들은 재산을, 귀족은 미덕virtue을 꼽을 것이다. 그리스 철학자들이 기하학에 무척 몰두한 까닭의 하나도 기하학이 무슨 뾰족한 '비례의 원리'를 알려줄까 싶어서였다. 그런데 결국 분배 문제는 계급투쟁의 문제라는 것을 그는 알아챘다. 황금시대(기원전 5~7세기)가 저물어 그리스의 폴리스 정치가 계속 삐걱거리고, 민주정이 중우(여러 바보) 정치로 추락했던 것도 두 쪽으로 갈라지는 사회를 변변히 봉합하지(꿰매지) 못했던 탓이다.

20세기까지도 학자들은 아리스토텔레스가 설정해놓은 '분배적 정의'의 울타리 안에서 탐구를 진행해왔다. 마르크스는 "능력에 따라 일하고, 필요에 따라 분배하자!"라고 하여 자본주의 논리를 넘어서는 대담한 정식定式을 부르짖었지만, 이것도 분배의 정의를 따지는 질문에 머물러서는 답이 안 나온다. 사회주의는 이미 만들어진 부富를 어떻게 사후(나중)에 분배할 것이냐, 하는 차원이 아니라 애당초 처음부터 '부의 격차'가 생기지 않도록 길을 찾는 교환적 정의의 문제다. 이제 어느 영역의 정의正義든 세계적 차원에서 탐구돼야 한다. 당장 뾰족한 수가 보이지 않는 거대한 문제이지만, 인류 전체가 점점 몰락의 길로 접어들 수도 있는 엄중한 시대 상황을 떠올려 분발할 수밖에 없다.[27]

유럽은 르네상스 시대에 와서야 그리스의 사상과 문화에 깊은 관심을 품기 시작했다. 유럽의 근대를 일으키는 데에 기독교가 구실한 바도 크지만,[28] 학문은 아테네(와 이오니아)가 산출해낸 것들에 주로 의존

---

27. 2016년 봄, 집권당이 돈을 찍어서 부실기업 살리겠다고 하자, 한국은행이 반대했다. 책임 추궁도 없이 국민들한테 인플레 부담을 떠넘기는 것은 부당하다며! 사회정의가 줄곧 후퇴하고 있다.
28. 르장드르와 알랭 쉬피오는 12세기 교회법의 확립(과 중세 해석자 혁명)이 근대 국민국가의 원형이 되어주었다고 본다. 후자가 쓴『법률적 인간의 출현』참고.

했다. 근대 독일의 관념론 철학을 일으킨 헤겔을 비롯해 낭만주의 흐름은 아리스토텔레스한테서 많이 배웠다. 헤겔이 표어로 내세운 '(절대) 이념'은 플라톤의 이데아보다는 아리스토텔레스의 '형상인=목적인'에 가깝다. 아무튼 근대 유럽인들은 두 학자로부터 전인全人에 대한 이상理想과 국가(폴리스)는 도덕과 정치, 학문을 두루 아우르는 유기체적인 통일체여야 한다는 세계관을 배웠다. 21세기의 인류는 그들이 소홀히 살핀 유럽 바깥의 문화와 사상에도 눈길을 돌리고 (거기서) 배움을 얻는 노력을 게을리해서는 안 되겠지만 여전히 그리스 철학에서 배울 바도 적지 않다.[29]

29. 고대 철학이 숙고한 문제들은 현대 과학의 아포리아(=풀 수 없는 논리적 난제)와 잇닿아 있다.

2 사회계약론의 이모저모

리바이어던은 성서에 나오는 바다 괴물인데, 홉스는 국가를 이것에 빗댔다. 그는 교회 권력을 억누르려면 절대왕정이 필요하다고 봤지만 그 근거(사회계약론)는 급진적인 생각이라 왕이 싫어했다.

'사회계약론'은 근대 유럽 사회를 형성하는 데에 무척 커다란 영향력을 끼친 사상이다. 장 자크 루소(1712~1778)가 쓴 책『사회계약론』이 그때 프랑스에서 금서가 된 까닭은 그 책의 첫머리만 들춰봐도 대뜸 알 수 있다. "사람은 자유롭게 태어났다. 그런데 곳곳에서 쇠사슬에 묶여 있다. 자기가 다른 사람의 주인이라고 여기는 사람도 사실 그 사람들보다 더한 사슬에 묶인 노예다." 이 책이 나온 지 27년 뒤에 프랑스 시민혁명이 터져 나왔는데 왕의 자리에서 내쫓겨 감옥에 갇힌 루이 16세가 "내 왕국을 무너뜨린 놈은 루소와 볼테르, 저 두 놈"이라 한탄했다는 뒷얘기가 전해 온다. 그 시절 프랑스에는 '사회계약', '일반의지'가 널리 유행어가 됐다. 사회계약론의 대표적인 사상가로 프랑스의 루소와 영국의 존 로크(1632~1704), 토마스 홉스(1588~1679)를 꼽는데 루소만 그렇게 격렬한 반응(대접)을 받았는가? 존 로크는 나이 오십 줄에 들어, 왕당파의 박해와 탄압이 심해지자 네덜란드로 망명길을 떠났다. 미국 독립혁명(1775~1783)의 지도자 토마스 제퍼슨(1743~1826)은 로크가 쓴 책을 성서Bible처럼 떠받들었다. 홉스는 어떤가. 스스로 신神을 믿지 않는다고 말한 적 없는데도 '무신론자!'로 비난받았다. 요즘 말로 치자면 '빨갱이'나 '종북從北 또는 좌빨'이나 '매국노' 딱지가 붙여진 것이다. 학습 참고서에 달랑 몇 줄 간단히 적힌 것만 외운 학생들은 그가 절대왕정(군주)을 '열렬하게' 옹호했을 것으로 착각할 수 있는데, 사정은 그렇게 단순하지 않다. 정작 그 시절의 영국 왕은 홉스에 대해 불같이 화를 냈다. "60년 전, 장 보댕이 말한 왕권신수설(王權神授設: 하나님이 왕의 뒷배를 봐준다는 얘기) 하나로 됐거든." 그의 정치학이 꼭 왕을 위하는(떠받드는) 얘기가 아니라는 사실을 왕이 직관으로 눈치챘던 것이다. 이렇듯이 어떤 사상의 성격(특징)을 제대로 알려면 그때의 시대상과 사상가의 삶의 궤적부터 살펴야 한다.

홉스와 국가라는 리바이어던(괴물)

홉스는 16세기 말 영국에서 가난한 목사의 아들로 태어났다. 조선 왕조가 왜군의 침략(임진왜란)을 겪기 직전 무렵이다. 부유한 삼촌의 도움으로 학업을 마치고 줄곧 어느 귀족 집안의 가정교사를 지냈다. 유럽이나 동아시아나 지식인은 귀족(양반) 집안의 문객(사랑방 손님)으로 제 삶의 기반을 삼던 때다. 공자나 맹자가 조그만 나라의 왕들을 찾아다닌 것을 떠올리라. 그 덕분에 그는 유럽 여행을 다니며 견문을 쌓았다. 이를테면 유클리드 기하학을 접하고 그 논증 방법을 배웠고, 프랜시스 베이컨과도 교류했다. 데카르트가 정신과 물질 이원론을 말한 것을 수긍하지 않았다. 어찌 됐든 왕당파였던 그는 의회파가 득세하자(이는 내전civil war으로 발전해서 1653년 청교도 지도자 크롬웰이 집권하게 된다), 탄압을 피해 프랑스로 도피하기도 했다.

요즘 수십 개의 분과학문들로 쪼개진 대학 체제 속에서 밥(!)을 먹는 학자들은 자기 전공분야 말고는 공부하지 않지만(학문의 세계에서 이 분업화는 아주 심각한 결과를 불러낸다), 100~200년 전만 해도 여러 분야를 두루 탐구한 학자들이 한둘이 아니었다. 칸트와 헤겔은 자연과학에 능통했고, 애덤 스미스는 『도덕감정론』을 쓴 윤리학자이기도 했다.

홉스도 물리학과 심리학, 윤리학과 사회철학을 두루 훑는 공부를 했다. 그는 갈릴레이에게 감명 받아 자연과 사람, 사회 모두를 물체와 운동의 개념으로 설명했다. 모든 존재는 궁극적인 목적이 '자기를 보전하는 일'이라고 그가 짚은 것으로 보아, 그가 유물론적인 관점에서 세상을 살폈음을 알 수 있다. 하지만 훗날의 학교 교과서에 실릴 만큼 독창적인 얘기는 그의 사회계약론이다. 사실 '사회계약'의 관념은 일찍이 에피쿠로스(기원전 341~271)가 제법 자세하게 탐구했었다. 하지만 중세 유럽인들이야 (그리스의 옛 사상가로) 플라톤과 아리스토텔레스밖에 몰랐으니 그것 아닌 학문은 땅에 묻혀버린 셈이다. 홉스는 그 얘기를 알 턱이 없었고 맨땅에서 저 혼자 그 생각(사상)을 끌어내야 했다.

홉스는 1651년에 『리바이어던』이라는 책을 썼다. 이 낱말은 원래 구약성서 「욥기」에 나오는(아시아의 용과 비슷한) 거대한 바다 괴물이다. 혼돈과 무질서의 상징이자 하나님의 적대자로 나온다. 홉스는 국가라는 것이 이 무적無敵의 리바이어던과 비슷하다고 했다. 그러나 성서에서처럼 부정적인 존재가 아니라 나름의 긍정적인 뜻을 나타내는 것으로 그 이미지를 빌려 왔다. 책 표지 그림도 뜻깊다(구글에 '리바이어던, 홉스'리 치고 이미지를 검색해보라). 거인이 왼손에는 왕홀(왕이 손에 쥐는 지팡이)을, 오른손에는 칼을 거머쥐고 산 너머에 우뚝 서 있다. 그의 몸에는 수천 명의 난쟁이들이 바글바글 붙어 있다. 그들 덕분에 거인이 됐다는 뜻이다. 산 아래 작은 도시와 그 한가운데 작은 뾰족탑이 있다. 교회세력보다 국가가 더 강해져야 한다는 뜻을 넌지시 내비친다. 왕국이 됐든 공화국이 됐든 국가(곧 주권자)가 있어야 한다는 얘기다. 왜? 전쟁(내전)을 끝장내기 위해서! 그때 영국은 왕당파와 의회파 사이에 10년간의 처절한 내전을 겪고 있었다.

'자연 상태'라는 생각 실험

홉스는 국가(주권자)가 없다면 세상이 어찌 될까, 상상해봤다.[30] 이 '자연 상태'에서는 법도 없고 법을 만들어줄 더 높은 권력도 없으니 도덕(옳고 그름)을 따질 수도 없다. "국가가 없다면 만인萬人이 만인과 맞붙어 서로 으르렁대는 야만 상태로 빠질 거야!" 요즘 시리아의 정부군과 반란군이 여러 해 동안 싸우느라 수많은 민중이 난민이 되어 처참한 처지에 빠진 것을 얼핏 떠올리면 그의 말이 맞는 것도 같다. 하지만 지금은 내전 상태라서 그렇게 된 것이고, 국가를 만들어낼 어떤 강력한 세력도 없는 원시 사회에서라면 부족 간의 소소한 복수극은 벌어져도 요즘과 같이 거대한 살육극까지 빚어내지는 않는다(못한다).[31] 그러니까 이것, '자연 상태'는 인류 사회에서 실제로 있었던 어떤 경우가 아니라 일종의 픽션(허구)이요 '생각 실험'인 셈이고, 그래서 현실에서는 반쯤 맞는 얘기로 봐야 한다(루소가 상상한 '자연 상태'도 마찬가지다). 그러니까 홉스는 '자연 상태'를 들먹이며 국가의 필요성을 말했지만 그의 속생각은 '비참한 내전을 끝내려면 주권자(국가)를 제대

---

30. 그 책은 절반 넘게 성서(종교)를 얘기했는데 이 부분은 오늘날 거의 읽히지 않는다.
31. 무리 지어 유동(이동)하던 먼 옛날엔 '자연 상태'가 있었다. 다른 무리를 만났을 때 서로 선물을 교환해서 전쟁을 피했다. 하지만 다들 흘러 다니던 시절이라 그 평화 상태가 지속되지는 못했다.

로 세우자!'는 것이겠구나, 하고 간파해야 한다.

우리는 존 로크와 루소가 '국민(인민) 주권론'을 내세웠다고 배웠다. 그런데 그것은 국가가 들어선 뒤에, 그 주권이 누구한테 있느냐(군주냐, 민중이냐)를 따지는 얘기다. 홉스는 그보다 앞서 '왜 국가가 들어서게 되었나' 자체를 물었다.

국가는 다른 국가(민족)이 쳐들어와서 재물과 사람을 마구 약탈해가는 것에 맞서기 위해 세워지기도 한다. 임진왜란 때 조선 백성이 처음에는 관군官軍을 도울 생각이 별로 없었다. 조선왕조가 자기들한테서 뭘 뜯어가는(수탈하는) 존재로밖에 비치지 않았기 때문이다. "느그덜끼리 싸우든 말든, 우리는 상관 않겠다." 아마 왜군이 몽고의 칭기즈칸처럼 "우리를 윗사람으로 모시기만 하면 너희끼리 자치自治해도 좋다"라고 너그러운 태도를 보였다면(이는 칭기즈칸이 아시아와 유럽을 순식간에 정벌할 수 있었던 비결의 하나다), 그때 조선왕조는 수명을 다했을 것이다. 왜군이 멋대로 사람 목숨 빼앗고 함부로 재물을 약탈하는, 조선왕조보다 더 악랄한 존재라는 사실을 겪고부터 의병義兵이 일어났다. 이렇듯이 다른 나라들이 여럿 있고, 그 나라들이 서로 사회계약을 맺어서 평화를 실현하지 않는 한, 자기 국가의 존립 이유도 사라지지 않는다. 그리고 그 국가를 대표하는 어떤 '주권자'도 설정해야만 한다. 그러니까 먼저 '주권자=국가'가 있고 법은 이 주권자sovereign에 의해 선포된다.

왜 '주권자의 자리'가 필요한가

홉스가 "국가는 절대적인 것이야!" 하고 말하지는 않았다. 그는 기독교 신자들한테 이렇게 말했다. "내면(속)으로 종교 신앙을 품는 것은 너의 자유다. 다만 외면(겉)으로는 국가에 따라라." 그 시절 영국은 교회의 영향력이 국가보다 오히려 컸던 때다. 그는 교회의 권력보다 국가의 권력(절대왕정이든 입헌군주제든)이 더 커지기를 바랐을 뿐이다.[32] 스피노자(1632~1677, 네덜란드의 철학자)는 여기서 생각이 한 걸음 더 나아간다. 개개인이 국가에 권리를 넘기더라도 개개인에게 고유한 자연권까지 넘겨서는 안 된다고. 홉스는 자연법을 부정했지만 스피노자는 폭압적인 국가에 맞서 민중이 들고 일어설 권리를 보장하자고 했다.

그런데 홉스가 '국가가 필요하다'고 이끌어낸 논리는 마르크스가 '돈(화폐)이 필요하다'고 이끌어낸 논리와 꼭 닮았다. "수많은 상품들끼리 일일이 맞거래를 하자니 너무 불편하다. 하나의 상품에 특권을 부여해서 모든 상품들을 이것을 통해서만 교환되도록 하자. 어떤 상품이든 딴 상품과 '교환할 권리'를 이것에게 넘기자(양도하자)." 그것이 일반적 등가형태의 자리를 꿰찬 돈(화폐)이다. 그래서 '돈'이 모든 상품들의 왕(절대군주)이 되었다. 사람들이 왕 또는 주권자 앞에서 고개를 빳빳이 쳐들 수 없듯이 어떤 상품이든 돈 앞에서 쩔쩔맨다. 200년 전의 한국을 떠올려보라. 화폐가 일부 나돌기는 했지만, 대다수 농민들은 생활에 필요한 것을 대부분 자급자족하고, 화폐는 어쩌다가 만졌다. 그런데 요즘은 어떤가. 돈 없이 살아간다는 것을 상상도 할 수 없는 세상이 됐다. 그러니까 홉스는 국가를 상품경제의 논리로써 생각한 셈이다. 그는 주권자가 물물교환의 시대처럼 '어떤 (하늘에서 내려온) 사람'으로 있지 않고, 화폐처럼 '어떤 형태(또는 자리)'로 있다고 여겼으니 상품화폐 경제의 시대를 앞서서 선취先取한 셈이다. 옛날에는

---

32. 그는 왕정과 타협했지만(반대하지 않았지만) 그 근거를 '사회계약'에서 찾은 점에서 급진적이었다.

자연인自然人인 어떤 사람(곧 왕)이 국가를 대표했지만, 요즘 몇 년씩 돌아가며 국민의 대표가 나오는 세상에는 '주권의 자리'가 텅 빈 곳에 불과하다는 사실을 우리는 살갗으로 실감한다. 돈은 어떤가. 예전에 은silver이나 금gold이 돈이었을 때는 "금金과 은銀은 원래 자질이 뛰어난 금속이야. 그래서 돈이 됐지." 하고 숭배를 했지만, 지폐는 말할 것도 없고 전자화폐가 나온 뒤로는 "돈이란 온갖 상품들을 교환시켜주는 어떤 구실을 하는 것에 불과하다"라는 사실이 너무나 선명해졌다. 지폐는 손으로 만질 수 있고, 그래서 저승으로 떠나는 사람의 손에 (노잣돈으로) 쥐어줄 수라도 있지만 전자화폐는 그저 컴퓨터에 들어 있는 숫자일 뿐, 눈으로 볼 수도 없지 않은가.

덧대기 1
유럽에서 '국가' 관념은 신神에 대한 믿음에 기대어 태어났다. 구약 성서에는 "신이 세상을 창조하고 다스렸다"라고 되어 있으니 이는 당연하다. 신을 믿는 사람은 신의 율법에 따라야 할 의무가 있다. 근대국가 이론을 처음 세운 장 보댕은 군주monarch가 신의 형상shape을 띤다고 했다. 신이 세상으로 내려온 셈이다. 다음은 '국민'이 주권을 떠맡는 존재가 되면서 신의 그림자를 몰아낸다. 보댕과 홉스를 이어받아 칼 슈미트(1888~1985)는 "주권자는 예외적인 상황(가령 쿠데타 이후의 권력 공백)에 대해 결정하는 존재"라 규정했다. 쿠데타를 성공시킨 상태에서 박정희와 전두환은 어떤 법률에도 얽매이지 않았다. 그러므로 '주권' 개념에는 자칫 빗나가면 전체주의 국가로 치달을 구석(가능성)이 쪼끔 있다. 슈미트는 민중 스스로 '정의의 표상'이라 여기는 것을 지배자에게 내세울 권리를 긍정하지 않았고 히틀러의 나치당에 가담했다. '어떤 국가여야 하는지, 국가가 꼭 있어야 하는지', 근본적인 질문이 필요하다.

덧대기 2
옛 중국의 노자老子를 홉스와 견주어 읽어보자. 홉스와 마찬가지로 노자도 '국가 자체'의 근본 원리를 꿰뚫어 생각했다. 국가는 민중한테서 재화

財貨을 얼마쯤이라도 뺏어야만 굴러간다. 하지만 뺏는 것(수탈)만 몰두하면 민심이 국가에서 떠나간다. 그러니 되돌려주는 것(재분배)에 힘써야 군주君主의 자리가 보전된다는 것이 『노자』라는 책의 골자다. 그런데 수백년 동안 대부분의 학자들은 『노자』를 개개인의 삶의 기술을 가르치는 (형이상학적인) 정신 수양의 책으로 잘못 읽어왔다고 강신주는 비판한다. 그가 쓴 『노자 혹은 장자』 참고. 제자백가 가운데 법가를 대표하는 '상앙(기원전 4세기)'은 편협한(옹졸한) 애정으로 인해 모계사회가 갈등하고 무질서를 빚어내는 것을 극복하려고 가부장家父長 제도와 국가가 출현했다고 말했다. 이는 자연 상태에서 사람들이 서로 다투므로 리바이어던인 국가가 태어났다는 홉스의 논의를 선취한 것이다. 그러나 자연 상태는 결코 야만이 아니었고, 중국은 오히려 가부장제도와 국가가 자리 잡은 뒤로 전쟁과 살육의 암흑 상태로 빠져들었다. 장자(기원전 4세기)는 "민중이 아버지를 모르던 시대(=모계 사회)야말로 평화로웠다"라며 상앙의 역사관을 비판한다.

존 로크의 경험주의

　존 로크는 1632년 영국에서 태어났다. 아버지는 청교도혁명 때 크롬웰 밑에서 의회파 군대의 기병대장으로 앞장섰다. 그는 옥스퍼드 대학에서 아리스토텔레스와 데카르트를 공부했다. 의사가 됐지만 정치활동에도 나섰다. 『인간 오성론』과 『시민정부론』, 『관용tolerance

1688년 영국 의회가 왕을 쫓아내고 새 왕을 세운 것을 '명예혁명'이라 한다. 별다른 저항이 없었던 무혈혁명. 존 로크는 이것을 떠받드는 정치철학을 세웠고, 미국 독립전쟁의 투사들이 이 철학을 이어받았다.

에 관한 편지』를 썼다. 그의 정치론은 1688년의 명예혁명이 옳다는 얘기이고, 미국 독립선언문도 그의 사상에 근거한 것이다. 요컨대 그는 자유주의 정치사상의 손꼽히는 대변자다.

철학 얘기부터 꺼내자. 베이컨(1561~1626)에서 출발한 영국의 경험주의는 로크에 와서야 틀을 갖춘다. '오성悟性'은 영어로는 understanding이고 독일어로는 Verstand다. 일상생활에서는 별로 쓰이지 않으므로, 이성(理性: reason)과 짝을 이루는 낱말이라고 알아두자. 오성(지성이라고도 번역됨)은 초보적인 앎이고, 이성은 좀 더 고급진 앎이란다. 그런데 understanding과 reason이 일상생활에서 그렇게 '초보/고급'으로 뜻이 구분되어 쓰였던가? understand는 '이해하다, 알다, 파악(납득)하다……'로 두루 옮겨질 수 있는, 뜻이 아주 넓은 말인데 그럴 것 같지 않다. 그러니까 '초보/고급'은 철학자들끼리의 용어법(약속)이다. 사람은 감성을 통해 감각을 얻고, 오성(지성)을 통해 개념을 얻는다고 그들이 정의했다.

로크는 사람이 어떻게 앎을 얻는지 궁리했다. 그리고 우리의 앎(관념)은 추상관념이나 이데아를 통해서가 아니라 어떤 대상object을 겪어봄(경험함)으로써 얻게 된다고 결론지었다. 사람한테는 태어날 때부터 머릿속(=오성 속)에 새겨진, 생득적生得的인 원리들이 있을 리 없다는 것이다. "사람들이 어떤 원리를 이미 갖고 태어난다면 사람들은 자기의 이성과 판단을 잘 쓰지 않을 것이고, 그것을 잘 생각해보지도 않고 믿게 될 것이 아닌가?" 요컨대 사람 머리(정신)는 처음에 '흰 종이(백지)'라는 얘기다.

그의 생각이 어떤 진취적인 세계관에서 비롯됐으며,[33] 그가 무엇을

---

33. 경험주의는 전통의 것을 그대로 믿지 말고, '세계'라는 위대한 책을 직접 탐구하라는 해방운동의 일부였음을 기억하자. 한편 철학 훈련을 받지 않은 일반 대중은 '조잡한' 경험주의의 통념을 갖고 있다.

염려하는지도 알겠다. 기존 사회로부터 물려받은 앎을 덮어놓고 믿을
것이 아니라, 스스로 겪어보고 판단을 내리는 것이 주체적인 태도인
것은 맞다. 그런데 경험론과 합리론(데카르트)을 놓고 벌인 입씨름 가
운데는 서로 초점이 빗나간 경우가 많았다. 이를테면 칸트의 '선천적
apriori 판단'이라는 것은 태어날 때부터 갖고 태어난 앎이란 말이 아니
라 '경험 이전에 알 수 있는 것'이란 뜻이다. 이것(경험 너머냐, 발생이냐)
을 혼동하지 말아야 한다.

덧대기

구체적인 어떤 자연법칙이 있는지/없는지를 경험을 통해 알아볼 수는 있
다. 하지만 (앞뒤가 딱 들어맞는) 자연법칙이 반드시 있는지/없는지는 경
험을 통해 '판정'할 수 없다. 그래서 사람 머리로 도무지 알 수 없는 동
네(영역)의 앎에 대해서는 흔히 신神에게 기댔다. 20세기 초 물리학자 보
어와 하이젠베르크가 "아주 작은micro 미립자의 세계에 대해서는 확률
probability만 말할 수 있지 정확하게 알 수는 없다"라고 양자역학quantum
mechanics의 관찰 결과를 읽었을 때, 아인슈타인은 끝끝내 그 해석을 수
긍하지 않았다. "신이 그렇게 흐리멍덩하게 자연법칙을 설계할 리 없어.
그러니까 우리가 아직 모르는 숨은 변수variable가 어딘가 있을 거야"라
고. 그런데 아인슈타인의 생각은 믿음(경험 너머)의 영역에 가깝다.

각설하고, 로크는 우리가 경험 속에서 감각과 반성을 통해 어떤 관
념을 만든댔다. 예컨대 감각을 통해 초콜릿의 관념을 얻은 뒤, 그것을
상품으로 만들어 팔 수 있겠구나, 하는 생각(반성)으로 이어지는 식
이다. 물론 단순한 개별 관념(파랗다, 맵다 따위)도 있고, 복합적인 관
념(풀, 나무 따위)도 있다. 대상의 성질도 구분해서 살필 수 있다(직접
적/간접적). 하지만 그는 감각을 떠나 있는 것들에 대해서는 '그 실체
가 무엇인지' 따지지 않았다. '경험해서 아는 것이 중요하다'는 메시지
가 당시(17세기)로서 새로운 얘기였고, 자연과학의 발달을 북돋는 생

각이었다는 점은 존중해야겠지만, 300여 년이 흘러 생물학과 철학(인식론)의 탐구가 쌓이고 쌓인 지금, 우리가 볼 때에는 그의 인식론(앎의 이론)은 당시 민중의 소박한 '상식'에 기초한 것이다. 그런데 경험만으로 세상 모든 일을 다 헤아릴 수는 없지 않은가. 20세기 진화론은 사람이 (백지 상태가 아니라) 어떤 인식 틀을 갖고 태어난다는 사실을 분명히 밝혀냈다.[34]

자연권을 옹호한 로크

다음은 정치사상. 그는 사람의 '자연 상태'를 헤아리는 생각이 홉스와 전혀 달랐다. 홉스는 공포와 죽음의 위협이 득실대는 곳으로 여긴 반면, 로크는 이성이 있는 사람들이 자연법(자연권)을 누리고 평등하고 자유롭게 어우러져 산다고 여겼다. 로크는 자연권을 개인의 생명과 건강, 자유와 재산에 대한 권리라 생각하는데 그중에 가장 핵심이 재산권이다. 그런데 그가 산업혁명(18세기 중반~19세기 초반)이 일어나기 이전에 살았다는 사실을 떠올리라. 몇 푼 안 되는 돈, 근근이 모은 소小부르주아들의 '재산권'을 옹호한 것이다. 지금처럼 부자富者 한 명의 재산이 웬만한 나라의 전체 재산과 맞먹는 시절에 '재산권'이 으뜸으로 옹호될 일일지는 의심스럽다. 21세기의 세계 자본 체제를 '옳다!'고 두둔해주는 가장 강력한 이데올로기(지배사상)가 자유주의이고, 그

---

34. 그의 경험주의는 19~20세기 중반까지 유럽 학문의 주류였던 실증주의로 이어진다. 경험한 것과 눈으로 본 것만 믿자는 고집스러운 생각! 사건들 간의 연결 관계(규칙성)만 살피는 좁은 앎! 콩트와 논리실증주의, 과학철학의 이른바 '표준론'은 사실과 가치를 함부로 떼어내 지배질서를 긍정했다. 20세기 후반부터 실증주의는 격렬한 비판을 받고 허약한 몰골을 다 드러냈다.

대표적인 사상가가 존 로크인데 로크의 얘기가 그 시절에 사람들의 공감을 얻은 만큼 지금도 공감을 살 것으로 볼 수는 없다. 그때의 부자들은 다른 사람(노동자)을 고용해서 벌어들인 부분도 일부 있었겠지만 자기 노동으로 벌어들인 부분도 컸다. 그가 재산권을 옹호한 근거가 "자기 노동으로 벌었기 때문"이라고 했으니 소小부르주아를 놓고서는 "네가 땀 흘려 벌었구나." 하고 대충 긍정해줄 수도 있다. 이와 달리, 한국의 재벌 총수와 경영진을 놓고서는 도무지 그렇게 긍정할 수가 없다. 로크가 타임머신을 타고 이 땅으로 잠깐 날아온다면 '재산권 규제' 쪽으로 생각을 바꿀 것이다. "(부동산이든 증권이든) 투기는 절대로 안 돼!" 하고.[35]

로크는 '야경국가론'으로 유명하다. '야경夜警'은 밤에 경계나 순찰을 돈다는 뜻인데, 요즘은 '야경꾼'이 없어진 탓에 낯선 낱말이 됐다. 50년 전만 해도 한밤중에 딱따기(두 짝의 나무토막)를 두드리며 야경꾼들이 동네 어귀를 돌아다녔다. 국가가 시민들의 삶에 '(제사상 위에) 감 놔라, 대추 놔라' 하고 이것저것 참견하지 말고 야경꾼 노릇(최소한의 구실)만 잘하라는 뜻이다. 그에게 '국가'는 대통령이나 국가정보원이 아니라 의회parliament였다. 법은 시민이 스스로 제정하고 시행해야 한다는 생각이다. "주권은 민중(시민, 인민)한테 있어요!" 비슷한 흐름이 중세 한국에도 있었다. 조선왕조의 건국(역성혁명)을 주도한 정도전 이래로, 사대부들은 왕권보다 신권(신하의 권리)을 높이려고 끊임없이 왕한테 도전했다.

---

35. 로크에 따르면 북아메리카 인디언은 가치를 생산하지 못했으므로 소유권을 주장할 수 없고, 그래서 그들에 대한 약탈도 정당화된다. 아무튼 시장이 공정하고 자유롭다는 전제가 성립될 때라야 그의 소유권 이론이 얼마쯤이라도 성립된다. 자본주의가 본격화된 곳(=큰 공장)에선 허튼 얘기가 돼버린다.

그가 말하는 '자연 상태'는 실재하는 것이 아니라 머릿속 상상으로, 나라의 주인이 되고자 일어서는 부르주아들의 낙관적인 세계관을 그려낸 것이다. 그가 살아가던 17세기는 유럽 여러 나라에서 아메리카대륙으로 개척민들이 한창 건너가던 때다. 유럽에서처럼 자기들을 억누르는 영주(귀족)가 없는 곳에서 사람들은 당연히 자유롭다. 또 대체로 평등하기도 하다. 왜냐하면 어떤 개척지에 사람이 밀려들어서 차츰 빈부 격차가 생길라 치면 (그곳의) 가난한 사람들이 미개척지를 찾아 다시 떠났기 때문이다. 남의 집(기업)에서 굽신거리며 고용살이를 할 바에야 좀 고생은 되더라도 무주공산無主空山을 개척하는 것이 자신의 존엄을 지킬 수 있는 삶이다. 그러니까 홉스가 '자연 상태'를 말한다면서 실제로는 자기가 살던 내전 시대를 그린 것과 비슷하게, 로크는 "아메리카 개척민들이 얼마나 자유로운가! 그게 우리가 본받고 싶은 자연 상태다." 하고 털어놓은 셈이다. 로크의 얘기를 미국 독립전쟁의 투사들이 열렬하게 받든 것은 너무나 당연하다.

사회계약 관념의 발자취

'사회계약'이라는 낱말(개념)에 대해서도 살피자. 이것이 '실제 벌어진 경험적 사실'을 가리키는 말이 아니라는 사실은 홉스나 로크 자신이 뻔히 알았다.[36] '계약' 관념은 유대교에서 비롯됐다. 원래 '유대인'은 어떤 종족 혈통이 아니라 "야훼를 믿기로 한 사람들(의 공동체)"을 가

---

36. 인간 본성(심리)은 사회 속에서 만들어지는 법이다. 그런데 사회계약론은 사회가 만들어지기 이전에 '그것(인간 본성)이 먼저 있다'고 전제(가정)하므로 (역사가 아니라) 신화神話를 말하는 셈이다.

리키는 말이었다. 그들이 뚜렷한 집단을 이룬 뒤로, 그 말이 어떤 종족(민족)을 가리키는 것으로 변질됐고, 그래서 20세기에 '시오니즘(유대인들의 나라 건설운동)'까지 생겨났을 뿐이다. 유대교는 신神과 사람들이 함께 가기로 '계약'을 맺었다고 말한다.[37] 신약성서에는 예수가 최후의 만찬 때 포도주잔을 들고서 "이것은 내 피로 맺은 (신과의) 새로운 계약"이라 말했다는 대목이 나온다. '계약' 관념은 기원전 3세기에 반듯하게 틀을 잡은 로마법에서도 주축이 되는 개념이었다. 계약에 의해 상거래를 하지 않고서는 (지중해를 중심으로 하는) 세계적 상업무역이 성사될 수 없었다. 유럽 근대 사회는 로마법의 토대 위에서 발달했다는 사실도 알아두자. "영국의 관습법은 대륙의 것(곧 로마법)과 전혀 달랐다"라고 옛 교과서에는 적혀 있지만 이는 '영국은 남다른 나라'라는 그들의 민족주의적 선전을 곧이곧대로 믿어서 옮긴 것이고, 실제로는 그것도 사실상 로마법을 받아들인 것이다.

요컨대 고대에는 신과 사람들의 사회계약이 있었지만(야훼의 권위를 빌려서 사람들을 한데 모았지만), 홉스와 로크는 신으로부터 자립해서 사람들끼리 스스로 사회계약을 맺자고 외친 셈이다. 여기서의 사람들은 어떤 공동체(민족/종족)에 속해 있는 사람이 아니라 하나하나의 '개인'이다. 유대교/기독교부터가 개개인들이 (자기가 속해 있던 옛 공동체를 떠나 스스로 결단을 내려서) 새로운 사회를 만들어낸 것처럼 17세기의 부르주아도 "개인들이 모여서 사회를 이룬다"라는 원칙을 세우자는 얘기였다. 학문에서도 부르주아 학문은 방법론적 개인주의를 특징으로 한다. 또 개인이 근대 사회의 핵심 지표이니, 기독교는 근대성을 미리 선취하고 있었던 셈이다. 간추리자면 사회계약론은 유대교(신

37. '야훼'는 "나는 있는 나다"라는 뜻. 너무 거룩한 이름이라고 유대인들이 함부로 입에 올리지 않았다.

과의 계약)와 로마법의 전통 위에서 생겨난 관념이다.

루소의 일반의지(국민 주권)

장 자크 루소(1712~1778)는 스위
스 제네바에서 가난한 시계제작
노동자의 아들로 태어났다. 어머니
를 일찍 여의고, 어려서부터 공장
workshop에서 심부름하느라 학교에
다닐 형편이 되지 못했다. 커서 후
원자를 만나고부터 공부를 시작했
다. 디드로(소설 『라모의 조카』를 쓰

프랑스혁명이 일어나서 감옥에 갇힌 루이 16세
는 '루소와 볼테르, 둘 때문에 왕국을 잃었다'고
한탄했다. '사회계약'과 '일반의지'가 이 시절에
유행어가 됐다.

고 백과전서를 펴낸 계몽사상가)와 교류하고, 『인간불평등 기원론』, 『사
회계약론』, 『에밀』을 썼다.

그는 민중people의 일반의지general will가 주권主權의 기초라고 못 박
았다.[38] 법과 정부government는 여기서 나온다. "민중은 자유와 평등
의 나라를 만들고 싶어 해!" 이런 일반의지는 절대적이고, 예외도 없
다. 이 주권은 남에게 넘겨줄(양도할) 수도 없고 쪼갤 수도 없다. 그가
바란 국가는 의회가 다스리는 나라가 아니라 민중의 일반의지에 따라
통치되는 나라다. 민중은 자기가 주인인 나라라야 복종할 의무가 생
긴다는 것이나. subject는 '주체(주어)'이자 '신민(臣民: 복종하는 사람)'이
라는 상반되는 두 가지 뜻이 있음을 떠올리자. 그의 민주주의 사상은

---

38. 프랑스 말로는 '일반의지'가 volonte generale이다. volonte는 '자발적으로 나선 사람'이
란 뜻의 영어 volunteer와 어원이 같다. 프랑스 말은 형용사(generale)가 뒤에 붙는다.

로크의 그것보다 훨씬 철저하여 "폭압적(억압적)인 정부에 대해서는 저항(혁명)해도 된다"라는 메시지가 뚜렷하다.[39] 그래서 당연히 그는 프랑스에서 내쫓겨 방랑하며 살아야 했다.

그는 사람이 자유롭고 행복하고 선량한 것은 '자연 상태'에 있을 때라고 봤다. 인간의 본성nature은 자연nature 속에서라야 제대로 꽃핀단다. 사람이 사회제도나 문화 속으로 들어가면 부자유스럽고 불행한 상태에 빠져 사악한 존재가 된단다. "사람은 자유롭게 태어났으나 (문명 사회 어디든) 가는 곳마다 (억압의) 사슬이 그를 얽어맨다. …… 그러니 자연自然으로 돌아가라!" 그런데 이 얘기를 "도시를 떠나 시골로, 산골짜기로 들어가라"는 말로 우직하게 읽지 말아야 한다. 문명 세계에 들어온 이상, 되돌아갈 자연은 없다. 그의 말은 사람의 본성nature을 자연스럽게 실현해내는 이성(이치를 헤아리는 눈)으로써 모든 것을 풀어내라는 뜻이다.

그는 교육(성장) 소설 『에밀』에서 사람의 성장 과정을 세 단계로 나눈다. 처음은 코흘리개 적으로 병아리와 민들레꽃을 벗하며 자연 속에서 천진난만하게 뛰놀 때! 다음은 온갖 사물事物과 맞닥뜨리면서 세상에 대한 앎을 쌓아갈 때(『로빈슨 크루소』는 이 나이에 안성맞춤의 권장 도서다). 끝으로, 사람과의 사회관계를 터득하며 도덕성을 쌓는 본격적인 교육 단계.

그는 '어린이'를 처음 발견한(=주체로서 바라본) 사상가다. 그때까지 사람들은 나이가 적은 아이도 '미성숙한 어른'으로 취급했을 뿐, 코흘리개들이 어떻게 커나가는지 세밀히 살피지 못했다. 그는 사회지배층의 생각과 지식을 덮어놓고 내리먹이는(주입하는) 교육에 반대했으니

---

39. 옛적에 동아시아의 맹자도 그런 얘기를 살짝 한 적 있다.

참교육의 1세대인 셈이다.

사회주의의 선구자 루소

루소는 사회주의 사상의 문턱에 다다르기도 했다. 그가 쓴 『인간불평등 기원론』에 따르면 자연 상태에서는 사람들 사이에 불평등이 없었다는 것이다. 사회가 커지면서 이것이 생겨났다는 것이다. 으뜸 원인은 사유재산의 확대요, 버금가는 원인은 야금(=광물에서 금속 뽑아내기)과 농업에서의 기술 발달 때문이라고 했다. 프랑스 시민혁명(1789)에서는 사회주의 이념의 싹을 간직한 평등파(바뵈프 등)도 활약했었는데 그들은 젊어서 이 책을 탐독했을 것이다.[40] 마르크스는 이책의 내용을 더 발전시켜서 '인류의 역사는 계급투쟁의 역사'라고 결론지었다.

루소는 로크보다 국가에 더 적극적인 뜻을 부여한다. 국가가 개인적 이익(생명의 보전과 안전)을 보호하는 소극적인 차원을 넘어서, 사유재산제도의 폐해를 타파하는 것과 같은 공공선의 실현에 나서야 한다고 봤다. 로크의 관심이 명예혁명의 성공(왕권 견제)에 머물렀다면, 그의 문제의식을 이어받은 평등파(바뵈프)는 프랑스혁명을 급진화하려고 애썼다.

루소와 로크를 좀 더 깊이 비교해보자. 교과서는 자본주의와 사회주의를 견주면서 이렇게 말한다. "자본주의는 개인의 자유를 최대로

40. 사르코지(프랑스 전 대통령)는 역사 교과서가 프랑스혁명을 초기 부분만 서술하라는 법을 만들려다 실패했다. 혁명 후기에 노동자(평등파)의 목소리가 커졌는데 학생들이 이것을 모르기를 바랐던 것이다. 일본 학교는 일찍부터 교과서에서 프랑스혁명 후기 부분을 빼버렸다.

보장할 때, 개인의 이상을 실현할 수 있는 최선의 상태가 된다고 본다. …… 반면 사회주의는 평등을 더 중시한다." 그런데 자본주의는 경제체제이지 무슨 정치사상이 아니다. 그리고 '자유'를 중시하는 사상은 자유주의다. 그러니까 첫 문장은 자본주의와 자유주의가 동의어^{同義語}라 여기고 마구 섞어 쓴 셈이다. 실제로는 자유주의가 자본주의 경제체제를 옹호하는 정치사상이므로, 자유주의와 사회주의가 비교될 일이었다.[41]

그런데 로크는 자유주의자(=왕으로부터 자유를 얻어내자는 사람)였지, 민주주의자는 아니었다. 영국에서 노동자들은 1867년에, 농민은 1884년에, 여성들은 1918년에 와서야 선거권을 누렸다. 로크의 영향(가르침) 덕분이 아니라 영국의 지배층이 노동자들이 1838~1848년에 일으킨 차티스트(인민헌장) 운동에 압박을 받아서 의회선거 참여 자격을 넓혀갔기 때문이다. 자유민주주의는 단일한 정치사상이 아니라 자유주의와 민주주의를 결합시킨 것인데, 노동자와 여성한테까지 보통선거권이 확대된 뒤에야 '자유민주주의 사회'라 부를 수 있다. 자본주의를 옹호하는 요즘의 정치사상은 자유민주주의다. 그런데 그것의 방점은 '민주'가 아니라 '자유'에 찍혀 있다.

일반의지를 누가 대표할까

이와 달리, 루소는 민주주의자다. 로크가 '의회'를 중시하고 토론(합

---

41. 로크 시절엔 아직 사회주의 사상이 뚜렷이 생겨나지 못했다. 사회주의는 자유주의의 토대 위에서 그것의 반_反문화로 태어났다. "자유 찬양에만 머물지 말자. 자유와 평등을 결합하자!"

의)을 통한 지배를 주장한 반면, 루소는 영국의 의회(대의제도)를 신랄하게 비판했다. "유권자(선거권 보유자)들은 선거날 하루만 겨우 나라의 주인으로 행세한다. 투표 다음 날부터 그들은 다시 힘없는 신민臣民으로 돌아간다." 요즘 세계 어디든 의회에 대한 민중의 불신이 깊어지고 있다. 인류 사회가 맞닥뜨리고 있는 수많은 문제들 중에 (민중을 대표한다는) 의회가 정작 감당해내는 대목이 별로 없어서다. 이를테면 비정규직 차별 문제를 의회가 제대로 씨름하고 있는가? 그런데 루소는 의회가 생겨난 초창기에 이미 의회가 무력한 곳임을 꿰뚫어 봤다. 의회를 통해 주권을 실현한다는 것은 부질없는 얘기란다.

그는 주권은 일반의지(=민중의 커다란 소망) 안에 있다고 했다. 그래서 누구한테 '내 대신 주권을 행사해달라'고 넘겨줄 수 없고 남들에 의해 '대표'될 수도 없단다. "인민人民은 대표자를 갖자마자 이미 자유가 아니다. 이미 인민은 사라진다." 그는 그리스의 직접민주주의를 본보기로 삼아, 의회를 부정했다.

하지만 직접민주주의는 정치제도로 선뜻 자리 잡기 어렵다. 그렇다면 그나마 대통령(행정부 권력)이 민중의 뜻을 받드는 것이 더 가까운 길이 될 수도 있다. 베네수엘라의 차베스 대통령(1998~2013년 집권)은 밑바닥 민중의 확고한 지지를 얻어 사회 불평등 해소에 힘썼으니 그가 일반의지를 대표했다고 할 만하다. 물론 살림이 넉넉한 중산층은 그에게 분명히 적대적이었으므로 과연 '모두의 뜻'을 대표했는지 (내 말을) 트집 잡을 사람은 나오겠지만 말이다. 실제로 히틀러의 대변자 칼 슈미트(법학자)는 이렇게 말했다. "나치당 통치가 독재인 것은 맞다. 그런데 독재는 자유주의를 묵살하는 것일 뿐, 민주주의를 묵살하는 것이 아니다. 민중의 의지(일반의지)는 선거 통계보다 박수갈채에 의해 더 민주주의적으로 표현될 수 있다." 그래서 '일반의지가 어떻게 표현돼야 하느냐'를 둘러싸고 백가쟁명(百家爭鳴: 갖가지 생각)이 나올 수 있고, 자유주의자들은 일반의지 관념을 썩 달가워하지 않는다.[42] 이래저래 '일반의지'는 입씨름을 낳는 관념이다.

'정치적인 대표representation'의 문제, 곧 "대통령이냐, 의회냐" 하는 물음은 철학(인식론) 문제로도 연결된다. 사물을 어떻게 표상 representation할 거냐, 라는 문제로! 한쪽에는 진리를 선천적인 자명성 自明性에서 연역할 수 있다는 데카르트적인 생각이 있고, 다른 한쪽에 진리는 남들과의 합의에 따른 어떤 잠깐의 가설假說에 지나지 않는다고 여기는 앵글로색슨(영국미국) 쪽의 생각이 있다.

그런데 어느 쪽도 '일반의지'를 대표할 수 없어 보이는 지경이 된다면? 흥미로운 사례를 보자. 1848년 2월 혁명으로 프랑스에 새 공화국이 탄생하자 나폴레옹 3세(나폴레옹 장군의 조카)가 당선됐다. 그런데 몇 달 뒤, 그가 민중을 선동하여 쿠데타를 벌여서 아예 황제가 돼버렸다. 민의民意를 대표하는 심부름꾼이 아니라, 민중한테 "내 앞에 무릎 꿇고, 나를 숭배해!" 하고 명령하는 지엄하신 존재로 어느 날 갑자기 돌변한 것이다. 그는 1870년 프러시아(독일)와의 전쟁에서 패배한 뒤에야 황제 자리에서 쫓겨났다. 얼핏 보면 그가 '일반의지'를 대표한 것처럼도 보인다. 다들 그 앞에서 무릎 꿇지 않았는가. 하지만 이는 민중이 의회를 불신한 틈을 타서, 국가 자체가 표류하는 위기 속에서 빚어진 결과다. "프랑스 국가 자체가 썩어 문드러진 것 아니냐?" 하는 의문이 절로 일어날 때였다. 아무튼 자유주의자들은 이런 사례를 들먹이며 "일반의지라는 깃발은 걷어치워야 하는 것 아니냐." 하고 고개를

---

42. 자유주의자들은 "미국 루스벨트 대통령(1933~1945년 집권)을 그 시절의 모든 정당이 다 지지한 것을 어찌 볼 것인가" 하는 물음에 대답해야 한다. 그도 한때 절대권력을 누렸으니 말이다.

짓지만 그렇다고 "의회가 민주주의의 최선의 수단이 될 수 있다"라는 결론이 연역되는 것도 아니다.

주권자로서 당당하게 행동하라

'일반의지를 어떻게 (정치로) 모아낼 것인가'라는 과제는 아직 중구난방이다.[43] 우리는 무엇이 그럴싸한 대안(해법)이 될지, 뜬구름 잡는 입씨름에 몰두하기보다 누구나 해낼 수 있는 소박한 실천부터 힘써야 하지 않을까 싶다. 데모(=반대 집회 참가)가 그것이다. 우리는 때때로 정부나 또 기업이나, 누구든 잘못된(=민중을 억누르는) 짓을 저질렀을 때 "그러지 마시오!" 하고 반대하는 행동(집회 참석)을 한다. 그런데 칸트의 말을 본뜨자면 그 반대 행동, 곧 데모를 수단이 아니라 목적으로서도 받드는 것이 소중하다. "이 집회에서 열심히 떠든다면 우리의 주장이 그들에게 얼마나 먹힐까?" 하고 저울질해서 '잘되겠다' 싶을 때는 참가하고, 그럴 것 같지 않을 때는 발길을 끊는 식으로, 그 일을 계산적으로만 바라보지 말라는 얘기다. 박정희 독재 시절(1970년대)에 데모하는 대학생들한테 (진지하지 못한) 어른들이 "너희들, 달걀로 바위를 깨겠다는 어리석은 짓일랑 관둬라." 하고 말린 적이 많았다. 1987년에 민중대항쟁이 벌어지고서야 그 지혜로운(?) 어른들의 어리석음이 들통났다. 자기의 정치행동을 그저 그럴싸한 수단만이 아니라 훌륭한 목적으로 여긴 (사심 없는) 청년들이 군사독재를 뒷걸음질 치게 했던 것이

---

43. 최근 일본 학자 이즈마 히로키는 인터넷으로 표출되는 대중의 의견이 '집합적인 앎'으로써 일반의지를 나타낼 수 있지 않겠냐고 했다. 전혀 입증되지 않은, 증명해내기도 어려운 제안으로 보인다.

다. 루소는 민중이 선거날 빼고는 주권자로 살지 못한다고 했다. 의회만 멀거니 바라보고 있어서는 그렇게 된다. 그런데 우리가 어떤 집회, 이를테면 "일본 정부는 위안부 문제에 대해 정직한 태도를 보여라!" 하고 외치는 집회에 참가할 때, 우리는 그 집회의 결과에 대해 저울질하기 앞서 우리가 주권자로서 행동하지 않고서는 견딜 수 없기 때문에 그런 행동을 한다. 우리의 목소리가 당장 실현되든 안 되든, 우리는 주권자의 한 사람이기 때문에 당당하게 외치는 것이다. 우리가 루소한테 배워야 할 가르침은 바로 그것이 아닐까?[44]

대한민국 헌법 1조 2항에 적힌, "대한민국의 주권은 국민에게 있고 모든 권력은 국민한테서 나온다"라는 구절의 법적 효력은 대법원의 판사들이 지탱해주지 않는다는 사실을 떠올리자. 바로 국민들이, 멀찍이 떨어져서 구경하는 국민이 아니라 촛불을 들고 나서는 국민들만이 지켜낼 수 있다. 그런데 나라의 사회경제적 형편이 어려워질 때면 (어디서건) 사회 지배층은 민주주의를 뒤로 물리고 싶어 한다. 지금 우리 사회에도 그런 기운이 스멀스멀 피어오르고 있다. 루소를 다시 떠올려야 할 시절 같다.

---

44. "어디든 지배층은 민중이 모여드는 것을 두려워해서 집회 참가자를 괴롭혔다"라고 루소는 말했다.

3 대륙의 합리론

데카르트는 근대 철학의 대명사다.
'(생각하는) 주체'를 처음 내세웠기 때문이다.
하지만 물질과 정신의 이원론은
두고두고 비판거리가 됐다.

근대 사상의 출발점, 데카르트

데카르트는 16세기 말 프랑스의 귀족 집안에서 태어나 자유로운 연구 활동이 가능한 네덜란드로 건너가[45] 『방법서설』(1637)과 『성찰』(1641)을 썼다. 그는 (유럽) 대륙의 합리론을 처음 펼쳤다. 르네상스 운동(14~16세기)에서 '세상을 의심해서 살피자'는 깨달음이 싹텄는데 그는 진리를 탐구하는 방법으로서 그런 회의(의심)의 정신을 받아들였다(방법적인 회의). 꿈을 꿀 때 그것이 꿈이라는 것을 알지 못하듯이, 우리의 감각은 확실하지 않다. 2+3=5라는 수학 계산도 의심해보자. 그것이 참이라고 신神이 우리를 믿게 만들 수도 있지 않은가. 우리가 여태껏 참이라고 알았던 것 중에 확실한 것은 하나도 없다. 그는 모든 것을 의심해서 결국은 절대로 의심할 수 없는 것을 찾아낸다면 그것이 철학의 출발점이 될 거라고 생각했다. 그의 결론은 '내가 의심하고

---

45. 17세기에 네덜란드는 해외 진출의 황금시대를 맞았고 정치적으로도 선진적이었다(연방 공화국). 데카르트와 스피노자의 학문이 그때 거기서 꽃핀 것은 전혀 우연이 아니다. 존 로크도 이곳에 망명했다. 근세 일본도 네덜란드의 문명을 받아들였는데 이를 난학蘭學이라 일컫는다.

있다'는 사실만큼은 의심할 수 없다는 거였다. 의심과 의심하는 사람의 '존재'는 떼려야 뗄 수 없다. 이것이 철학의 제1원리란다.

그는 수학을 본보기로 삼아 사유thinking의 원칙으로 두 가지(직관과 연역)를 내놓는다. 경험적인 앎은 이따금 착각을 일으키지만 직관은 맑은 정신을 통해 아무런 의심도 일으키지 않는 분명한 앎을 건네준다.[46] '나는 생각하므로 존재한다'는 앎이 바로 그런 것이다. 직관적인 앎은 도무지 의심할 수 없으므로 딱히 증명이 필요 없는 공리公理를 만들어낸다. 예컨대 삼각형의 '변'이 3개임은 대뜸(직관으로) 알 수 있으니 공리가 된다.

연역하기deduce는 공리에서 새로운(더 자세한) 앎을 끌어내는 것이다. 그는 '나는 생각한다'에서 '나는 존재한다'를 연역해냈다. 연역된 것도 확실한(필연적인) 앎이다. 아리스토텔레스의 3단 논법과는 약간 다르다. 후자는 어떤 전제를 통해 논리를 끌어낸다. 토마스 아퀴나스(1224~1274)의 스콜라 철학은 3단 논법에 의존하는데 그것은 '전제'에 절대적인 권위를 부여했으므로 공리라 일컫기 어렵다. 이와 달리, 데카르트의 연역은 '확실한 사실'에서 출발한다. 그는 확실한 것만을 '참'이라 인정하고, 여러 문제를 되도록 작은 부분으로 나눠 살피고(=분석하고), 간단한 것들에서 복잡한 것들로 생각을 펼쳐내고 모두 다 떠올려서 전체 모습을 그리자고 했다.

> **덧대기**
> 근대 과학은 연역과 귀납의 두 방법을 기둥으로 삼아왔다. 연역은 법칙(합리론)으로, 귀납은 실험(경험론)으로! 귀납은 확실한 앎을 끌어내기 어렵다는 난점이 있고, 포퍼가 '반증 가능성'으로 참/거짓을 가리자고 제안했지

---

46. 그 앎은 명석하고(또렷하고) 판명하다(딴것과 다르다).

'나'와 신, 물질과 정신

그의 얘기에는 두 측면이 불편하게 공존한다. 하나는 세상을 알아내는 주체가 신神이 아니라 '나(인간)'라는 것이다. 앎(인식론)의 기초는 "내가 안다"이다. 앎의 자리에서 신을 밀어낸다. 한편으로, 그 앎을 보증해주는 것은 신의 의지will란다. 여기서는 신이 철학의 출발이다. 칸트와 피히테, 후설(20세기 초의 현상학자)은 전자의 길로, 라이프니츠, 스피노자, 헤겔은 후자의 길로 갔다. 후자에게는 '어찌 아느냐'보다 '누가 있느냐'가 더 중요했다.

데카르트는 세상의 실체를 물질과 정신의 둘(=이원론)로 나눴는데 이는 앎에 관해 나(자아)와 신, 둘을 떠올린 것의 자연스러운 결과다. 정신은 사유thought를 그 특징으로 하고, 물질은 연장(延長, extention)을 자기의 속성으로 한다. '연장을 갖는다'는 말은 그 길이를 통해 얼마쯤의 공간을 차지한다는 뜻이다. 그는 물질의 세계가 기하학geometry의 세계이고, 물질의 운동은 기계적 법칙을 따른댔다. 그런데 사람은 생각하는 정신도 있지만 밥 먹고 똥 누는 육체(=물질)로 이뤄져 있다. 그는 사람의 정신과 육체(몸뚱이)가 '송과선'이라는 것을 통해

서로 영향을 주고받는다고 (얼렁뚱땅) 설명했는데 이것은 둘을 억지로 꿰맞추는 허구fiction로서, 그의 이원론이 상당히 조잡하다는 것을 드러낸다. 송과선도 물질(몸의 일부)인데 어찌! 그런데도 그의 이원론을 나중의 학자들이 두고두고 거론하는 까닭은 그의 이런 도식이 근대적인 생각(학문)의 출발점을 이뤘을 뿐만 아니라 근대의 인류 역사 자체가 물질문명과 정신문화가 뿔뿔이 갈리는(또는 서로 조화를 이루지 못하는) 쪽으로 치달아온 것과 은근히 맥락이 닿아 있기 때문이다. 데카르트한테는 좀 심한 비판이 되겠지만 "물질과 정신? 서로 따로따로야!"라는 조잡한(난폭한) 구분이 계속되었기 때문에 근대 사회의 지배층들이 더 제멋대로 굴 수 있었다고도 말할 수 있다. 그 뒤의 학문은 이 둘을 본때 있게 합쳐내는 쪽으로 올라서야 할 과제를 안고 있다.[47]

학생들은 경험론(존 로크)은 경험을, 합리론(데카르트)은 이성을 중시한다고 단순하게 외운다. 그 구분이야 맞지만, 이성을 중시한다고 다 합리론은 아니다. 라틴어 ratio는 '원인, 근거'의 두 가지 뜻이 있다(영어 reason은 이 낱말에서 비롯됐다). 처음 뜻은 모든 사건이 원인cause을 갖는다는 것이고, 두 번째 뜻은 사태state of affairs에 관한 모든 참된 진술(말로 나타냄)이 근거 지어져야 한다는 것이다. 후자를 확실히 할 때만 합리론이라 일컫는다. 그런데 21세기의 대학교에 버젓이 자리 잡은 여러 학문 가운데 그런 확실한 근거 짓기를 내버려둔 채 진행되는 학문들이 적지 않다.

그의 학문을 좀 더 살피자. 그는 자연과학(특히 광학)에도 관심이 많

---

47. 그의 이원론은 은밀하게 정신(의식적인 주체)을 중시하고 물질(=자동기계로서의 수동적인 대중과 생명, 육체)을 깎아내린다. 이런 구분은 민중을 지배 대상으로만 여기는 지배층의 입맛에 맞다. 1980년대 미국에 좀비(=살아 있는 시체) 영화가 유행했던 것은 '자동기계로서의 대중' 신화와 관련이 깊다. 인류 문명을 좌우하는 컴퓨터 과학도 그의 이원론에 토대를 두었다. 하드웨어와 소프트웨어의 분리!

았고 모든 학문을 수학으로 다 모아낼 수 있다고 생각했다. 피타고라스와 플라톤 이래로 (학문의 본보기로) 수학을 찬양하고, 수학을 닮아가려는 흐름이 매우 완강했다. 현대의 사회과학에도 수학(숫자 계산)이 지나치게 휩쓸고 다닐 지경에 이르렀다. 이것, 만만찮은 토론거리인데 글쓴이는 플라톤과 데카르트의 그런 생각을 비판적으로 읽어야 한다고 본다. 수학만 덮어놓고 찬양해서는 학문이 빗나갈 수 있어서다. 아무튼 그가 개척한 '해석기하학'은 근대 수학의 출발점이고, 18세기 프랑스의 유물론 사상은 그의 기계적 우주관을 적용한 결과다(학자 한 사람에게도 유물론과 관념론, 두 측면이 다 있다).

참고로 그의 일화를 덧붙이자면 그는 원래 몸이 허약해서(그러면서 똑똑해서) 기숙학교에 다닐 때 아침에 늦게 일어나도 된다고 허락받았다. 잠깐 군대에 갔을 때도 그런 허락을 받아서 침대에서 뒹굴뒹굴하다가 '좌표coordinate' 개념을 스스로 발견했단다. 천장에 붙어 있는 파리를 보고 파리의 위치를 나타내는 일반적인 방법을 찾으려고 애쓰다가 알아냈다는 것이다. 학교(와 학원)에서 숨 돌릴 틈도 없이 수업을 듣는 학생들은 부러워할 일이겠지만, '앎의 진전'이라는 것은 그렇게 저 혼자 빈둥거리며 이러저런 생각을 떠올릴(=명상할) 때에 더 눈부시게 찾아오는 법이다.

스피노자, 세상에 대한 사랑

스피노자는 1632년에 암스테르담(네덜란드)의 포르투갈계 유대인 집안에서 태어났다. 데카르트보다 36년 뒤다. 어려서는 구약 성서를 공부했지만 커서는 유대교에서 멀어져(나중에 파문당함) 수학과 자연과학을 들이팠다. 사상의 자유를 지키기 위해 '대학교수로 와달라'는 요청을 퇴짜 놓고, 가난하고 소박하게 살았다. 사실인지 단언할 수는 없지만 안경알을 가는 일로 밥벌이를 했다고 한다.[48] 그는 『윤리학(에티카)』과 『신학-정치론』 등을 썼는데 모두 가톨릭교회에서 금서로

조르다노 브루노는 '지구가 돈다'는 자신의 앎을 부정하지 않은 죄로 종교재판을 받아 화형을 당했다. 이와 더불어 르네상스 문화가 몰락했다. 하지만 스피노자가 그의 생각과 꼿꼿한 기개를 이어받았다.

낙인찍었다. "내일 지구가 멸망할지라도 오늘 사과나무를 심겠다"라는 그의 호연지기(큰 뜻)가 후세에 전해 온다. 힘센 사람들한테 박해를 당하는 가운데에도 자기 생각을 자유로이 펼친 그의 용기부터 배울 일 같다(사상과 표현의 자유야말로 인권의 으뜸 항목이다).[49]

그는 '나'와 '신神' 가운데 신으로부터 생각을 풀어나갔다. 신은 '반드시 있다'고 여겨지는 어떤 것이다. 그의 첫 직관은 '신은 있다'이다. 신이 모든 것들의 선행조건이다. 그런데 그가 유대교도였다가 거기서도 파문당했다는 사실을 떠올려라. 교회가 받아들이라고 명령하는 신 관념은 거들떠보지 않았다. 그에게 신은 자연(곧 만물)이지, 기독교에서처럼 인격신이 아니다. 신은 모든 것들에 깃들어 있으므로 무한하다(=무한한 속성을 품은 실체다). 실체는 스스로 있고, 스스로를 통해 알려지는 것이고 신도 마찬가지다. 신은 무한한 속성을 품고 있지만 우리가 알 수 있는 속성은 정신(사유)과 물질(연장)이다. 데카르트가 서로 동떨어진 것으로 여긴 이 둘을 그는 '세상의 유일한 하나(곧 신)' 속에

48. 바울(기독교)도, 동아시아의 장자도 노동하며 학문을 했단다. '노동자=학자'는 투철한 앎을 얻는다.
49. 그는 익명으로 낸 책 『신학-정치론』에서 사상의 자유를 강력하게 부르짖었다.

집어넣어서 데카르트 이론의 결함을 극복했다.

그는 '신神=자연'의 두 면을 구분한다. 만드는(=능산적能産的) 자연과 만들어지는(=소산적所産的) 자연을! 앞의 것이 원인이고 뒤의 것이 결과다. 이 두 면은 서로 동떨어진 것이 아니고, 모든 만들어진 자연은 자연을 만드는 '자연의 힘'을 나누어 갖고 있다.

그는 이런 앎을 조르다노 브루노(1548~1600)한테서 배웠다. 브루노는 우주가 무한히 뻗어 있고 태양은 그 수많은 별 중의 하나일 뿐이라고 생각했다 하여 화형을 당해서 죽었다. 그의 처형은 이탈리아의 자유로운 르네상스가 끝났음을 알려준다(그는 늠름하게 죽었다). 이 앎이 더 구체화되면 (마르크스의) 역사 유물론이 된다. 아주 간단히 말해, 계급투쟁은 세상을 만드는 힘(자연)이요, 계급사회는 그것을 통해 만들어지는 자연이다.

그의 신 관념은 독특한 윤리학으로 이어졌다. 얼핏 보면 사람이 '자유로운 의지'를 품은 것 같지만 실제로는 그렇지 않단다. 사람은 자연(곧 신)의 일부로서 그 법칙에 따라 움직인다. 사람의 여러 행동은 물체의 운동과 마찬가지 방식으로 파악돼야 한다. 그런데 사람은 바깥의 작용으로부터 많은 영향을 받지 않을 수 없다. 사람은 (다른 생명체들과 마찬가지로) '자기 보존의 욕구'를 품고 있으므로(이를 '코나투스'라 부른다), 당연히 바깥에서 퍼붓는 자극(고통)에 대해 반응한다. 이를테면 못에 찔려도 반응하지 않는다면 생명이 위험해질 수 있다. 하지만 바깥에서 일어나는 상황 자체를 바꿀 수는 없다. 그러니 우리한테 질실한 것은 신(자연)에 대한 앎을 통해 세상이 어찌 굴러가는지 이해하는 것이다. 그래야 우리가 수동적으로 겪는 정념(감정)의 혼란에서 벗어날 수 있다. 세상일들은 필연적으로 결정되는데 그 원인을 모르는 사람들이 스스로 '자유롭다'고 착각한다고 그는 혀를 찬다. 세상이 어찌 굴러가는지 제대로 아는 사람이라야 그것(=사물의 지배)에 휘둘리지 않고, 거기서 자유가 생겨난다는 것이다. 그의 윤리학은 앎의 윤리학이다. "(신 곧 자연에 대한) 앎→자유→도덕." 그리고 그 앎을 어찌 퍼뜨려서 대중이 정념(감정)에 얽매인 상태에서 벗어나게 해줄 수 있을지를 탐구하면 정치학이 된다.

> **덧대기**
> 칸트가 이성의 힘을 굳게 믿었다면 스피노자의 윤리학은 감정emotion과 정념passion을 어찌 다스릴지 궁리한다. 스피노자는 사람의 감정을 48가지로 분류했다. 강신주가 쓴 『감정 수업』 참고.

아인슈타인에 이르기까지 여러 학자들이 스피노자의 결정론에 매혹됐다. 거기서는 자연법칙과 임의의(어떤 것이든) 선행조건들의 주어진 체계에서 나중의 모든 사건들이 결정되는 탓에 '우연'이 끼어들 자리가 별로 없다. "(주관적이며 찰나적인 삶을 넘어서) 영원의 상相 아래서 세상을 파악하자"라는 그의 권고는 사물들을 신적神的인 자연의 필연성에서 따라 나오는 것으로 파악하자는 얘기다. 근대 자연과학자는 과학 탐구를 일종의 종교 활동이라 여기고,[50] 거룩한 사명감을 품고 거기 몰입했는데 그들이 그런 태도를 품게 하는 데에 스피노자도 한몫 거든 셈이다.

하지만 그의 '필연적인 앎'의 개념은 갖가지 회의(의심)에 맞닥뜨릴 수 있다. "자연법칙이 신이 낳은 것이라고? 왜 이렇게 만들어진 자연법칙의 체계가 꼭 타당하다는 거지? 지금 그 법칙이 있다 해서 그것

---

50. 요즘 성과급(보너스)에 신경 쓰는, 더 많이 연구해서 더 많이 돈을 벌겠다고 나서는 학자들은 옛 학자들의 윤리부터 배워야 한다.

이 필연적인(꼭 있어야 하는) 게 되는가? 또 다른 세계도 있을 수 있는 것 아닌가?" 이 물음에 답하는 것이 후학들에게 주어진 과제다.

> **덧대기**
> 스피노자도 데카르트와 마찬가지로 기하학에서 학문의 영감을 얻었다. 그의 윤리학도 공리, 정의, 정리, 증명의 기하학 체계를 부려 썼고 수많은 공리들을 몇 개의 공리로 합치고 줄인 점에서 탁월했다. 하지만 그의 철학 체계에는 변화하는 시간이나 역사가 들어 있지 않은데, 이는 기하학 체계의 성격을 보면 분명하다. 기하학의 증명은 이미 알려진 사실의 참/거짓을 가리는 것이지 새로운 사실을 찾아내는 것이 아니다.

라이프니츠의 이성주의

라이프니츠는 독일의 '30년 전쟁'이 끝날 무렵(1646년), 루터파 철학 교수의 아들로 태어났다. 열네 살 더 나이 먹은 스피노자와 깊이 교류했다. 그는 철학자로서보다 수학자로 더 큰 업적을 쌓았다. 뉴턴과 나란히 미적분을 창안했고,[51]

라이프니츠는 온갖 비합리적인 정념이 쏟아져 나온 '30년 전쟁'의 후유증을 극복하기 위해 '이성'을 화두로 삼았다. "여러분, 제발 정신(이성) 좀 차리세요!"

그의 수학적 표기법은 아직도 널리 쓰인다. 계산기도 발명했고 이진법 체계도 다듬었다. 함수론과 행렬, 확률론과 조합론, 게임 이론과 인공人工 언어의 구상…… 물리학과 지질학과 생물학(종의 변형)도 탐구했

---

51. '누가 먼저냐' 하고 뉴턴이 볼썽사납게 우선권 다툼을 벌인 탓에 영국 수학의 발달이 늦어졌단다.

다. 그는 온갖 분야를 다 탐구하느라 편지만도 3만 통에 이른다(그때는 편지를 주고받으며 학문을 토론했다). 그는 인류 최후의 보편적인(=두루 헤아린) 학자다. 분석철학을 다듬은 러셀 등 20세기의 여러 철학자가 그의 학문에서 영감을 얻었다. 세상에는 천재the gifted가 여럿 있지만 그가 첫손가락에 꼽힐 만하다. 하지만 그의 정치사상은 존 로크만큼 급진적radical이지 못했다. 독일은 영국처럼 시민들이 들고 일어나는 실천(1642년의 청교도혁명)을 해본 적 없기 때문이다. 끔찍한 사회 분열을 초래한 '30년 전쟁'을 뒷설거지하는 일이 그의 주된 정치적 관심이었다.[52] 그가 왜 몹시 강경하게 '이성주의'를 부르짖었는지, 왜 독일에서 종교의 이성적인 근거 짓기 노력이 치열했는지는 이 전쟁의 결과를 떠올려 읽어야 한다.

라이프니츠는 스피노자의 신 관념을 수긍하지 않았다. 그것으로는 신과 인간과 자연의 구분이 흐릿해진다고 여겼다. 그는 큰 것(신) 대신, 아주 작은 것부터 떠올렸다. 우리가 흔히 보고 만질 수 있는 사물은 나눌 수 있는, 복합적인 것들이다. 이를 나누면 단순한 실체의 집합이 된다. 그는 데모크리토스(옛 이오니아의 유물론자)처럼 이를 '원자atom'라 부르지 않고 단자(單子: Monad)라 일컬었다. 단일체(하나)! 이는 물질적인 것이 아니고, 따라서 연장(길이)을, 크기와 모양을 갖고 있지 않다. 이는 영혼(정신, 생명)으로 표현될 수도 있는데, 모든 물질세계에 앞서 있다.[53] 무한히 많은 단자가 무한한 우주의 모든 것을 그 안에 담고 있단다. 이것들은 따로 구분돼 있고 창window이 없어 상호작용하지 않는다. 실체는 단자란다.

---

52. 1618년 신성로마제국이 개신교도를 탄압해서 전쟁이 시작돼 베스트팔렌조약(1648년)으로 끝났다. 이 조약은 나중에 '유럽 봉건질서의 (반동적) 상징'이 됐지만 그때는 야만적 내전을 끝내게 해줬다.
53. 자연과 신이라는 근대의 이분법으로 보자면 모나드(단자)는 정신의 원자인 셈이다.

그렇다면 세계의 질서는 어디서 생겨나는가? 단자들은 저마다 창조된 목적을 갖고 있고, 그 목적에 맞게 움직이므로 조화를 이루게 돼 있다(예정조화론). 악기들이 저마다 다른 목적을 갖고 다른 소리를 내지만 화음을 이루듯이. 이는 신의 활동에서 나오는 결과란다.

그의 신은 어떤 신인가? 어떤 사건이든 눈앞의(=직접적인) 원인을 거슬러 올라가면 숱한 원인의 사슬이 나온다. 결국 모든 원인들의 마지막 원인(=충족 이유)이 되고, 우주 바깥에 반드시 있는 무엇인가가 필요하다. 다른 원인을 필요로 하지 않는 그것이 신神이란다. 라이프니츠는 신이 최선의 세계를 창조했다고 낙관한다. 세계에는 악惡도 분명히 있지만 이는 선善을 돋보이게 하려고 있단다. 그에게 자유란 자기 자신(곧 단자) 안에 있는 가능성을 펼쳐내는 과정이다. 그러기에 자유는 사람의 어김없는 운명이라는 것이다.

> **덧대기**
> 그의 단자론이 기묘한 것이라면 이는 데카르트의 모순(곧 이원론)을 극복하려 한 결과로서 그렇게 된 것이다. 20세기에 나온 기호언어학은 단자론에서 힌트를 얻었다고 하는데, 아무튼 그가 일원론으로 올라선 것은 앎의 진전이다.

라이프니츠의 공功이 뭘까? 복잡한 신神 개념을 구상해냈다. 그는 신이 과학의 기초이고, 과학을 북돋는 것이 종교의 의무라고 어렵게 (거창하게) 말했다. 그래서 무엇을 이뤄냈는가? 과학을 발가락의 때만큼도 존중하지 않는 케케묵은 종교석 신앙을 (복삽 성교한 신 개념으로써) 억눌렀다. 그래서 과학적인 생각들이 뻗어나갈 여지를 마련했다. 18세기 프랑스 계몽주의자들이 걸핏하면 종교(교회)와 으르렁대며 싸운 것과 대조된다. 영국의 지적 풍토와 견줘 봐도 참 다르다. 영국의 경험주의자들은 신 관념이 소박했다. "저것은 과학으로 설명할 수 있고, 이것은 설명할 수 없다고? 그럼 이것은 신이 만든 것이겠군." 과학이 좀 더 발달하면 그런 소박한 생각이 파탄을 맞는다. '이것'도 과학으로 설명할 수 있게 됐기 때문이다. 한편 영국인들은 과학을 종교의 품 안에서 재빨리(설렁설렁) 떼어냈다. "이거? 누가 적용해봤더니 맞더래. 그럼 옳은 거지, 뭐!" 그러니까 그 얇은 신학(성서의 말씀)과 상관없이 옳은 게 됐다. 한동안 영국의 경험론은 잘나갔다. "마음이라는 흰 종이 위에 그리고 싶은 것, 마음껏 그리세요!" 그런데 자연과학(물리학)의 앎이 깊어질수록 감각으로 겪어보지 못한 것들에 대한 추상 능력이 중요하게 됐다. 아인슈타인의 상대성이론은 실험실에서 비커(그릇)와 저울을 부려 써서 (경험을 통해) 알아낸 게 아니라 '머릿속 생각놀이'를 통해 얻은 것이다. 그런 생각의 힘을 키우는 데는 대륙 합리론과 독일 관념론 철학의 전통이 더 큰 구실을 해줬다.

덧대기 1

라이프니츠는 "(이 세상에) 왜 아무것도 없지 않고 무엇인가가 있을까?" 하고 물었다. 그는 신이 그 원인이랬다. 그렇다면 그 신은 어떻게 생겨났을까? 또 다른 신(=원인)을 가정해야만 한다. 세계의 궁극적인 기원에 관한 질문은 사실 설명될 수도 없고, 그렇다고 외면(제거)할 수도 없다.

덧대기 2

라이프니츠의 단자론은 21세기 사이버 공간 공동체와 기묘하게 닮았다. 유아론唯我論과 범세계적 조화의 기묘한 공존! 사이버 공간에 몰입하여 우리는 오직 컴퓨터 화면과 가상의 환영만 만나며, 그러면서도 범세계적 네트워크에 찾아들어가 전 세계를 상대로 소통하면서 (현실과 직접 부딪치는 창문이 없는) 단자單子가 되지 않는가? 그는 최고의 단자, 곧 신神에 의해 단자들 사이의 '예정된 조화'가 이뤄진다고 (형이상학적으로) 가정함으로

써 단자론의 허술한 구석을 돌파하려 하는데, 지금 사이버 공간에서의 의사소통도 그런 조화가 과연 가능할지, 비슷한 난점을 안고 있다.

덧대기 3

경험주의(로크)와 합리주의(데카르트)를 간추려 살펴보자. 전자는 현상(사건)들 사이의 규칙성이나 항상적인constantly 결합을 세우면 '그것들이 설명된다'고 본다. 하지만 그 앎은 설명의 시작일 뿐이다. 그 유형이나 (상관)관계를 만들어낸 구조나 기제mechanism를 더 찾아야 한다. 기제機制는 어떤 방식으로 작동하는 사물들의 경향이나 힘이다. 과학이론은 관찰할 수 있는 현상을 인과관계로 생겨나게 하는 구조와 기제에 대한 서술을 해내야 한다. 합리주의는 '현상들의 밑바닥에 어떤 실재가 있다'고 여기고, 이 실재는 인과적 힘을 갖고 있다고 본 점에서 옳다. 그렇지만 '어떤 본래적인 관념'이 실재라는 생각은 토론거리다. 실재reality는 경험적인 것(감각으로 겪는 것), 현실적인 것(누가 관찰하든 말든, 사건이 생겨나는 것), 실재적인 것(사건을 낳는 기제/구조/과정)의 세 층위(깊이)로 이뤄져 있다. 과학탐구의 궁극적인 대상은 과학자와 그들의 활동에서 독립하여 따로 있는 것들(실재적인 것)을 파헤치는 일이다. 자연구조와 사회구조도 견주자. 사회구조는 학자의 탐구 활동이나 민중의 생각과 따로(별도로) 있지 않다. 예컨대 민중이 널리 민주民主를 추구해야 민주주의 사회구조가 만들어진다. 한편 사회구조는 자연구조보다 덜 지속적이다. 사람들의 실천에 따라 그 구조가 바뀌어간다. 이를테면 자본주의는 역사적으로 생겨난 제도이므로 언젠가 변화를 겪을 수밖에 없다.

2부
근대를 연 철학

1 칸트의 사상과 공리주의

칸트는 독일 동쪽의 쾨니히스베르크에서 태어났다. 이곳에서만 살았지만 상업도시라서 세상 흐름을 알 수 있었다. 한때는 프로이센 왕국의 수도였고 지금은 러시아 영토가 됐다. 이 도시엔 7개의 다리가 있어서 이를 소재로 수학 문제가 생겨났다.

고교 교과서는 윤리 사상의 주된 두 축으로 공리주의(결과론적 윤리)와 칸트주의(의무론적 윤리)를 소개한다. 사람에게 행복을 가져오거나 불행을 덜어주는 행위를 옳은 행위로 여기는 생각(곧 결과론)이 전자요, 결과가 어떻게 되든 누구나 언제 어디서나 행위의 원칙을 지켜야 한다는 생각(곧 의무론)이 후자다. 교과서는 그 두 생각에 관해 10쪽에 걸쳐 제법 자세하게 서술해놓았는데, 문제는 그 서술이 너무 지루해서, 또 겉핥기라서 어디 학생들 머릿속에 제대로 들어갈까 싶은 것이다. 그래서 두 생각을 현실 속에서 견줘볼 수 있게 몇 가지 사례를 먼저 들춰본다.

공리주의는 중국에서 성공했을까

중국의 지도자 등소평(1904~1997)은 중국 공산당을 (1920년대) 처음 만든 세대의 한 사람으로, 1968년 문화대혁명의 박해를 견뎌낸 뒤로 1980~1990년대에 중국 공산당을 실질적으로 통솔했다. 그는 1980

년대 중국의 개혁개방(=자본주의 세계경제와 교류하기)을 이끌면서 "흰 고양이든, 검은 고양이든 쥐만 잘 잡으면 된다"라는 이름난 구호(슬로건)를 내걸었다. 무슨 방법을 쓰든, 결과만 좋으면 된다는 얘기다. 그의 지도력 덕분에 중국은 30여 년 간 줄곧 높은 경제성장률을 기록하여 세계경제에 큰 덩치를 뽐내는 나라로 컸다. 밑바닥의 가난한 인구도 뚜렷이 줄었다. 그의 공리주의적인 국가 통치가 제법 들어맞은 셈이다. (일부 문제 제기 세력은 있지만) 요즘 중국인 대부분은 그가 이끈 중국공산당의 통치에 커다란 불만을 품지 않고 살아가고 있으니 중국의 사례는 '공리주의, 그거 문제 있다'는 논점(논제)을 들이미는 것 같지 않다.

하지만 철학(윤리학)은 먼 훗날까지 내다보며 옳고 그름을 따져야 한다. "여태껏 중국 경제가 잘 굴러 왔지만 앞으로도 그럴까? 공리주의 윤리가 빈틈이 있다는 것이 나중에 드러나지 않을까?" 등소평(중국 공산당)의 목표가 '국민들을 배불리 먹이겠다'는 소박한(낮은) 수준이었다면 그들의 목표가 웬만큼 달성됐다고 말할 수 있다. 그러나 그들은 그것과 더불어 '사회주의의 발달'도 목표로 내걸었고, 이 목표에 견주자면 선뜻 긍정적인 답이 나오지 않는다. 중국인들의 살림살이가 옛날보다 풍족해진 것은 사실이지만 그와 더불어 자본주의 체제가 중국에 튼튼히 똬리를 틀었다. 그들이 입으로 말하는 '사회주의 발달'이라는 더 큰 목표는 거의 실종돼버렸다고 해도 지나친 말이 아니다.[54] 앞으로 중국의 높은 경제성장률에 브레이크가 걸린다면 "어떤 고양이든, 쥐만 잘 잡으면 된다"라는 등소평의 호언장담이 안고 있는 허튼

---

54. 지아 장커의 중국 영화 「천주정」에는 룸살롱 여인들이 공산당원 복장 비슷한 차림으로 나와서 남자들한테 거수경례까지 붙인다. 체제의 거짓 선전이 매춘 수준에 이르렀다는 날선 풍자(비꼬기)다.

구석이 더 생생하게 드러날 것이다.

공리주의는 결과만 관심을 두지, 거기 도달하는 과정(수단)에 대해서는 무관심하다. 그런 생각이 (아무 제동장치 없이) 활개 칠 경우의 폐해(해악)를 말해주는 속담이 있다. "개같이 벌어서 정승처럼 쓰라!" 현대 자본주의 사회는 사람들더러 저마다 자기 이익을 힘껏 추구하라고 권장하는데(보이지 않는 손이 그 사익私益들의 조화를 가져다준다면서), 그러다 보면 무슨 짓이건 거리낌 없이 벌이는 사회 풍토가 자리 잡게 된다. 우리는 지난 1970년대 이후, 한국의 경제성장 과정에 대해서 반성의 눈길로 살펴야 하는데, 부자富者 될 것만 마구 부추긴 결과로 천민vulgar 자본이 곳곳에 활개 치고 한국인의 윤리도덕은 땅바닥에 떨어지지 않았던가?

칸트의 윤리는 기독교 윤리의 세속화다

공리주의 얘기는 뒤로 미루고, 칸트로 돌아가자. 유명한 그의 격언이 있다. "넌 그 일을 해야 해. 그러니까 넌 할 수 있어!" 얼핏 들으면 이치에 맞는(이성적인) 말 같지 않다. 사람은 하고 싶어도 (갖가지 사정 때문에) 할 수 없는 일이 오죽 많은가. 그런데 우리는 이런 무리한(억지스러운) 말을 예전에 한국 군대에서 많이 들었다. "(군대에서는) 시키면 (무슨 일이건) 해야 하는 거야!"[55] 그 뒤의 얘기가 거기 숨어 있다. "네가 군기(=군대 기율)만 바짝 들어 있다면 얼마든지 해낼 수 있거든." 칸트의 말과 군대의 상급자들이 입버릇처럼 쓰던 말은 사실 똑같다. 그

---

55. 실제로는 "까라면 까야지!" 하고들 말했다. 그 말 앞에는 "0으로 □을 까라고 해도"가 생략돼 있다.

게 옳은 의무(명령)인지 아닌지가 다를 뿐이다. 군대는 일반 병사들이 평소 같으면 감히 엄두도 못 낼 어려운 일을 해내라고 다그칠 때가 많은데, 만일 지금이 전시戰時이고, 우리가 수천 만 명의 민중을 구해낼 정의로운 싸움에 나선 것이라면 그 명령을 무리無理한 일로 여기기보다 어떻게든 감당해야 할 일로 받아들이지 않겠는가?

그런데 이런 살벌한(?) 명령을 내린 칸트는 군인이 아니었다. 그는 오히려 세계 평화를 실현할 길을 애써 찾았고 그의 생각이 빛을 봐서 훗날 UN(=국제연합)이 탄생했다. 그는 사람들에게 '착하게 살라!'는 게 윤리학의 명령(정언명법)이라고 했는데 그렇다면 사람들에게 이런 무거운 의무를 부과하는 데가 어딜까? 바로 보편종교(기독교)다! 그는 17~18세기 초 유럽 학자들이 신神의 존재를 증명하기 위해 머리를 싸매던 것을 다 부질없는 일이라 못 박았다. 과학자들은 성서에서 배울 게 없다는 것이다. 다만 사람들이 착하게 사는 문제(도덕, 실천이성)와 관련해서는 신이 필요하다고 봤다. 그의 무거운 윤리학은 바로 (이웃사랑이라는) 기독교의 가르침을 세속의 공간으로 옮겨온 것이다. 위고의 소설 『레미제라블(비참한 사람들)』의 첫머리에, 교회의 은사발을 훔쳐 달아난 장 발장이 경찰에게 붙들려 돌아오자 신부님이 은촛대를 (네 것이니까 가지라며) 더 내어주는 장면이 나온다. 자기 잇속을 헤아리며 살아가는 소시민들이야 그런 화끈한 이웃사랑을 실천하기 어렵다. 하지만 신을 사랑하기로 결단한 사람한테 그런 실천이 어찌 불가능한 일이겠는가.

학교 교과서를 통해 칸트의 얘기를 밋밋하게 접하는 학생은 그 얘기가 얼마나 무거운 얘긴지, 선뜻 와 닿지 않을 것이다. 그러니 본론에 들어가기에 앞서, 칸트의 삶의 자취와 그가 유럽 사회에 어떤 영향을 끼쳤는지 배경부터 살펴보자. 그는 1724년 독일 동쪽의 상업도시 쾨니히스베르크에서 마구馬具 제작자의 아들로 태어났다.[56] 기독교를 경건하게 믿는 집안이었다. 그는 살림이 넉넉하지 못해 (쾨니히스베르크 대학의 교수가 될 때까지) 가정교사나 도서관 사서(관리자)로 일하며 공부했다. 그는 첫 책,『순수이성비판』을 나이 예순이 다 되어서야 펴냈다. 천재 소리를 듣는 사람은 다들 20~30대에 유명한 책을 썼는데, 그는 노력형의 늦깎이였던 셈이다. 그는 자기가 살던 도시 바깥으로 나가본 적 없고, 생활이 무척 규칙적이었던 것으로 유명하다. 그의 삶은 우리에게 잔잔한 일깨움을 준다. 천재가 아니라도 부지런히 공부하는 사람은 위대한 학자가 될 수 있다! 배움의 열정만 있다면 해외 유학이나 여행을 가지 않고도 세상을 훤히 알 수 있다! 또 하나, 그는 무슨 나라의 감투를 쓴 적 없었고(권력과 명예를 누린 적 없고), 요즘 세계 곳곳의 대학교수들이 그렇듯이 온갖 잡스러운 일(행정 잡무)에 시달리지도 않았으며, SNS니 페이스북이니 인터넷 환경에 마음을 뺏기지도 않았다. 십여 년을 오직 한 우물만 들이판 덕분에 탁월한 학문을 이뤄냈다.

그의 학문은 유럽 사회에 어떤 영향을 끼쳤는가? 19~20세기에 유럽 철학을 공부한 학자들에게 독일어 공부는 필수였다. 칸트와 헤겔의 책을 (번역된 것 말고 원래 말로) 읽어야 했기 때문이다. 칸트 이전만 해도 똑똑한 학자들이 무슨 대학교수 노릇을 하는 일이 드물었다. '학문을 하려면 대학에 몸을 담아야 한다'는 생각(통념)은 칸트가 교수로 일하면서 대학의 명성을 높여준 뒤로 생겨났다. 19~20세기의 독일 법학은 다른 나라들보다 수준이 높았는데 이는 독일 법학자들에게 독일

---

56. '소小생산자들이 대접받는 세상'에 대한 그의 희망을 그의 집안 배경에서 읽어내라. 이 도시엔 강이 흐르고 다리가 7개 있어서 이 다리들을 건너는 방법이 수학 문제로 생겨났다.

철학 공부가 필수였던 덕분이다. 제3제국(히틀러가 집권했을 때의 독일 국가)을 비판하면서 1949년에 새로 마련한 독일기본법(우리의 헌법)은 칸트의 정신에 근거해서 서술되었다. 요컨대 칸트 윤리학은 유럽 계몽 사상의 정점(꼭대기)을 차지한다.

유럽의 사상은 (대강 간추리자면) 대륙(독일과 프랑스)과 영국미국 쪽의 두 흐름으로 나뉜다. 전자가 합리와 이성理性을, 후자가 경험을 중시한다. 근대 사회로 들어와서 세 나라가 이뤄낸 역사적 특징을 견주기도 한다. 영국이 산업혁명을 먼저 이뤄내고,[57] 프랑스가 앞장서서 시민혁명을 이뤄낸 반면, 독일은 훌륭한 철학(칸트와 헤겔)을 꽃피웠다는 것이다. 어찌해서 독일에서 철학과 사상이 발달할 수 있었을까? 그 비결의 하나는 루터의 종교개혁의 저력이요, 또 하나는 정치 후진국의 지식인들이 정치와 경제의 근대화 과정에서 뒤처진 현실을 학문의 세계에서나마 따라잡기 위해 분발했던 사정이다.[58]

초월론의 눈길: 나를 바깥에서 바라보라

의무론 얘기로 들어가기에 앞서, 그의 학문 전반을 먼저 훑자. 그는 『순수이성비판』을 통해 지금까지의 학문(앎의 이론)을 코페르니쿠스처럼 뒤바꿔놓았다고 한다. 예전에는 사람들이 자기 주관(알려는 생각)으로써 바깥 사물들을 '모사한다(본떠 그린다)'고 소박하게 여겼다. 머릿속 흰 종이 위에! 그런데 그는 사람이 제 머리(주관)에 들어 있는 앎

---

57. 영국에 경험주의(기계적 유물론) 철학이 발달한 것은 시장경제를 일찍 이뤄낸 것과 연관이 깊다.
58. 독일은 민족통일국가를 이뤄내지 못한 사정도 작용해서 시민혁명을 이뤄낼 주체 세력이 미약했다.

의 형식, 곧 지성의 범주category를 부려 써서 대상을 구성한다(얽어 짠다)고 봤다. 그저 눈에 비치는 대로, 저절로 아는 게 아니란다. 이를테면 사람 머릿속에 질과 양(분량)을 따지는 잣대(범주)가 들어 있는 덕분에 어떤 것의 숫자도 세고 성질도 헤아리는 것이지 개구리나 메뚜기는 (아무리 눈을 치켜떠도) 숫자를 세지 못한다. 이 얘기는 얼핏 생각하면 '주관(사람)이 중심'이라는 얘기가 아닌가? 그런데 코페르니쿠스는 이와 달리, "우리(지구)가 중심이 아니"라고 하지 않았는가. 그는 세상을 현상계(=알 수 있는 모습들)와 물자체the thing in itself로 구분했는데, 후자의 개념(또는 그런 구분)에 대해 선뜻 수긍하지 않는 학자들이 많기는 하지만, '물자체'를 중심에 놓는다면 코페르니쿠스에 빗댈 만하다. 그는 이렇게 말했다. "관념론자들은 생각하는 존재자(사람) 말고는 어떤 것도 없다고 여긴다. 이와 달리 사물은 우리 바깥에 있는 대상이면서 감관(감각기관)의 대상으로 주어진다. 우리는 물자체가 무엇인지 아무것도 모른다. 단지 물자체가 나타난 것인, 그 현상이 어떤 것인지를 알 뿐이다. 사물이 우리 감관을 촉발해 우리 안에 생기게 하는 표상表象이 뭔지를 아는 것이다." 그가 물자체를 떠올린 까닭은 우리 주관의 수동성을 말하기 위해서다.

칸트는 '초월론적인' 반성을 한다고 했다. 데카르트의 『방법서설』에 적힌 얘기를 빌려, 낱말풀이를 해보자. "나는 모든 것을 갖가지로 의심해봤다. 하지만 마지막으로, '의심하고 있는 내가 있다'는 사실은 의심할 수 없다. …… (그래서 품게 된 앎은) 나는 생각한다Cogito. 그러므로ergo 나는 존재한다sum는 것이다." 여기서 '나'는 우선 경험적인 자기自己, 데카르트다. 눈과 귀가 있는 데카르트(나)가 늘 생각하면서 살아간다. 그런데 거기에는 데카르트 자기 자신을 끊임없이 의심하는 '나'도 들어 있다. 이렇게 자기를 멀찍이 바깥에서 바라보는 '나'를 초월론적인 자기(주관)라고 일컫는다.

사람은 누가 자기를 흉보는 말을 들을 때, 섬뜩해진다. 바깥에서 다른 사람의 눈길로 자기를 바라볼 때라야 제가 어떤 잘못을 저질렀는지, 대뜸 알게 된다. 사람의 집단도 마찬가지다. 자기가 터 잡은 곳(농촌)에 파묻혀 저희끼리 살아온 농민은 흔히 제 고집대로만 생각하는데 반해, 곳곳을 다니며 교역交易에 힘쓰는 상인들은 여러 다양한 사람들과 의사소통하는 지혜가 쌓여서 자기를 객관적으로, 곧 남의 눈길로 바라볼 줄 안다. 불교와 이오니아철학이 상인 집단에서 먼저 받아들여진 것은 다 까닭이 있었다. 근대로 넘어올 때에도, 왜 『국부론』이 영국에서, 『사회계약론』이 프랑스에서, 『실천이성비판』이 독일에서 나왔는지 견줘서 살피는 것도 초월론적 반성이다. 나라(공동체)와 나라(공동체) '사이'에서, 또는 세 나라의 '바깥'에서 들여다보고 내려다보는 눈길이 초월론적인 주관이라는 것이다.[59]

그런데 "초월론적인 '나'가 있다"라고 말할 수 있는가? 데카르트의 말을 잘못 읽으면 그렇게도 읽히는데, 그것은 생각될 수는 있겠지만, 존재하는(그래서 직관되는) 것은 아니다. 그래서 스피노자는 이 말이 "나는 생각(또는 의심)하면서 존재한다"라는 말과 같다고 읽었다. 아무튼 초월론적으로 반성(비판)하겠다는 말은 경험적 자명성自明性을 괄호 안에 넣는 결의(다짐)이다. "내가 얼핏 옳다(자명하다)고 느낀 것이 과연 진짜로 옳은(자명한) 것일까?" 하고 늘 되묻는 태도다. 칸트는 늘 그런 실존적인 태도로 배움에 다가들었다.

---

59. 비고츠키는 '회화 위주' 외국어 교육을 비판했다. 무엇을 나라마다 다르게 나타내는 것은 그 말들 모두를 아우르는 개념을 떠올리게 한다. 다른 나라 말에 견줘 모국어를 아는 것도 초월론적 반성이다.

수학은 분석일까, 종합일까

수학 얘기로 넘어간다. 피타고라스와 플라톤 이래로, 철학자들은 수학에서 먼저 힌트를 얻어 철학을 다듬었고, '어느 수학이 옳으냐'라는 문제로부터 '어느 철학이 옳으냐'라는 문제로 입씨름이 번져나갔다. 그 입씨름의 한복판에 칸트가 있어서다.

중학교 교과서에는 유클리드(기원전 325~265년)의 『기하학 원론』이 소개돼 있다. 그래서 학생들은 그것이 수학의 첫 출발점이었다고 잘못 기억하기 쉽다. 그런데 그 책이 수학의 처음도 아니요, 역사 속에서 발달해온 수학의 '모든 것'도 아니다. 수학은 원래 그런 이론 책이 아니라 (땅의 측량 같은) 응용수학이나 놀이를 통해 훨씬 앞서서 발달했다. 수학은 사물의 '관계'에 대한 파악이 아닌가. 유클리드는 수학이란 공리axiom에서 형식적(분석적)으로 연역되는 '증명'의 형태를 띠어야 한다고 서술했고, 후세 사람들 대부분은 그 책을 곧이곧대로 읽고서 수학은 당연히 분석판단이라고 여겼다.[60] "다른 학문도 그걸 본떠서 분석판단으로 해야지!" 그런데 유클리드는 플라톤보다 백 년 뒤 사람이다. 플라톤한테서 "(수학에서) 분석적인 것만이 참이야!" 하는 가르침을 받고, 그런 책을 쓴 것이다.

'분석판단'이란 술어 개념이 주어 개념 속에 이미 들어 있는 것이다. 이를테면 "모든 물체는 '연장(延長, 연속하여 이어짐)'이라는 속성을 갖고 있다"라는 것! 물체에 어떤 속성(성질)이 있는지 그 개념을 그냥 쪼개서(분석해서) 보면 그 말이 맞다는 것을 알게 된다. 모순율(=A와 A 아

---

60. "삼각형의 안각의 합은 180도"라는 말도 분석판단이다. 옳은 앎이지만 뻔하지 않은가. 그래서 학생들은 '수학은 뻔하고, 재미없구나' 여기게 된다. 수학이 생활에 큰 쓸모를 주는 실용(응용)의 앎이요, 놀이라는 것을 실감할 때 학생들이 비로소 수학 공부에 재미를 붙일 것이다.

닌 것이 동시에 성립할 수 없다는 원칙)만으로 증명할 수 있다. 이와 달리 종합판단은 술어 개념이 주어 개념 안에 들어 있지 않고 바깥에서 새로 들어왔을 경우다. "모든 물체는 다 무겁대. 정말 그러니?" 그런데 '물체'라는 개념에는 '무겁다'라는 속성이 들어 있지 않다. 온갖 것(흙덩이와 솜뭉치와 흙과 깃털)을 새로 저울질해서 그 앎을 합쳐야만 이 명제(문장)에 대해 판단을 내릴 수 있다. '물체'라는 개념만 (형식적으로) 분석한다 해서 답이 나오지 않는다.

칸트는 수학이 선천적인apriori 종합판단이랬다. 경험을 떠나 있는 것! 이를테면 비非유클리드 기하학에서 말하는 '평행선이 엇갈린다'는 공리는 경험 속에서는 들어맞지 않는다. 또 삼각형이라는 개념(주어)에는 "안각의 합이 180도"라는 술어가 포함돼 있다. 그러니까 이것을 부정하는 것도 얼핏 보면 말이 안 된다. 하지만 그는 '비-유클리드 기하학이 성립될 수 있다'고 여겼고, 이는 선천적 종합판단에서 비롯된 앎이다. 20세기 초 프레게와 러셀은 "수학을 (형식)논리학으로 죄다 바꿔치기할 수 있다(서로 전혀 다르지 않다)"라고 주장했고, 힐베르트는 "이론이 모순이 있는지/없는지"만 따져서 수학의 틀을 세우려고 했는데 괴델이 이 주장들을 논박했다(불완전성 정리). "모순 없는 모든 공리계는 참truth인 일부 명제를 증명할 수 없고, 특히 스스로의 모순 없음을 증명할 수 없다!" 수학의 '참'이 반드시 형식적인(분석적인) 공리체계로부터 결정되지 않는다는 얘기다.[61] 바꿔 말하면 형식주의로 기초 지어지지 않는 참이 있을 수 있다. 그런데 "형식적인 공리계에 의해 수학을 근거 짓자!"라는 몽상은 '분석만이 참'이라 여긴 플라톤의 형이상학에서 비롯됐다. 칸트는 그 생각을 반대했고, 칸트의 말이 옳

61. 가라타니 고진의 『트랜스크리틱』에 서술된 것을 간추렸다.

은 것 같다. 비트겐슈타인은 수학을 '발명의 갖가지 다발'이라고 생각 했는데 이것도 수학이 종합판단(또는 확장판단)이라는 얘기다. 칸트의 『순수이성비판』은 지금까지의 형이상학을 비판하고 (뉴턴 역학을 비롯 한) 근대 과학이 어째서 옳은지를 근거 짓는 이야기인데, 그 논점의 하나를 수학에서 살펴봤다.

서로 소통할 수 없는 타자를 떠올리다

칸트의 또 다른 주제인 '타자the other'에 대해 살피려면 먼저 '메논 의 패러독스(역설)'로 거슬러 올라가야 한다. 플라톤이 쓴 『메논』에서 소크라테스는 기하학을 모르는 소년한테 어떤 정리定理를 증명하게 한 다. 여기서 소크라테스는 '가르치는 것'이나 '배우는 것'은 있지 않고, 사람들은 다만 '상기할(떠올릴)' 뿐이라고 말했다. "메논! 난 아무것도 가르치지 않았어. 난 그저 묻기만 했지." 그런데 이 대화에는 어떤 규 칙이 보이지 않게 전제돼 있었다. 어떤 기본 전제(=공리)를 받아들인 다면 그 다음에는 그 전제와 모순되는 말을 하지 않는다는 (모순율의) 규칙! 소년은 먼저 이런 규칙을 지키는 것을 '배웠다.' 곧, 대화에 앞서 이미 규칙을 공유하고 있는 셈이다.

그 규칙은 어디서 나왔는가? 당시 아테네의 재판소(법제도)에서! 소 크라테스의 변증법은 논쟁(법정)의 형식에서 따온 것이다. 제안자(검사) 의 의견 제시 → 반대자(변호사)의 반박 → 제안자가 거기 답변하기. 그 의 의견에 대해 날카로운 반박이 나오지 않는 한, 그 의견은 참인 것 으로 추정(인정)된다. 제안자에게만 '증명할 책임'이 있고, 반대자는 어 떤 반박이든 할 수 있다. 여기서 검사와 변호사는 얼마든지 자리를 바꿀 수 있다. 이런 법적 언어게임을 수긍하지 않는 사람은 쫓겨난다. 이런 게임에서는 서로 아무리 적대(투쟁)한다 해도, 상대방은 이미 규칙을 공유한 사람이지 적(또는 남)이 아니다. 그러니 여기서의 대화는 '자기와의 대화'라고도 할 수 있다.

소크라테스(플라톤)는 이성理性이 저 넓은 세계나 아니면 자기 안에 들어 있는 게 아니라, 대화를 거쳐서 얻어진 것만이 이성적이라고 했다. 수학에서의 증명은 남들과 함께 음미한(판단한) 것, 여럿이 공동으로 얻어낸 생각이다. 내가 "그거, 틀렸어"라고 도무지 딴지를 걸 수 없다. 그래서 "수학은 진짜 확실한 앎"이라고 옛 철학자들이 그렇게 칭송했던 것이다.

그런데 칸트는 거기 딴지를 걸었다. "정말 확실해? 그건 수학이 분석판단이라는 전제에서, 같은 규칙을 공유하는 사람끼리 내리는 결론이지. 다른 규칙을 갖고 있는 타자가 있다면 얘기가 달라지거든." 외국인이나 코흘리개와 의사소통을 한다고 치자. 먼저 (말을) 가르치고 배우지 않는 한, 대화를 나눌 수 없다. 가라타니 고진은 칸트가 '물자체'를 말할 때, (우리가 도무지 그 속을 알 수 없는) 타자他者를 염두에 둔 것이라고 읽었다.

세계 시민이 먼저, 국민은 나중

'계몽주의'는 프랑스 말로 Siècle des Lumières, 곧 '빛의 세기(시대)'라는 뜻이다. 17~18세기 세기에 유럽에서 널리 일어난, 역사의 진보를 추구한 사상운동으로 루소와 칸트가 그 대명사다. 칸트는 계몽이란 '어린아이 시절에서 벗어나는 일'이랬는데, 구체적으로 말하자면 자기 한 나라(민족)에만 생각을 가두지 말고 세계 전체의 운명을 생각할 줄 알아야 한다는 것이다(하지만 그때 그들에게 세계는 '유럽 전체'다). 칸트의 마음가짐을 잘 알 수 있게 해주는 것이 '공사公私'라는 낱말에 대한 그의 용법이다. 흔히 사람들은 공동체(국가) 차원의 일을 가리킬 때 '공적公的'이라 부른다. 그런데 그는 그것을 '사적私的'이라 말한다. 말뜻을 아예 바꿔버렸다. 그는 프러시아(지금의 독일)의 신민臣民이었는데, "프러시아 정부에 복종할까, 아니면 반대할까" 하는 문제는 사적 문제라는 것이다. 그에게 공적인 문제는 "세계(유럽)가 어찌해야 이성이 꽃피는 자유로운 사회로 갈 수 있을까"를 묻는 일이다. 그런데 '세계 공민公民 사회'라는 것은 아직 현실에 없다. 나는 머릿속으로 '나는 세계 시민'이라고 자처(자임)할 수는 있어도 손 안에 세계 시민증을 쥐고 있지는 못하다. 하지만 그는 세계 시민사회를 앞당기기 위해 공부하고, 정치적 목소리를 내는 것을 '공적인 일'이라 여겼고, 독일 왕의 비위를 거스르지 않기 위해 제 몸을 낮춰야 했을 때 자신이 사적으로 처신(대응)한다고 말했다. 그가 기독교에 대해 너무 비판적이라며 종교문제에 관한 책을 펴내지 말라고 독일 왕이 명령했을 때의 이야기다.

우리 정신을 번쩍 들게 하는 얘기다. 우리는 칸트의 용법으로 '공적인 일'을 늘 숙고하며 살고 있는가? 그런데 이것은 초기 기독교도들이 세상을 대했을 때의 태도와 통한다. "카이사르(=로마의 지배자)의 것은 카이사르에게, 하나님의 것은 하나님에게!" 이는 사회지배층에게 세상일을 덮어놓고 복종하라는 말이 아니다. 현실의 처지에서 당장은(얼마쯤) 카이사르에게 복종할 수밖에 없지만 (그 가운데에서도) 새로운 세상을 열어갈 길을 더디나마 꾸준히 닦으라는 얘기다. 진정한 크리스천에게는 전자가 사적인 일이고(국가는 자기 일이 공적인 것이라고 요란하게 선전해대지만), 후자가 공적인 일이다. 방점은 후자에 찍힌다. 어떤 기개가 있어야 그런 삶이 가능할까? 키르케고르가 다짐했듯이, 신神 앞에 단독자(=저 홀로인 사람)로 서겠다는 호연지기浩然之氣가! 누구, 집안 친척이나 제 또래 집단(친구들)이나 직장 동료와 상의해서 그들이 찬성하면 나도 나서고, 그들이 반대하면 나도 그만둬버릴 그런 일이 아니다. 이웃 모두가 등을 돌려도 어떤 일이 '정말' 옳은 일이라 여긴다면 그 일에 나서야 한다는 얘기다. 신이란 우리의 등을 떠미는 그런 '진정성 있는 것', 창공에 영원히 빛나는 별과 같은 무엇이 아니겠는가. 단독자만이 보편성을 떠맡는다.[62]

요즘도 마찬가지다. 신문을 펴들면 우리 사회 지배층이 벌인 일(통치 행위)과 그들이 떠드는 이야기(이데올로기)가 가득 적혀 있다. 물론 그 내용에도 관심을 갖고, 대꾸도 해야 한다. 때로는 (어떤 문제에 관해) 찬성할 수도 있다. 하지만 그들이 눈앞의 나라 살림을 꾸리는 일이야 그럭저럭 해낸다 해도, 그들한테는 옛사람들이 꿈에 그리던 대동大同 세상을 앞당기겠다는 사생결단의 각오가 없다. 아니, 인류 사회가 멸망의 길로 접어들지 모를 위험을 막아내겠다는 단단한 결심조차 없다. 그들 머릿속에는 오늘만 있을 뿐, 내일이 없다. 먼 훗날 이 땅에 큰 홍수가 나서 몽땅 떠내려가건 말건, 당장 내(우리) 돈벌이가 급하다는 투다. 그런데 민주주의 국가에서 사람들이 오십 년 뒤, 백 년 뒤를 대비하는 정치토론을 치열하게(!) 벌이고 있지 않다면 그때의 민주주의는 이미 '산송장'이 아니냐. 칸트한테서 이성理性을 공적으로 발휘(사용)하겠다는 마음가짐을 배워야겠다.[63]

---

62. 철학에서는 개별성individual-일반성generality의 회로와 단독성singleness-보편성universality의 회로를 구분한다. 공공적 합의(일반적인 공통감각)는 보편성(공공성)을 잃어버리면 사적인 것에 불과하다. 이를테면 제국주의 침략을 지금의 인류 모두가 찬성한다 해도, 미래의 누군가가 반대(반증)할 수 있다. 그러니 그것을 옳은 일이라 여겨서는 안 된다. 진리는 다수결이 아니라서다.

자유 없이는 선과 악도 없다

윤리학으로 들어가자. 칸트는 두 가지 정언定言 명령을 내렸다.

1) 보편적인 준칙(=준거가 되는 규칙)에 따라 행동하라.
2) 남들을 수단으로만 대하지 말고 목적으로서도 대접하라.

먼저 1) 그는 '참으로 옳다(보편적이다)'라고 스스로 생각하는 바에 따라 행동하라고 했는데 이것은 주관적 윤리학이 아니냐, 하는 핀잔을 많이 받았다. "동기(의도)의 순수성만 따졌지, 그 결과를 돌아보지 않는 것 아니오?"

그의 얘기를 찬찬히 듣자. 그에게 도덕은 '착하고, 못됐고'의 문제가 아니라 '자유'의 문제다. 자유 없이는 선악도 없다. 제 삶을 전혀 자유롭게(저 스스로) 꾸려가지 못하는 코흘리개더러 '악당!'이라고 꾸짖거나 감옥에 처넣는 경우는 없지 않은가. 자유란 자기가 원인이 되는 것, 자발적(주체적)인 것이다. 그는 다음의 두 가지 명제가 '다 맞다'고 했다.

첫 명제(판단). 세상에는 자연법칙을 따르는 인과성(원인 → 결과)만 있는 게 아니고 사람의 자유도 있다.

둘째 판단(명제). 자유는 없고 모든 것은 자연법칙에서만 생겨난다.

그런데 '상반相反되는 게 다 맞다'고 했으니 그가 이율배반antinomy의

---

63. (참다운) 정치가 가라앉은 21세기에는 공적 영역(가령 대중문화의 채널인 TV)을 사적인 것들이 다 차지했다. 다들 제 자랑에 바쁘고 '공공公共 영역'이 옹색해졌다. 칸트 시절과는 딴판의 흐름이다.

말을 한 셈이다.

두 번째 명제는 근대과학이 내린 결론이 아니고, 스피노자가 내건 얘기다. "세상 모든 것이 자연법칙에 의해 다 결정되어 있는데, 왜 그렇게 됐는지 원인이 너무 복잡해서 사람들이 그것을 '자유'나 '우연' 탓으로 여길 뿐이오. 고대인古代人들이 (원인을) 잘 모르겠는 자연현상은 죄다 모두 '신(귀신)이 벌인 일'이라 여긴 것처럼 말이오." 칸트는 그 말이 맞댔다. 이와 동시에, '사람은 자유롭다'고도 말한다. 여러 사정으로 사람이 자유롭지 않다는 것을 알지만, 그래도 자유로운 것처럼 여겨야(!) 한다는 말이다. 우리는 어떤 사람이 왜 그런 잘못을 저질렀는지 이러저런 사정을 다 짐작하고 이해하지만, 그래도 그를 비판한다. "넌 원래 못된 놈이야! 예전에도 나쁜 짓을 저질렀지?" 하고 비난하는 게 아니다. "(사정이 아무리 어렵다 해도) 네가 이성에 따라 행동할 자유인이라면 그런 짓을 해서는 안 되지 않니?" 어떤 일이 죄라는 것을 모른 채 죄를 저질렀다고 치자. "저는 그런 줄 모르고 그랬는데 왜 그게 죄가 되나요?" "나중에라도 그 사실을 넉넉히 알 수 있는 (이성적인) 사람이라면 거기 책임을 져야 해."

그는 행동의 자유를 미리 살피는 게 아니라, 나중(사후)에 따진다. 행동을 벌일 시점에서 사람은 자유롭지 못하다(이러저런 사정 때문에 어떤 일을 벌인다). 하지만 그는 행위의 결과에 대해 책임을 져야 한다. 왜? 자유로워지려는 사람이기 때문에! 우리 사회에 자살자가 크게 늘었다고 치자. 어떤 사람이 "그것은 내 탓이오!" 하고 반성문을 썼다면 이를 어떻게 바라볼 일일까? "그게 왜 네 탓이냐? 너는 그들한테 손끝 하나 해친 적 없는데!" 하고 핀잔을 건넬 일이 아니다. 우리는 (우리가 본때 있게 나서기만 한다면) 그런 슬픈 일을 막아낼 수 있을 만큼 자유롭다고 스스로 자부할 수 있는 것이니까 말이다.

둘째 명제(사람은 도무지 자유롭지 못하다)는 사람의 자유로움을 괄호 안에 넣는다. 장발장(위고가 쓴 『레미제라블』의 주인공)은 빵 한 덩이 훔쳤다 해서 징역 5년을 살고, 감옥에서 탈옥하려다가 붙들려서 또 더 징역을 살았다. 그는 너무나 굶주렸으므로 빵을 훔치지 않을 수 없었고, (가진 것 없는 사람만 감옥에 잡아 처넣는 것이 억울해서) 탈옥하려 했다. 그러니까 이 불평등한 세상이 잘못이지, 그한테는 죄가 없다고도 볼 수 있겠다. 이것은 이론적인 입장(관점)이다. "세상이 그렇게 돼먹어서 그럴 수밖에 없는 것 같소!" 마르크스는 그래서 자본가나 지주地主 개개인의 악덕惡德을 따지는 것은 부질없다고 했다. "아무리 착한 사람도 기업을 굴리는(지휘하는) 자리에 앉게 되면, 돈벌이(기업의 덩치 키우기)에 눈이 벌게지지 않을 수 없지. 그러지 않으면 딴 기업한테 먹히거든(→경쟁의 불가피성)." 문제는 그렇게 이윤 추구 충동에 내몰리도록 사회적 관계가 짜인 것을 고쳐야 한단다. "넌 왜 좀 더 착한 자본가가 될 수 없었니?" 하고 사람의 자유(또는 의지, 주체)를 따지는 것은 공허한 생각이라는 것이다.

자유로워지라는 명령에 따라라!

하지만 첫째 명제(사람은 자유로울 수 있다)는 자연필연성을 괄호 안에 넣는다. "그거, 어쩔 수 없었던 일이라고 변명하지 마라!" 문가에 쓰러진 장발장을 성당 안으로 데리고 와서 돌봐준 신부神父는 그가 은 사발을 훔쳐갖고 달아났다가 경찰에 붙들려 왔는데도 오히려 은촛대까지 선물로 더 얹어준다. 신부가 말없이(=행동으로) 건넨 말씀은 이런 것일 게다. "자, 나는 네가 우리에게 해악을 끼쳤는데도 오히려 더 사랑을 베푼다. 너는 이 사회가 네 삶을 망가뜨렸다 해도 (그런 사정을 뛰어넘어서) 이 사회를 사랑할 수 없겠니? 그럴 때라야 네가 정말로 자유로워지는 것 아니겠니?" 이것은 실천적인 입장(관점)이다. 장발장은 빵 한 쪽 훔치는 것 말고 달리 옴치고 뛸 아무런 여유(자유)도 없었다. 장발장은 그렇게 살 수밖에 없었다. 하지만 우리는 '그가 자유로웠다'고 여기고서 책임을 물어야 한다. "우린 네가 참 멋진 녀석인 줄 알았거든. 넌 달리 살 수도 있었는데, 왜 그렇게밖에 못 살았니?"[64]

칸트는 이론적인 관점과 실천적인 관점, 둘 다 맞다고 했는데 그럼으로써 이 둘을 통일해내려고 애썼다. 그의 눈길은 '초월론적인 관점'이다. 이론을 이론 바깥에서, 실천을 실천 바깥에서 바라보자는 것! 이런 태도(눈길) 속에 이미 윤리가 숨어 있다.

칸트는 자유가 의무(명령)에 따르는 데 있다고 했다. 이 말을 제멋대로 읽은 사람들이 입을 삐죽거렸다. "웃기네. 명령에 복종하는 게 무슨 자유냐?" 물론 어떤 공동체나 국가가 시키는 명령에 따르는 것은 타율他律이다. 그러나 그가 따르라고 권한 것은 '자유로워지라'는 (자기의 영혼으로부터 우러나오는) 명령이 아닌가. 내가 나를 따르는 것이 타율인가? "해야 하므로(당위), 할 수 있다"라는 말은 말장난이 아니다. 사람의 자유는 '자유로워야 한다'는 의무 바깥에서는 생겨나지 않는다는 뜻이다. 그런데 그 명령은 어디서 올까? 신神한테서 오는 것이 아니요, 사회(이웃, 어른들)로부터 오는 것은 더더구나 아니다. '사람답게 살고 싶다'는 보편적인 바람(희망)에서 온다. '내가 지금처럼 살아서는 안

64. 실존주의자 사르트르도 "사람은 사회구조에 얽매여 있지만 여전히 자유가 있다"라고 했다. 한편, 마르크스가 '자본가 개개인한테 죄를 물어서는 안 된다'고 생각한 것도 윤리적인 태도이다.

되는데……' 눈앞의 생활에 쫓겨 정신없이 살아가는 '나'를 거울 속으로 응시하면서 의심(자기비판)하는 나! 사람들은 이렇게 이따금 자기를 초월론적으로 반성하지 않는가.

사람을 하늘처럼 섬겨라!

다음은 2) 사람을 인격으로 섬기는 일에 관한 대목이다. 글쓴이는 나이 어릴 적 한동안 "칸트는 '남들을 (오로지) 목적으로 섬기라'고 말했다지?" 하고 기억하고 있었다. 그 얘기가 사실은 '수단으로서만이 아니라 목적으로서도'였다는 사실을 한참 뒤에 어디서 읽고는 흠칫 놀랐던 것으로 봐서 그렇다. 그때 고교 교과서에 어떻게 적혀 있었는지 모르겠는데 아마 오지선다형 대학입시를 위해 짤막짤막한 토막 지식만 외우다 보니 그렇게 기억된 것 같다. 사람이 남들을 '수단'으로 활용하지 않고서는 도무지 사회가 굴러가기 어렵다. 구멍가게 주인은 동네 아이들의 코 묻은 돈을 긁어모아서(=아이들을 수단으로 삼아서) 자기 밥벌이를 한다. 세상의 수많은 자식들은 어버이가 지닌 돈과 인맥(연줄)과 문화자본(교양)을 120% 짜내서 저희가 살아갈 방도(길)를 마련한다. 문제는 수단으로 활용하기만 하고 헌신짝 버리듯이 팽개쳐 버린다면 얼마나 몹쓸 짓이냐는 거다. 자식이 늙고 힘이 없어진 어버이를 길거리에 버리는 짓이 '패륜'임을 우리는 잘 안다. 그런데 우리 사회에 실제로 벌어지는 일이거니와 사장이 피고용자를 실컷 부려 먹다가 어느 날 문자 메시지 한 통 날려서 '해고'를 통보한다면? 그것은 '패륜'이 아닌가? 세상이 돌아가는 판에 대해 아무 생각이 없는 사람들은 (그게 패륜인 줄도 모르고) 그러려니 여기겠지만 칸트가 그럴

리 없다. 그는 '가족들끼리(는) 서로 섬기라'고, 의무론 윤리의 대상을 한정하지 않았다. 누구한테나 들어맞는 보편 윤리를 말했다! 그렇다면 그의 사회적 청사진은 '사회주의'였을 것으로 넉넉히 짐작해야 한다. 노동자를 '공장의 한 부속품'으로만 여기는 자본 체제가 그의 이상ideal이었을 리 없다. 그는 사회주의에 대해 길게 말한 적 없다. 그 당시 독일에는 아직 자본주의가 변변히 발달하지도 않았고, 자본주의를 넘어설 사회세력이 충분히 형성되지도 않았던 탓이다. 하지만 '소小생산자들이 자유 평등을 누리며 살아야 한다'는 기본 앎은 당연히 품고 있었다. 그러니까 '사람을 목적으로 섬기라'는 명령이 결코 가벼운 명령이 아니라는 얘기다.

자유의 명령은 남들한테서 나온다

칸트는 행복주의(공리주의)를 단호하게 비판했다. 행복이 물질적인 physical 원인에 좌우되는 것이고, 그래서 타율이기 때문이다. 자유는 자연으로부터 나오는 게 아니란다. 그렇지만 그의 얘기를 자세하게 읽어야 한다. "너, 행복을 택할래? 아니면 자유를 택할래?" 하고, 무식한 이분법을 들이댄 것이 아니기 때문이다. "우리가 너나없이 행복을 누리는 세상에 살고 싶다는 생각은 기특한(훌륭한) 거지. 하지만 '행복해져야 한다'는 생각을 우리가 굳세게 밀고 나갈 격률(행위 규범)로 삼을 수는 없어. '행복'이란 겪어봐야 아는 것이고, 저마다 뭣이 행복인지 생각도 달라. 심지어 어제 생각과 오늘 생각도 달라. 그러니까 그걸 원리로 삼는다면 일반적인(대충의, 대략의) 규칙은 매길 수 있어도, 보편적인(전혀 예외가 없는) 규칙을 매길 수가 없어."

그의 생각에 도덕은 '자유로워지라'는 명령(의무)에서 나온다. 도덕 법칙은 오직 자유로워지라는 것, 동시에 남들도 자유로운 존재로 섬기라는 것밖에 없다. 행복? 행복을 그 자체로 부정할 까닭은 없다. 되도록 더 많은 사람이 행복할 수 있다면 그것은 좋은 일이다. 하지만 "자유 먼저, 행복 나중"의 순서를 흐뜨려서는 안 된다.[65]

그는 '신神이 있어야 한다'고는 생각했지만 데카르트처럼 "이러저런 것이 도덕법으로 좋겠구나." 하고 신이 결심했기 때문에 도덕법이 타당한 것은 아니라 생각했다. 신은 오직 도덕적인 것만 바라기 때문에 신이다. 30여 년 전에 어느 어린이가 다음과 같은 시를 썼다. 칸트가 그리는 신도 이런 신이었을 터이다.

나는 내가 왜 태어났는지

생각해봤어요

생각 끝에 하느님께서

내가 이 넓은 세상에

뭔가 살며시 빛을 쐬도록

내가 무언가 꼭 쓸모가

있도록 태어난 걸 거예요

하늘의 뜻에 따라 노력할 테여요

그래서 샛별처럼 빛낼 거여요

세상 사람 중에는 내세來世에 보답을 받고자, 열심히 착한 일을 하

---

65. 중학교 도덕책은 '도덕적 의무와 자율'을 가르치는데 칸트 얘기를 옮긴 것이다. 그런데 그 얘기만 홀로 읊어서는 학생들이 건성으로 듣는다. 자율(의무)과 행복을 견줘 우선순위를 매겨야 솔깃해진다.

는 사람도 있다. 하지만 그는 이것도 진정한 도덕이 아니라 본다. 그것은 공리주의와 마찬가지로 정언명법을 가언명법으로[66] 떨어뜨리는 짓이다. "천당에 갈 수 있다면, 도덕적인 사람이 되겠다." 또는 "행복해질 수 있다면, 도덕적인 사람이 되겠다." 뭔가를 바라고서 무슨 일을 하는 것은 진정으로 자유로운 행위가 아니다.

그는 '자유로워지라'는 명령이 바깥에서, 곧 남들the others한테서 온다고 짚었다. 다른 윤리학자들도 물론 '남들'을 생각한다. "나와 남들 모두한테 이로운 것을 찾자!" 그런데 대부분의 윤리학은 '지금 같이 살고 있는 사람들'에 대해서만 생각하지, 예전에 죽었거나 앞으로 태어날 후손들에 대해서는 별로 생각(숙고)하지 않는다. 가까이 있는 남들만 배려하는 셈이다. 그래서는 철저한 윤리학을 세울 수 없다. 칸트가 "남들에 대해 우리는 도무지 알 수 없어. 그들은 물자체야"라고 했을 때, 그것이 죽어간 사람이나 태어날 사람이지 눈앞의 남들이겠는가. 윤리학은 '책임'을 말하는데, 이는 남들한테 응답하는 것이고, 그 책임이 우리를 '자유의 차원'으로 몰아넣는다. 이를테면 아도르노 (1903~1969)의 경우를 보자. 그는 유대계 독일인으로, 히틀러 집권 뒤 박해(탄압)를 피해 미국으로 건너갔다. 파시즘을 비판하는 깊이 있는 철학책을 썼다. 아도르노가 애써서 응답한 남들은 아우슈비츠(유대인 수용소) 가스실에서 죽어간 사람들이다. 아도르노가 죽은 자들한테 책임(죄의식)을 느낀 까닭은 그들을 수단으로 삼아 자기가 살아남았다고 느끼기 때문이다.[67]

---

66. 가언假言 명법은 가정법(if절이 들어간 문장)으로 명령하는 어법.
67. 브레히트가 쓴 시 「살아남은 자의 슬픔」이 그 마음을 나타낸다. "물론 나는 알고 있다/ 오로지 운이 좋았던 덕분에/그 많은 친구들보다 오래 살아남았단 것을/그러나 지난밤 꿈속에서/친구들이 나를 두고 하는 말이 들려왔다/'강한 자는 살아남는다'/나는 내가 미워졌다."

현대 윤리학도 살펴보자. 칸트를 부정하고 환경문제에 관해 공리주의 입장에서 생각해온 윤리학자들이 하나의 아포리아(해결할 수 없는 문제)에 맞닥뜨렸다. "환경문제를 해결하는 방향에 관해, 합의하자!"라고 다들 머리를 맞대서 어떤 합의가 나왔다고 치자. 지금의 인류 모두가 '기꺼이' 합의한 것도 아니리라. 선진자본국들이, 특히 미국이 '노력하는 시늉'만 보였을 것이니까. 자기 나라에 대해서 도덕적인 사람들 가운데 '인류 전체'에 대해서는 아무런 책임을 느끼지 않는 사람이 허다하단다. 더군다나 미래의 후손들한테 책임을 느낄 리가! 후손들과는 어떤 합의도 할 수 없는데 열심히 주판알을 튕겨본들(공리주의적으로 계산해본들) 하릴없는 짓이다. 그것은 계산의 문제가 아니라 윤리적 실천의 문제다. 우리가 아무리 후손을 섬긴다 한들 그들이 알아주지 않는다(알아준다 해도 그 뜻이 우리한테 전달되지도 못한다). 그래도 우리가 행동해야 하는 까닭은 그것이 우리 자신의 자유의 문제이기 때문이다.

그의 정언명법에 대해서는 (학자들 사이에) 말이 많았다. "왜 꼭 그래야 하는데? 그거, 너무 추상적인 얘기잖아?" 거꾸로 살피자. 가언假言 명법은 "네가 A를 바란다면 B를 실천하라"이다. 이 말에는 "B는 A를 얻어낼 수단"이라는 생각(→경험적 명제)과 "목표를 바라는 사람은 수단도 바란다"라는 생각(→분석적 명제)이 들어 있다. 그런데 그런 명법은 얼마든지 부도덕한 짓에도 쓰일 수 있다. 이를테면 "처벌을 받지 않고 되도록 많은 사람을 죽여라"라는 명제에 어디 모순이 있는가? 겉으로 모순이 없으니 그런 명제가 윤리학 속에 기어들어오지 말라는 법이 없다. 독일 나치당은 '덜 떨어진 인종은 죽여도 된다'는 윤리(?) 법칙을 버젓이 실천했고, 유럽의 수많은 학자들이 다 그러려니 하지 않았던가. 정언과 가언 중에 무엇이 진짜인지, 살필 눈이 없었다. 윤리학이 정언명법을 따르지 않는다면 윤리학은 행복과 내세 보장과 돈/쾌락 따위, 사람이 바라는 것은 무엇이든 키우는 기술技術의 학문이 될 것이다.

그의 예술관도 잠깐 살핀다. 『생활과 윤리』 교과서는 근대 사회에 들어 개인의 자유와 자율성을 부르짖는 계몽주의와 더불어 예술에서도 표현의 자유와 자율성을 내세우는 흐름(=예술을 위한 예술)이 나타났다는데 이것은 좀 문제가 있다고 했다.[68] 여기서 살펴야 할 것은 주관(나, 개인)의 문제다. 그는 학문에서도 경험주의(로크)와 합리주의(데카르트) 사이에서 생각했듯이, 예술성이 객관적인(=틀을 갖춘) 형태로 있다고 보는 고전주의(미켈란젤로)와 주관적인 감정에 있다는 낭만주의(워즈워스) 사이에서 생각했다. 그에게도 주관성이 있지만 이는 낭만주의의 그것이 아니라 사물을 초월론적으로(바깥에서, 사이에서) 바라보려는 의지will로서의 주관성이다. 근대과학은 도덕적으로 미적美的으로 좋고 나쁜 문제를 괄호에 넣음으로써(접어뒀기 때문에) 성립할 수 있었다. 마키아벨리가 근대 정치학의 출발점이 됐던 것도 도덕적으로 옳은지/그른지는 접어두고서 정치 현상을 살폈던 덕분이다. 그때에야 대상(정치, 자연……)을 제대로 볼 수 있다. 미적 판단에서는 선한지/악한지, 진짜인지/아닌지를 접어둬야 '예술의 대상'이 나타난다.[69] 이 점에서 그는 근대 예술(전위예술, 포스트모더니즘)의 길을 열었다. 변기를 미술관에 전시해놓고 '이것이 미술작품'이라고 주장한 예술가가 20세기에 있지 않았는가. 생활 속에서는 그것이 변기일 뿐이지만, 그런 '생활

---

68. 교학사 책은 "비인간화, 반사회적 풍토를 불러왔다"라고 적었는데 막연한 말이라 알아듣기 어렵다.
69. 이 문제는 예술가가 후원자들(귀족)의 품을 떠나 시장에서 자기 작품을 팔아야 하는 생활의 변화(자립) 흐름과 은연중에 닿아 있다. "나 혼자의 힘으로, 시장(사회)에서 인정받아야 해!"

의 관심'을 접어놓고서 예술을 생각해보라는 주장(명령)이었다. 그래야 예술이 태어난단다. 근대 예술이 또 다른 허물(=사회로부터의 단절)을 낳긴 하지만 아무튼 그들이 칸트의 가르침을 실천한 까닭은 '세상의 속박으로부터 해방되는 느낌'을 새로운 예술에서 맛보았기 때문이다.

위대한 학자는 '큰 문제'를 던지는 사람

주마간산走馬看山의 풀이를 마무리하자. 학자들에 따르면, 칸트 윤리학에는 결함도 많다고 한다. 그는 어디서 도덕을 끌어내야 하는지만 주로 들이팠지, 윤리학을 세우는 데에 '경험적 앎'을 결합시키는 문제를 소홀히 했다. '의무'만 강조하느라, 사람들의 도덕 '감정'을 북돋는 문제도 얼렁뚱땅 넘어갔다(한국 학교의 교육과정도 이 문제를 겉핥기로 처리한다). 그에게는 상호주관성intersubjectivity에 관한 이론이 없다. '내가 어찌해야 하느냐'라고만 물었지, '우리가 어찌해야 하느냐?'라고 묻지 않았다. 우리는 나보다 더 똑똑해질 수 있는데도(←인터넷이 도와주는 집단지성), 여럿이 함께 생각을 합쳐갈 길을 몰랐다. 아직 해석학(=남들의 경험 읽기)과 사회과학이 충분히 발달하지 않은 때라서 그랬겠다. 가장 딱한 것은 그가 존 로크(영국)를 읽었고 루소(프랑스)를 존경한다면서도 두 사람한테서 '저항권 이론'을 계승하지 않은 점이다. "민중한테는 폭군한테 맞서 들고 일어설 자연스러운 권리가 있다!" 그것(저항 행동)을 감당해낼 변변한 사회징치세력이 보이지 않았던 독일 쪽 사정에서 그리됐겠지만 그렇더라도 정치적 상상력을 발휘해볼 구석이 없지는 않았을 것이다.[70] 그 밖에도 소소하게(자질구레하게) 따져야 할 구석이 많다. 현대의 윤리학자들은 누구는 이 대목에서, 누구는 저 대목에서 칸트를 넘어서는 통찰(앎)을 내놓았다.

하지만 한 사람의 학문을 통틀어 놓고 봤을 때, 칸트를 통째로 넘어서는 다른 윤리학자, 또는 학설이 있는가? 없다. 인류 역사를 통틀어 놓고 봤을 때, (윤리학에서 우뚝 솟은) 큰 봉우리는 소크라테스와 칸트, 둘 정도가 아닌가 싶다. 어떤 잣대로 그렇게 말하는가? 수업 시간에 선생을 가장 잘 북돋아주는 학생은 대답을 잘하는 아이가 아니라 질문을 잘하는 아이다. 선생도 쩔쩔맬 질문까지 해준다면 선생이 돌아가서 공부를 아니 할 수 없다. 학자도 세세한(자세한) 얘기를 잘 풀이한 사람이 윗길이 아니라 큰 화두(주제)를 처음 꺼내든 사람이 윗길이다. 그가 꺼내든 덕분에 후학後學들이 길을 닦은 것 아니냐. (글쓴이는 잘 모르는 얘기이지만) 칸트가 꺼낸 얘기들 가운데는 너무 골치 아픈 문제라며 현대 철학자들이 일부러 묵살해버리는 대목도 많다는데 형만 한 아우가 없음을 알겠다. 현대인들은 선조를 깔보는 경향이 아주 짙다. "조상님들께서는 아인슈타인의 상대성 이론이 뭔지, DNA와 게놈 프로젝트가 뭔지 아슈? 원자폭탄과 스마트폰도 모르쥬? 요새 우리는 갖가지 소비물자를 누리고 사는데, 이런 것들도 못 누렸쥬?" 그런데 자연과학을 놓고서는 '발달했다'고 말할 수 있겠지만 윤리학과 철학을 놓고서는 오히려 '퇴보했다'고 말해도 될 정도다. 과학은 알지만 윤리와 철학은 모르면서 겁 없이 설치는 학자가 쌔고 쌨다.[71] 학자들이 그런데 대중은 더 말할 나위 없다. '돈, 돈!' 생각이 머리에서 떠나지 않는데 윤리와 철학이 깊어질 구석이 어디 있겠는가.

---

70. 독일 관념론(칸트, 헤겔)은 그들의 정치적 후진성을 다른 방향에서 극복하려 한 사상운동이다.
71. 막스 베버(1864~1920)는 니체의 영향을 받아 '가치(규범)에 대한 객관적 지식은 없다'고 했는데 그렇다면 히틀러와 예수 제자들, 어느 쪽 가치가 더 나은지 말할 수 없게 된다. 그 문제를 사회학에서 못 다룬다면 윤리학에서라도 다뤄야 한다. 그는 '어디서도 다룰 수 없다'고 말해서 큰 잘못을 저질렀다.

덧대기 1

20세기 진화론은 '칸트의 선험적 종합판단이 틀렸다'고 속 편하게 단정 짓는다. 그 구체 내용에서야 그들의 비판이 옳은 구석도 있지만 '선험적 종합판단 자체가 존재할 수 없다'고 말하는 것은 철학을 아예 부정하는 짓이다. 회슬레는 진화론의 자연주의적 실재론과 칸트의 주관적 관념론을 종합하는 '제3의 길'도 있을 수 있다고 내다본다. 진화론이 밝혀낸 과학적인 내용이야 대부분 수긍할 것이라 해도, 그들이 암묵적으로 전제한 형이상학(철학)은 무척 엉성하다. 학문에서 '규범적인 것'을 빼버리는 짓은 정신적인 자살과 다를 바 없다.

덧대기 2

칸트 윤리학을 가장 짧게 간추리면 "자유평등의 시민사회를 꾸려갈 자유로운 '주체subject'가 되려면 남들을 섬기는 윤리를 의무로 받아안으라"라는 가르침이다. 이 주체 문제와 관련해, 국정 역사 교과서가 왜 강요됐을지 묻자. 단지 '지배층 주류의 뿌리(=이승만+박정희)를 찬양하기 위해서'라고 대답한다면 절반만 맞다. 지배층 주류는 "(자기 학대의 역사관을 벗어나) 균형 잡힌 역사관의 보급이 그 목적"이라고 밝혔는데 이 말을 말 그대로 읽자. '극단적인 왜곡'까지 할 속셈은 없다는 말이다. 그래서는 반발이 너무 커질 터이니까. 일본의 경우, '1923년 관동대지진 때 벌어진 한국인 학살'에 관해 일본 정부가 역사 교과서 집필자들한테 사실 자체를 숨기라고는 명령하지 않았다. '희생자 수가 얼마인지 알 수 없다'고 쓰라고만 분부했다. 일본 제국주의에 대한 도덕적 분노를 되도록 가라앉히기만 하면 된다는 게다. "못된 짓이 있었다지만 별것은 아닌 것 같군." 영국도 1988년에 신자유주의가 득세를 해서 역사 교과서를 국정화했는데 '노예무역'과 관련해 "아프리카인 중에도 노예무역으로 돈을 번 사람이 있었다"라는 구절이 첨가됐다. "영국이 잘못이 없다"라고까지 뻔뻔스레 나간 것이 아니니까 크게 걱정할 일은 아니라고? 깊이 들여다보자. 대수롭지 않은 변화가 아니다. 역사 교육의 목적은 진취적인 역사를 만들어갈 주체를 북돋는 것이다. 그런데 "제국주의도 잘못이요, 거기 휘둘린 쪽도 나쁜 놈들이 있었고……" 하는 균형 잡기(?)는 냉소주의자들을 길러낸다. "아프리카인들 중에도 나쁜 놈이 있는데 왜 백인만 욕을 먹어야 하니?" 박정희는 민중을 자기 명령에 납작 엎드리는 존재로 길들이려고 모든 학생들한테 '국민교육헌장'을 암기하게 했다(왜곡된 주체화). 그런데 지금의 지배층은 그럴 필요를 느끼지 않는다. 괜히 외우라고 시켰다가 그에 대한 반발로 학생들이 괄괄해질(과격해질) 수도 있다. 그저 학생들이 커서 (역사와 정치에는 무관심한) 얌전한 소시민이 돼주는 것으로 족하다. 세상이 달라졌고, 그래서 지배층의 작전(=지배전략)도 달라졌다. 박정희는 국민을 하나로 만들고 싶었다. 반공反共 앞에서 하나가 되자고 그랬다! 그러려면 "나중에 다 같이 잘 살게 해줄게. my home, my car!" 하고 달콤한 약속도 필요했다. 하지만 역사 교과서 국정화를 강제한 영국의 대처 수상이나 지금의 한국 지배층한테는 국민이 꼭 '하나'여야 할 필요도 없다(짧게 설명하자면 자본 축적 방식이 좀 달라진 탓이다). 그러니까 '하나의 민족(사회)에 대한 소속감'을 학생들한테 심어줘야 한다는 의무감을 느끼지 않는다. (학생들이) 역사와 정치에 대해 관심 품지 않는, 얌전한 시민이 돼주기만 하면 된다. 역사 왜곡의 강도는 (박정희 시절보다) 덜하지만 그들의 작전이 더 교활해진 것이고, 국가가 '주체 형성'을 아예 '나 몰라라' 손 놓는다는 점에서 사회적 위기가 더 깊어졌다(이것은 공교육의 기반 붕괴로도 이어진다). 연표年表를 외우라고 다그치는 시험(암기 수업)도 학생들의 탈脫주체화를 돕는다. 그러니 어쩌라고? 역사 교과서가 (국정이 된 뒤로) 어떻게, 얼마나 개악되었는지만 살피고 끝내서는 안 된다. 학생들이 역사와 정치에 관심 품는 사람으로 커가려면 교사들이 무엇을 어떻게 도와야 하는지, 뿌리부터 송두리째 고뇌하지 않으면 안 된다. 칸트한테도 우리한테도 핵심 문제는 별빛과 좌표가 희미해진 세상에서 '주체'를 일으켜 세우는 일이다. 참교육의 과제가 참으로 만만치 않다. 『진보평론』 66호에 실린 후지이 다케시의 글 참고.

공리주의: 좋은 것은 옳은 것인가?

공리주의utilitarianism 사상은 벤담(1748~1832)이 처음 내세웠다. 칸트보다 좀 젊다. 그는 영국에서 보수파가 아니라 자유파(급진파)였다. 자유경제와 정(치와 종)교 분리, 표현의 자유와 남녀평등, 보통비밀선거, 동물의 권리를 부르짖었다. 그러니까 칭찬해줄 구석(보통비밀선거, 동물의 권리, 남녀평등)이 얼마쯤 있는 사람인데 여기서 '급진파'라는 낱말을 잘 분별해야 한다. 그때 영국의 보수파에 견줘서 급진적이라는 것이지, 지금 21세기에 급진적인 내용이라는 말이 아니다. 참고로, 미국에서 '진보주의'는 자유주의를 일컫는 또 다른 명칭이다.

이 개념에 대한 교과서의 서술을 우선 간추려본다. "사람(들)을 행복하게 해주는 게 옳은 행위이고 도덕적인 삶이지. 좋음이 옳음을 낳거든. 중요한 것은 행위의 결과이지, 동기motivation가 아냐. 이는 이성의 보편타당성은 굳이 따지지 않고 쓸모(효용성)를 따지는 경험주의에서 나왔어요." 교과서는 공리주의의 난점도 짚는다. 좋은 결과를 이루겠다며 무슨 짓이든 벌여도 되느냐! 테러리스트는 거리낌 없이 고문해도 되니? 최선의 결과가 뭔지, 저마다 생각이 다르다면 어쩔래?

하지만 교과서는 가장 중요한 약점을 빠뜨렸다. 바로 그 얘기의 토대가 되는 논리다. "좋은 것이 옳은 것이여!" 이 대목을 그러려니 하고 넘어갔다. 묻자. 만일 사람들이 다들 '폭력'이 좋다고 여긴다면 폭력이 옳은 것이 되는가? 그러니까 '사실'로부터 '규범'을 끌어내서는 안 된다는 것이 정신과학의 ABC인데, 공리주의는 이런 기초논리부터 거스른 셈이고, 그래서 '개똥철학'이라 아니 말할 수 없다. 흄(1711~1776)은 이를 '자연주의의 오류'라 못 박았다. 중세 교회에 "있는 것이 아름답다"라는 격언이 전해 내려왔다. 그렇다면 그 '있는 것'을 없애자고 하면 나쁜 짓이 되는가? 그 말은 철학도 과학도 아니고 수백 년간 자기들끼리 공유해온 주관적인 믿음일 뿐이다. 지금 우리들한테 자연스러운 것(=있는 것)이라 해서 그게 '(확실히) 옳다'고 말하면 안 된다. 자연주의 존재론은 윤리학의 근거를 마련해주지 못하는데, 이런 개똥철학이 교과서에 대문짝만하게 실린 까닭은 오로지 그것이 현실 세계(정치계, 학문계)에서 만만치 않게 세력을 이루고 있어서다. 공리주의만이 아니라 그 배경이 되는 영국(미국)의 경험주의도 '학문의 토대(객관성)'와 관련해 같은 종류의 난점(상대주의로의 귀결)을 갖고 있다는 사실도 덧붙이자.

물론 공리주의가 논리의 기초가 부실하다 하여, '그쪽 얘기는 모두 쓸데없다'고 지레 넘겨짚을 일이 아니다. 윤리문제를 말할 때, 행위의 결과가 좋은지/나쁜지도 따져야 하는 것은 분명하다. 예컨대 피터 싱어는 『동물 해방』이라는 책(1975년)에서 '동물들한테 심한 고통을 주지 말라'는 뜻으로 한정된 '동물의 권리'를 얘기했는데 이 결론은 '최대 다수의 최대 행복'이 좋은 것이라는 공리주의 원리를 동물한테까지 확대 적용해서 나온 것이다. 그러니까 공리주의 사상도 교과서에 소개될 가치가 있는 것이 사실이지만, 문제는 그것이 의무론 윤리학과 동급이 될 만큼 앎의 가치가 큰 것이냐, 라는 점이다. 교과서는 '동기냐, 결과냐'라는 대립 구도에 따라 학설들을 공평하게(?) 배치했거니와, 그런 배치는 정치적으로 눈치 보는 사람들의 구상(←힘 있는 학설들끼리 나눠 먹기)이지 학생들한테 올바른 배움의 길을 틔워주는 배치가 아니다. 생각해보라. 우리는 어느 쪽 윤리학이 더 타당한지 따질 때 "행위 동기를 묻는 쪽이냐, 아니면 결과를 묻는 쪽이냐"를 저울질 하는가? 이런 내용의 저울질은 사변적인(머릿속으로만 생각하는) 논의도 필요한 학자들이야 한번쯤 해볼 필요도 있겠지만, 어린 학생들한테는 부질없는 짓이다. 다시 말해, 그들의 삶과 동떨어진 앎이다. 학생들이 한참 세월이 흐르고 나서 옛날 공부한 것을 떠올릴 때, "칸트? 동기! 벤담? 결과!" 하고 떠올릴 터인데 그렇게 기억해서 어디 써먹을 수 있을까? "칸트? 자유!" 하고 떠올려야 하는 것 아닌가? "칸트는 기독교 사상의 가장 좋은 대목(합리적 핵심)을 옮겨다가 윤리학의 기초를 세웠지. 자유와 책임에 대해 경건한 깨달음을 선사해줬어! 어찌해야 좋을지, 고민이 깊어질 때마다 그의 얘기가 떠올라!"

> 덧대기 1
> 우리 사회는 결과를 안 따져서 문제가 아니라, 결과만 따지고 딴것들(동기, 과정)은 거들떠보지 않는 풍조(분위기)가 너무 심해서 문제다. 공리주의(!)가 너무 판을 치는 것이다. 예컨대 학교는 결과로서의 시험 점수가 얼마나 올랐느냐만 골몰할 뿐, 수업이 벌어지는 과정에 대해서는 성찰하지 않는다. 이를테면 '수준별 분반 수업'이 성적 부진 학생들한테 열등감을 퍼뜨리고 학업 의욕을 떨어뜨리는 부작용에 대해서는 거들떠보지 않는다.

> 덧대기 2:
> 공리주의가 결정적으로 무너지는 지점은 '미래 세대의 권리'와 관련되는 곳이다. 20세기에 환경위기가 깊어짐에 따라 인류는 후손한테 어떤 책임을 느끼고 무슨 행동을 해야 할지, 절실히 궁리하게 됐다. 그것은 선조로서의 도덕적 책임(의무)이지, 공리功利를 저울질하는 문제가 아니다. 우리에게는 아이들(또는 후손)의 시대를 망칠 권리가 없다. 뒷글에 적어놓은 책임윤리를 참고하라.

파놉티콘과 공리주의

벤덤의 이력(경력) 가운데 흥미로운 대목은 자기 철학에 따라 원형 교도소(파놉티콘)를 설계한 일이다. '파놉티콘'은 pan(모두)과 opticon(보다)의 합성어다. 둥그런 감옥 한가운데에 지킴이(감시자)의 방이 있다. 감시자는 죄수들을 다 볼 수 있는 반면, 죄수들한테는 감시자가 보이지 않는다. 옛날처럼 채찍을 휘둘러 죄수들을 통제하지 말고, 효과적으로(!) 감시의 눈길을 뻗쳐서 감옥의 규율을 잡자는 뜻이다. 원형 감옥에서는 감시자가 한 명만 있어도 되므로, 이런 감옥을 운영하는 데에 돈도 얼마 안 든단다. 공리주의 생각에서

벤담은 공리주의 사상에 따라 파놉티콘(원형 감옥)을 설계해서 돈벌이를 하고 싶었지만 흐지부지됐다. "최소한의 비용을 들여 최대의 효율을 얻어내자!" 푸코는 '근대 사회가 감시 사회로 바뀌었음'을 말해주는 상징적인 사례라 봤다.

끌어낸 아이디어다. 그는 이런 설계도를 들고 다니며 제 생각이 정부에 받아들여지기를 바랐으나 그렇게 (정부에) 먹혀들지 못했다. 하지만 그의 파놉티콘 아이디어는 현대 사회에 들어와 병원, 학교, 공장, 병영(군대 막사)을 짓는 데 반영된 경우가 많다. 현대 사회는 CCTV, 휴대전화, 신용카드, GPS(범지구 위성항법시스템: 세상 곳곳을 들여다보는 장치), 인터넷 데이터망 등을 통해서 국가(정보기관)가 개개인을 놀라울 만큼 효과적으로 감시(!)할 수 있게 돼 있다. 푸코(1926~1984)가 파놉티콘의 비밀을 파헤쳐서 그것으로 상징되는 현대 사회의 비인간적 측면(=감시 사회)을 비판했다. 물론 '감시 사회'에 대해 우리가 경계의 눈길을 늦춰서는 안 되겠지만, 그런 흐름의 상징일 뿐인 파놉티콘에 대해서는 벤담을 쪼끔 변호해주기로 하자. '감시하는 기술'을 현실에 퍼뜨린 것이야 마뜩치 않지만, 그의 원형 감옥 구상은 그 이전의 감옥들이 어떤 지경에 있었는지를 생각하면 한 걸음 나아진 구석도 있다. 그는 적어도 죄수들을 채찍으로 때리고, 밥을 굶기고 하는 짓은 하지 않을 생각이었으니까. 하지만 그를 수긍해줄 대목은 거기까지다. 벤담은 누구의 자리에서 세상을 봤는가? 세상(감옥)을 다스리는 지배자의 자리에서! 공리주의는 '지배층이 어떤 생각으로 민중을 다스리면 좋을까' 하

는 문제의식에서 생겨난 철학이라는 얘기다. 물론 벤담 자신이야 '보통비밀 선거권을 민중에게 주자'고 부르짖었으니 민주주의자로서의 생각도 일부 품고 있었지만, 공리주의 철학 자체는 지배층한테 안성맞춤의 통치 도구가 되어주지, 민중을 자유로운 존재로 거듭나게 일깨우는 철학이 아니라는 말이다. 공리주의에는 별다른 철학이 없다. 그러니 현실에서는 그런 생각법에 따라 따져볼 일들도 있겠지만, 그것을 인생의 좌우명(곧 도덕관념)으로 새기자고 추어줄 일은 아니다.

윤리학을 경제학으로 환원하지 마라

존 스튜어트 밀(1806~1873)의 공리주의는 벤담 것보다 한결 나아졌다. 벤담은 쾌락과 고통이 얼마나 큰지/작은지 숫자로 따지고 들었는데 터무니없다. 그게 과연 숫자로 헤아릴 수 있는 것인가? 밀은 그런 계산이 부질없다는 사실을 알고서 '쾌락의 질적 차이'를 살폈다. 대단한 깨달음은 아니지만(가방끈 짧은 사람들도 대충 안다), 아무튼 상대적으로 고급스러운 이론을 내놨다. '삶의 질'을 헤아리는 요즘의 경제학 이야기는 밀의 공리주의와 닿아 있다.

J. S. 밀은 베이컨의 귀납법을 더 손질했고, 표현의 자유를 부르짖는 『자유론』을 썼다. 생시몽(유토피아적 사회주의자)의 사회사상과 리카도(=애덤 스미스를 이어받은 고전파 경제학자) 이론을 더 진전시키고자 애썼다. 그는 더 이상의 경제성장보다는 합리적 분배와 건전한 사회 기풍ethos 마련에 힘쓰자고 부르짖었다. 그는 19세기 영국 사회에서는 칭찬받을 만한 진취적인 사상가였지만, 21세기 인류 전체의 지적知的 등불이 돼주기에 그의 공리주의(경험주의)와 정치적 자유주의는 몹시 옹

색한 사상이다. 벤담의 그것보다는 좀 낫다 해도 말이다. 그 사상에 들어 있는 합리적 핵심도 합쳐낸, 다른 더 빼어난(설득력 있는) 윤리학과 사회사상이 나와야 한다.

총괄하자. 나는 공리주의를 대단치 않고, 문제가 많은 것으로 말했다.[72] 여러분이 대학에 가면 이와 다른 얘기를 들을 수도 있다. 지금의 대학(학문계)에서 더 우세한 쪽은 그쪽이라서다. 공리주의는 '선善은 우리한테 이익(효용)'이라며 숫자로 셈할 수 있는 것처럼 생각한다. 그래서 윤리학은 경제학으로 환원된다. "삶의 질을 높이자. 어쩌고……." 그런데 이런 생각은 자본주의 경제를 강력하게 긍정하려는 데서 나왔다. 지금의 주류 경제학은 공리주의 윤리학에 토대를 두고 있고, 자본가의 지배를 돕는 통치자의 학문이다. 그러니 대학에서 공리주의 윤리학이 우세할 수밖에.

어떤 윤리학이 옳다고 보느냐는 문제는 어떤 사회를 바라느냐는 문제와 서로 뗄 수 없이 얽혀 있다. 지배자와 피지배자가 뚜렷이 갈려 있는 세상을 어쩔 수 없는 일로 수긍하는 사람은 공리주의 안에서 개선책을 찾으라. 하지만 시인 박두진이 「해」에서 읊었듯이 '사슴과 칡범이 한자리 앉아 앳되고 고운 날'이 찾아오기를 간절히 바라는 사람은, 다시 말해 인류의 이성을 믿는 사람은 경건한 이성철학자 칸트의 말씀에 귀를 기울여라.[73]

---

72. 공리주의는 비정하다. 계산해보고 나서 남을 돕는다. 계산 없이 도와야 할 때가 있음을 모른다.
73. 우리는 신神과 인류 역사를 직접 믿지 않는다. "사람들이 신과 역사를 믿으니까 거기 동참하겠소."

다수결은 차선의 절차

다수결 문제에 관해 덧붙인다. 공리주의와 관련이 깊어서다. 대통령이나 국회의원 선거는 다수결로 뽑고, 학급회의에서도 다수결로 결정하니까 학생들은 그것이 당연히 옳은 제도라고 여긴다. 그것이 알게 모르게 끼치는 해악이 있음을 절실하게 느껴본 적이 없다. 우선 그 제도가 공리주의적 생각(태도)에서 비롯된 결론임을 새기자. 회의를 열어 방향을 결정하기에 가장 손쉽고, 노력에 비해 쓸모(효용)가 가장 크다 하여 사람들이 그 제도를 만들었다. 그러나 거기서 '소수 의견이 묵살된다'는 사실을 가벼이 넘기지 마라. 내가 어느 단체에 몸담았다고 치자. 내 의견이 어느 때는 다수결에서 묵살되더라도, 어느 때는 채택된다면 그래도 다수결을 수긍할 만하다. 내가 이성(지혜)을 애써 발휘한다면 (가끔이나마) 다수의 인정을 받을 거라고 믿을 수 있으니 말이다. 사람은 남이 제 얘기를 수긍해줄 수도 있다고 믿을 때 말을 나누지, 그럴 희망이 없으면 아예 고개를 돌린다. "내 말은 말 같지 않니? 그럼 너희끼리 잘 해봐!"

어느 단체가 두 정파(종파)로 칼같이 갈려 있다고 치자. 운영회의에서 무슨 문제를 결정하든 결론은 뻔하다. 다수파의 의견대로! 그럼 회의(토론)도 할 것 없고 다수파를 대표하는 의장이 저희끼리 결정하면 된다. "내가 의장(대통령)으로 있는 한, 이 단체(국가)는 우리(다수파) 거야!"[74] 소수파는 '들러리' 신세에 불과하므로 바득바득 이를 갈면서 다음 의장(대통령) 선거에서 이길 궁리만 한다. 수단 방법을 가리지 않고 선거활동을 할 테니까 종파(정파) 사이의 골은 더 깊어진다. 글쓴이

---

74. 의장 또는 사회자와 대통령, 어느 낱말이나 영어로 president다.

는 노동조합 운영회의에 한동안 참여한 적 있는데 '다수결'의 폐해가 어떤 것인지 몸으로 깨달았더랬다.[75]

다수결은 소수의견을 묵살하는 제도다. 어느 단체가 종파들로 뚜렷이 나뉘어 있을 때는 그 폐해가 더 뚜렷해서 그 단체를 산산조각 낼 수도 있다. 그래서 아주 커다란 문제, 가령 그 단체의 정관(定款, the articles of association)을 고치는 문제 따위는 회원의 3분의 2 넘게 찬성해야 결정할 수 있게 돼 있다. 글쓴이는 앞의 회의에 참여할 때, "다수결이라도 60%나 65%가 넘어야 가결되는 것으로 하면 어떨까." 하고 공상한 적 있다. 그러면 다수파가 소수파 의견에도 신경을 써서 두 쪽의 절충안을 내놓는다든지 할 거 아니냐. 그래서 두 쪽 사이에 패인 골이 조금은 메워질 거 아니냐는 얘기다.[76]

글쓴이는 공리주의를 단호하게 비판하지만, 사실 '60%의 다수결'도 공리주의의 틀 안에서 좀 개선해보자는 얘기였다. 상당히 강력한 사정(조건) 때문에 현실의 다수결 제도를 당장 딴것으로 바꾸자고 부르짖을 엄두는 나지 않기 때문이다. 그러나 어떤 단체(사회)가 운영될 조건(사정)이 크게 바뀐다면 훨씬 바람직한(이상적인) 것은 '모두 합의하는 것(만장일치)'이다. 어떤 회의를 후루룩 해치우지 말고 이틀 밤, 사흘 낮을 느긋이 퍼질러 앉아서 서로 허심탄회하게 생각을 주고받는다면 '합의' 못할 일이 뭐가 있겠는가. 인종도 갖가지이고 계급(계층)도

---

75. 의회에는 필리버스터 제도가 있는데 다수파가 멋대로 (악)법을 강행할 경우, 마지막 수단으로 벌이는 '의사 진행 방해'를 인정한 것이다. 여러 날을 밤샘해서 줄곧 발언할 경우, 그 법을 부결시키는 것이다. 다수결이 한 사회를 날카롭게 분열시킬 수 있음을 감안해서 이를 제도로 받아들였다.

76. 2016년 봄의 총선에서 새누리당이 참패했던 까닭도 딴것이 아니다. 다수결에서 이긴 정당이라고 저희 멋대로 놀고('왕의 남자'라고 뽐내기), 민중을 윽박지르는 짓(가령 역사 교과서 국정화 강행)을 당연하게 여겼다. 지배자의 권세에 너무 도취해서 추악한 민낯을 드러낸 것의 결과다.

달라서 이해관계가 뿔뿔이 갈린, 수천만 명이 모여 사는 커다란 국가가 '모두 합의하는 회의'를 이뤄낼 수 있을지는 선뜻 단언하기 어렵지만 비슷한 생각, 가령 농업협동조합처럼 '우리 농민들끼리 더 윤택하게 (넉넉하게) 살아보자'는 공통된 생각으로 모인 수천수만 명의 단체가 흔히 치르는 일에 대해 합의를 못할 까닭은 없다. 그래서 옛 어른 노자께서 '소국 과민(=땅덩이도 작고, 인구도 많지 않은)' 사회라야 이상향(유토피아)을 이루기 쉽다고 했다.

선거(대의제도)도 생각해볼 점이 있다. 대통령이나 국회의원이 되면 크든 작든 권력(정치적 힘)이 생겨나고, 가문(집안)의 영광을 누리게 된다. 그들 주변에는 권력의 떡고물을 맛보고자 사람들이 모여들어 패거리를 만든다(권력과의 유착). 옛 그리스에서는 이러한 권력의 사슬(인맥)을 끊자고 합의를 봐서 폴리스의 대장을 제비뽑기로 뽑은 적 있다. 말이 안 되는가? "어중이떠중이가 다 나서면 어쩌려고요?" 그런 걱정일랑 붙들어 매라. 웬만큼 국민의 지지를 받는 몇 사람만 한정해서 그들 중에 '추첨'하면 된다. 계급(계층)이나 민족(인종)들 사이의 골이 깊게 패여 있는 나라라면 어렵겠지만, 정치 노선(길)이 크게 다르지 않은 사람들끼리야 누가 한때의 집권자가 된다 한들 그 통치의 결과가 크게 달라지지 않는다. 대통령이 나랏일 모두를 좌지우지하는 것 아니다. 그 반면에 권력의 단물을 덩달아 빨아보려고 악착같이 권력의 주변으로 모여드는 나방 떼가 사라진다. 관료제도는 썩어 문드러지기 쉬운데 그 제도가 들어오면 청백리清白吏가 절로 생겨난다.

하지만 옛 아테네에서 민주주의를 더 강력하게 지탱했던 제도는 추첨 제도보다 탄핵(내쫓기) 제도였다. '도편陶片 추방'이라고, 독재자가 될 위험이 높거나 민중의 신뢰를 잃어버린 사람의 이름을 '도자기 조각'에 다들 적어서, 거기 많이 적힌 사람은 10년간 폴리스 밖으로 추방했다.

조금이라도 빗나간 짓을 벌이면 당장 들고 일어나서 '물러나라!' 하고 민중이 호통을 치는 것만큼 집권자(권력자)가 두려워하는 제도도 없다. 물론 민중이 늘 슬기로운 생각을 하는 것이 아니라서 소크라테스를 (내쫓는 것만으로도 모자라) 죽이기까지 했지만, 구더기 무섭다고 장 못 담그겠는가. 아테네 민주주의를 지탱하는 데 톡톡히 구실을 했다고 한다.

덧대기 1
공리주의 쪽에 대해 덕담을 덧붙이자. 그것이 지금 인류를 자유평등 세상으로 이끄는 데 무력하긴 해도, 18~19세기만 해도 진취적인 구실을 했다. 그들의 솔직한 구호는 "다수파가 소수파를 쪽수(사람 숫자)로 밀어붙여라!"라는 것인데 벤담이 살던 시절에 그 소수파가 누구였냐 하면 귀족 신분의 지주地主들이었다. 귀족들이 "어디 아랫것들이 함부로 기어올라?" 하고 거만하게 내려다볼 때였다. "우리 부르주아와 우리를 따르는 민중이 다수파 아니오? 소수파는 구석으로 찌그러지시오!" 하는 얘기는 귀족과 싸우는 데에 꽤 요긴한 대항 논리가 되어주었다. 노동조합이 사용자(자본가)와 대결할 때에도 이 '다수파 논리'를 내세울 때가 많았다. "우리가 다수파요. 우리가 세상의 주인이 되고 싶소!" 이 논리가 의미 있을 때는 그렇게 아랫사람들(하층민)이 지배층과 맞서 싸울 때뿐이다. 프랑스의 경우, 시민혁명(1789) 이후로 '다수결'이라는 양적 접근법(곧 쪽수 계산)이 점점 먹혀들었다. 앙시앵레짐(낡은 체제)은 어느 신분(직업, 지역)은 얼마의 발언권을, 다른 신분(직업, 지역)은 얼마의 발언권을 갖는다는 식으로 귀족 중심의 질서를 지탱해왔는데 '다수결'이 그것을 깡그리 묵살하는 효과를 발휘했던 것이다. 하지만 그런 진취적인 효과가 지금은 발휘되지 않는다. 그것이 지배층의 도구로 쓰이고 있어서다.

덧대기 2
한국 사회는 '여론 정치'가 지나칠 정도다. 무슨 일이든 '여론의 동향'에 신경 쓰며 일을 벌인다. 허울은 민주적이지만 실속은 압삽하다. 공리주의

다수결 정치는 커다란 구멍을 안고 있다. 북한 미사일 발사 문제로 남북 관계가 얼어붙었을 때(2016. 2. 15)의 중앙일보에 또 '여론 동향'이 올랐다. "개성공단 중단에 찬성 55%, 국내 사드(=미사일방어체계) 배치에 찬성 68%." 그 여론조사가 민의民意를 제대로 물은 것인지도 따져야 하지만 (선거 때가 되면 정치인들이 500만 원짜리 ARS 곧 자동응답으로 여론을 묻는 설문조사에 다들 휘둘리는데 그 신뢰도는 형편없이 낮다), 토론을 거친 것인가도 물어야 한다. 아무런 대중 토론 없이 저마다 무심결에 털어놓는 생각들은 불건강한 것이 되기 쉽다. 더 근본적인 질문은 '여론이 그렇다 해서 그게 옳은 일이 되느냐'는 거다. 히틀러는 다수의 지지를 받아서 유대인 학살극을 저질렀다! 그래서 그는 옳았는가? 2015년, 독일 수상이 시리아 난민들을 받겠다고 하자 여론이 몹시 나빠졌다. 그래서 그는 틀렸는가? 사회 교과서를 잠깐 타박하자. "소수자들이 다수결 방식을 수긍할 때 갈등이 더 합리적으로 해결된다"라고 서술했는데 참 싱거운 얘기다. '다수결에 따라달라'는 설득이 (문제 해결의) 열쇠가 아니고, 소수자들이 푸대접받는 현실(원인)을 해소하는 것이 열쇠. 다수결은 최선이 아니라 차선次善의 절차라는 근본 사실을 잊지 말자. 차선의 것은 언제나 극복하려고 힘써야지, 거기 줄곧 눌러앉을 경우 차선은 언제든 차악次惡으로, 최악最惡의 것으로 돌변할 수 있다. 다수결로 이뤄지는 대의代議 제도에 대해서도 한마디. 20~21세기에 '정치 불신'이 깊어진 까닭의 하나는 의회가 제구실을 못해서인데 그래서 옛 그리스처럼 '추첨제'를 들여오든가, 아테네의 아고라(=광장) 같은 온라인 공론장을 들여오자는 주장이 힘을 얻고 있다. 21세기 들어 한국과 미국의 빈민층이 의회(국회)에서 소외돼 있다는 사실을 덧붙이자. 국민들의 상위 20%에 견줘 하위 20%의 의회 투표율이 30% 가까이 낮다. 그들은 의회정치가 자기 삶을 개선해줄 거라는 희망이 없기 때문에 투표장에 가지 않는다.

2 헤겔에 대하여

프랑스의 식민지였던 아이티에서
노예들이 프랑스혁명에 감화를 받아
독립혁명(1791~1804)을 일으켰다.
노예가 근대 시민혁명의 주체가 됐으니
프랑스혁명보다 더 철저한 천지개벽이었다.
헤겔은 이 사건에서 영감을 받아
'주인-노예 변증법'을 서술했을 것이다.

헤겔은 칸트와 더불어 근대 독일 관념론철학의 '두 기둥'을 이루고
있다. 윤리학에 관해서는 그가 칸트만큼 길게 말하지 않아서 윤리 교
과서에 (지나가는 얘기로) 짤막하게만 서술되어 있다. 하지만 인류의 학
문에서 차지하는 비중이 크므로 그를 길게 소개해야겠다. 먼저 교과
서에 서술된 것을 옮긴다.

헤겔은 1770년 (독일 남쪽에 있는) 슈투트가르트에서 태어나 조숙한
천재 셸링, 불우한 낭만주의 시인 휠덜린과 함께 튀빙겐 대학에서 공
부하고 1801년 예나 대학 교수가 됐다. 곧 『정신현상학』을 썼고, 뒤
이어 『엔치클로페디』와 『논리학』을 펴냈다. 베를린 대학으로 옮겨 가
서 '국가철학자'로 명성을 날렸다.[77] 그는 절대적 관념론 철학자다. 변
증법에 의해 절대 이성에 다다를 수 있다고 했고, 국가를 절대이성
이 구현된 것으로 봤다. 윤리와 관련해, 그는 가족생활에서 얻은 인

77. 튀빙겐은 슈바르츠발트 숲 지대로 이름난 슈투트가르트 이웃에, 예나는 독일 중부에,
베를린은 동북부에 있다. 1800년대 초 나폴레옹이 독일(프러시아)을 침략해서 예나 대학
이 문을 닫은 적 있는데, 그가 말을 타고 오는 나폴레옹을 보고 "저기 세계정신이 오고
있다"라고 감격한 적이 있단다.

륜, 곧 사랑과 양보, 배려와 헌신, 상호성과 이타주의 등이 시민사회를 원활하게 작동시킨다고 봤다.

그런데 ('교학사'에서 펴낸) 교과서는 그의 사상에 대한 평가와 관련하여 오락가락한다.

형이상학적 사고의 기본원리를 최고의 형태로 표현한 점에서 아리스토텔레스나 칸트와 비견된다고 보는 학자들도 있는가 하면, 그가 전체주의를 옹호하고 읽기가 거의 불가능할 만큼 난해한 글을 쓴 인물일 뿐이라고 보는 학자들도 있다.[78] 아무튼 헤겔은 그 이후에 등장한 여러 사상가들이 헤겔에 대한 비판을 통해 자기 사상을 만들어 간 점에서 오늘날까지 매우 영향력 있는 사상가로 남아 있다.

요컨대 그는 '대단한 학자다!'와 '아니다!'라는 두 의견이 엇갈린다고 했는데, 그럼 교과서 집필자의 생각은 어느 쪽인가? 전자라면 후자의 (손쉽게 내뱉는) 얘기를 생각 없이 소개할 일이 아니었고, 후자가 맞는다면 교과서에 굳이 그를 소개할 까닭이 없었다. 그런데 니체나 하이데거의 얘기가 나치즘(파시즘)으로 뻗어갈 구석이 있다고 비판되는 만큼 그렇게 단정 지어서 헤겔을 비판하는 얘기는 드물다. 또 그가 '글이 난해하다'고 흠이 잡히기는 하지만 그렇다고 '내용이 공허하다'고까지 비난하는 것은 온당하지 못하다. 그런 얘기를 하는 쪽은 유럽 철학을 '소 닭 보듯' 해온 영미 철학자들일 터인데, 그 얘기가 맞느냐

---

78. 『열린사회와 그 적들』(1945년)을 쓴 칼 포퍼의 말인데, 그의 자유주의 사상은 비뚤어졌다. 사회주의운동에 좌절하고서 그에 대해 반사적인 거부감을 키웠다. 그가 '반증 여부로써 귀납법의 참 여부를 가르자'고 한 것은 진전이지만 미래의 타자(곧 후손)들한테는 (반증 여부를) 물어볼 길이 없다.

면 '그가 영향력 있는 사상가'라는 평가는 틀린 것이다. 거꾸로도 마찬가지다. 한때 영미 철학자들 중에 헤겔을 '죽은 개'처럼 업신여기거나 플라톤에서 헤겔까지 싸잡아 '전체주의'라 비난하는 돼먹지 않은 자들이 꽤 많았지만 요즘은 그런 풍조도 다소 사그라들었다. '전체주의'라는 개념 자체가 말 많고 탈 많은 것으로, 허수아비 과녁으로 쓰인 때가 아주 많았다. 유럽에서는 20세기에도 헤겔의 영향을 받은 학자가 적지 않다. 미국 유학생들 중에는 학문의 사대주의자(친미주의자)가 많은데 그들의 사부師父인 영미 학자들이 저 잘난 맛에 떠드는 얘기를 곧이곧대로 옮겨 오면 안 된다. 교과서 집필자는 자유주의 이데올로기를 분별하는 지혜가 빈약하다. 또 '헤겔이 여럿의 비판 대상이 될 만큼 무엇을 갖고 있었다'는 논평도 성의가 없다. 그를 (비판적으로) 계승하려는 학자들이 있을 만큼 영향력이 더 컸다. 예컨대 현대 생물학자 중에는 '생명'의 개념과 관련해 헤겔한테 깨달음을 얻은 사람들도 있다. 철학책에서 아리스토텔레스를 큰 비중으로 다루는 까닭이 그의 얘기가 다 맞아서인가? 주된 철학 개념틀(형상론)을 처음으로 내놓았고, 지금도 곱씹어야 할 여러 가지 생각거리를 던져주기 때문이다.

주인과 노예의 변증법

본론으로 들어가자. 그는 공부를 신학에서 시작했다. 그는 기독교를 옹호했지만 그의 신학은 무신론으로의 길을 여는 것이기도 하다. 그가 '예수 그리스도는 어떤 분인지'에 대해 별로 관심이 없고, '성령론'만 들이판 것이 이를 말해준다. 성령Holy Spirit이란 (성스러운 영혼을 받아들인) 신자들을 가리키는 말이다. 그는 당연히 부활을 포함해 예수의 모든 기적을 부인했다. 이 시대의 엘리트들 사이에서는 영혼 불사不死에 대한 전통적인 믿음이 사그라들고 있었다. 그는 기독교 교의doctrine에 담긴 옳은 뜻(합리적 핵심)이 근대 국가에서 어떻게 실현될지에만 주로 몰두했다.

그의 첫 책 『정신현상학』은 '참된 것은 전체'라는 말로 시작한다.[79] 전체론holism은 한 기관(정신, 언어, 생물, 사회 등)은 그것의 구성 요소들을 통해서는 설명될 수 없다는 생각이다. whole → holism. 전체는 '부분의 합'이 아니고, 기관 전체가 낱낱의 부분들을 결정한다는 것으로 (근대 자연과학의 주된 접근법인) 환원주의와 상반된다. 이를 개개인한테 전체(곧 국가)에 복종할 것만을 다그치는 전체주의totalitarianism로 읽는 것은 터무니없는 트집이다. 개개인만 있을 뿐 '사회(국가) 전체의 운명 따위는 신경 쓸 것 없다'고 팽개치는 원자론적(=극단적)인 개인주의자(자유주의자)들이 그런 트집을 잡는다.

『정신현상학』은 과학적 인식에 이르는 의식意識의 경험에 대한 책이다. 감정적 확신의 가장 단순한 것에서 절대지(=절대적인 것에 대한 앎)에 이르기까지 의식(생각) 형식의 만화경(萬華鏡, 갖가지 무늬를 보여주는 여러 거울)을 펼쳐낸다. 우리의 앎은 주관 정신으로부터 객관 정신을 거쳐 절대정신으로 나아간다. 책의 목표는 주관(자아)과 객관(세계)의, 또 나와 우리의 일치(=상호주관성)를 이뤄내는 것이다.

이 책에 들어 있는 한 대목, 주인과 노예의 변증법은 마르크스와 사르트르에 이르기까지 여러 후학들한테 큰 감명을 주었다.[80] 노예의

---

79. 유럽에서 '인문 교양(도야)의 이념'을 가장 수준 높게 탐구한 철학적 교양 소설이라 불린다.
80. 오래된 낱말 '人民'은 현대엔 people의 뜻이나, 고대엔 지배층(人)과 노예(民)를 합친 말이었다.

실천 활동(살림살이)에 의존해서 오로지 군림(지배)하기만 하는 '주인 master'은 점점 노예나 다를 바 없는 존재로 추락하고, 제 몸뚱이를 부려 써서 주인을 먹여 살리는 '노예slave'는 자기의 힘과 가능성을 문득 깨닫고 주인(주체적인 존재)으로 올라서는 변증법(=반대되는 것으로의 뒤집힘)을 그가 세밀하게 서술했는데 이는 위/아래 신분차별을 걷어치운 근대 시민혁명의 드라마를 철학적인 앎으로 재현再現해낸 것이다. 그런데 이는 1791년 카리브해에 있는 프랑스 식민지 생도맹그 섬(지금의 '아이티')에서 흑인 노예들에 의해 현실에서 실천됐다. 프랑스 혁명의 이념을 가장 근본적으로 실현해낸 곳은 프랑스가 아니라 '아이티'다.[81]

시민혁명: 이성의 실현

헤겔의 역사철학의 요지는 간단히 말해 절대자(절대적인 것)로서 이성이 인류 역사에서 꾸준히 실현돼왔다는 것이다.[82] 그는 역사를 만들어내는 힘이 이성이었다고까지 단언한다. 사람들은 저마다 제 욕구(소망)를 충족하기 위해 설령 비합리적으로까지 행동한다 할지라도 그 전체적인 결과는 이성의 실현으로 이어진다는 것이다. 이를 '이성의 간계(잔꾀)'라 한다. 그는 유럽의 역사를 훑어보고서 사람들의 자유의식이 차츰 높아져왔다는 사실을 찾아냈다. 헤겔이 청년 시절에 감격하는 마음으로 맞았던 프랑스(또는 유럽) 시민혁명이 그 선명한 증거였다. 그는 인류역사를 들뜬 낙관樂觀의 눈길로 바라봤다. 계몽주의 사

81. 헤겔이 아이티의 혁명을 몰랐을 리 없다. 수전 벅모그가 쓴 『헤겔, 아이티, 보편사』 참고.
82. 그의 '절대자'는 '타자로부터 자기自己로의 화해로운 귀환'이요, 타자의 부정성을 인정하는 것이다.

상운동이 유럽을 휩쓸던 시절이었다.

헤겔의 뛰어난 점은 모든 학문을 하나로 아우르는 (학문) 체계system를 만든 것이다. 세계 전체를 보는 눈은 그런 체계에 의거할 때만 깊어진다. 가령 우리는 생물학의 철학에 대한 앎이 없이 윤리를 저울질하기 어렵다. 요즘 유전공학자들이 갖가지 실험(인간복제 따위)을 벌이려고 하는데 유전공학과 생물학, 정신과학(인문학)을 통합된 눈으로 살피지 않고서 어찌 그에 대해 구체적으로 판단할 수 있겠는가. 우리가 아는 모든 도덕적 존재(곧 사람)는 유기체organic body이기도 해서다. 현대 학문들은 전문화specialization의 방향으로 도도하게 치달았고, 저마다 "내 잣대로만 세상을 보겠다"라고 환원주의(가령 모든 학문의 수학화)의 깃발을 내걸었는데 이에 대한 강력한 해독제가 헤겔의 학문 체계다. 그는 개념의 선험적(경험 이전의) 체계를 다듬어서 플라톤의 '이데아의 우주'를 근대 버전version으로 고쳐 썼다. 물론 그가 다듬은 이론틀의 상당 부분은 결함투성이여서 비판받아야 마땅하겠지만 '모든 학문을 하나의 체계로 짜야 한다'는 그의 문제의식을 내버려서는 안 된다.

학문 체계와 개념의 변증법

플라톤의 핵심어가 이데아이고, 아리스토텔레스의 그것이 형상(에이도스)과 실체(우시아)라면 칸트는 자아(초월론적 주관)일 것이고, 헤겔은 개념Begriff이다. 헤겔의 책 『논리학』에서 논증 질차는 곧 모순직인 것으로 드러날 어떤 하나의 규정(존재 곧 있음)과 더불어 시작된다. 이는 새로운 범주 하나를 들여오게 하는데, 최초의 범주에 대한 규정적인 부정(반대적인 대립)만이 새로운 범주일 수 있다. 이 새로운 범주(무 곧 없음)에서도 모순은 또다시 드러나고 이는 또 다른 새 범주(현존재 곧 거기 있음)의 도입을 요청한다. 이런 식으로 더 이상 어떤 모순도 드러나지 않는 하나의 규정(절대이념)에 다다를 때까지 지속된다. 마르크스의 변증법이 현실 사물들의 역동적인dynamic 운동을 읽어내는 앎의 도구라면, 헤겔의 변증법은 개념들이 어떻게 발전해 가는지를 추적하는 앎이다.

그의 변증법dialectic을 두고는 말이 많았다.[83] 실제로 이 낱말을 좀 마구잡이로 쓴 탓에 비난을 스스로 불러들였지만 그가 모순율(A와 A 아닌 것이 동시에 성립할 수 없다는 논리 규율)을 부정한 적은 없다. 그는 개념이 일면적이고, 자기를 반대하는 개념의 상대적 권리를 인정하지 않고, 자기의 전제前提를 회복하지 못할 때 '모순적'이라고 여길 뿐이다. 이를테면 순수한 존재(있음) 개념은 모순적인데, 그것이 '아무런 규정이 없음'을 의미하지만 그런 의미 자체에 의해 규정돼 있기 때문이다. 이와 달리, 규정된 것으로서 '현존재' 개념은 단순한 '있음'보다 앎의 진보이다.

아무튼 그는 개념의 변증법을 써서 가장 단순한 개념으로부터 가장 포괄적인 개념에로 논증해간 덕분에 전통 형이상학자들을 오랫동안 괴롭힌 이른바 '신의 현존재 증명'의 문제를 해결했다. 신神과 짝이 되는 그의 논리적 개념이 '절대 이념'이다. 철학에서 가장 어려운 문제는 '근거 세우기'인 바, 헤겔은 '절대 이념'을 연역의 출발점으로 삼지 않고 도착 지점으로 정했다. 과거의 신 증명들은 신에서 출발했기 때문에 실패할 수밖에 없었다. 그는 자기주장에 반대하는 주장이 이미 자기의 주장을 전제하고 있음을 드러내는 일종의 귀류법reduction to

---

83. 이 말은 대화dialogue에서 나왔다. 소크라테스는 법정法廷 대화로부터 변증법의 싹을 찾아냈다.

absurdity을 써서 절대자(절대적인 것)가 있음을 밝혔다. "유한자(유한한 것)가 있지 않다는 것이 바로 절대자가 있다는 것을 말해준다."[84]

그의 절대적(객관적) 관념론은 개념경험주의(=개념은 경험한 것을 서술한 것일 뿐이라는 생각)만으로 세상을 알 수는 없다는 것, 개념은 선험적 구성과정을 필요로 한다는 것, 실재reality 자체가 개념적으로 틀이 짜여 있다는 믿음이다. 이는 세계가 신적인 사상(생각)들의 표현이라는 옛 종교신앙을 새롭게 바꿔낸 이론틀이다.[85]

> **덧대기**
> '변증법' 개념은 두 가지 쓰임새가 있다. 첫 번째는 자연과 인간사회, 사유(생각)의 일반적 운동과 발전법칙에 대한 앎이다. 생각(→헤겔)이든, 사회(→마르크스)든 '부정의 부정'과 '양에서 질로의 전환'을 이뤄내며 모순 속에서 운동한다. 그런데 "어떤 것들이 서로 변증법적 관계에 있다"라고 파악한다 하여 모든 것을 다 알아낸 것은 아니다. 두 번째는 범주들의 변증법적 서술이다. 서로 동떨어진 채 서술되는 범주들의 내적 연관성을 분명히 하는 것! 이는 몇몇 특별한 방법(예컨대 추상에서 구체로 나아가기)을 갖다 쓴다고 다 되는 일이 아니다. 대상의 이모저모를 면밀하게 살펴서 그에 걸맞게 비판해내야 한다. 그러니까 헤겔과 마르크스의 '변증법적 서술'이 무엇인지는 그 서술들을 다 읽고 나서야 알 수 있다.

국가가 시장을 다스려라

칸트도 그랬지만 헤겔도 나름으로 자연과학을 탐구했다. 그의 '유기체론'은 현대 생물학에 견줘 손색이 없다. 유기체의 본질 징표(형태,

---

84. 회슬레가 쓴 『헤겔의 체계 1』 참고.
85. 회슬레의 『독일 철학사』 참고.

동화, 재생산)에 대한 통찰이 그렇다. 빛의 특수한 지위와 관성의 원리에 대한 그의 통찰은 아인슈타인의 상대성이론을 미리 내다본(짐작한) 것이라고 한다. 두 학자의 선험주의(=경험 이전의 조건 탐구)는 독일의 자연과학을 영국의 그것보다 더 강력하게 '(상대성이론이 보여준) 생각 실험'과 보편적 원리에 대한 이론적인 반성을 중시하는 쪽으로 이끌었다.

헤겔은 『법철학 요강』에서 자기 시대의 정치적 변화를 지진계처럼 상세히 기록했다. 그는 프러시아(당시의 독일)가 나폴레옹에게 패배한 뒤 (나폴레옹의 요구에 따라) 단행한 사회개혁의 방향 설정에 지혜를 보탰다. ('전체주의의 싹을 보인다'고 칼 포퍼가 그를 함부로 비난한 것과 달리) 그는 독일 민족주의가 꿈틀대는 것을 비판했고, 실질적인 정의론正義論을 다듬었다. 바이마르공화국(1919~1933년) 이래로 들어선 독일 국가는 칸트와 헤겔의 법이념에 토대를 두고 있다. 그는 국가 이전의 자연법을 인정하고 시민사회의 형성을 부르짖었다. 그는 애덤 스미스가 말한 시장의 자기조절적인 힘을 수긍했다. 그는 자유주의 국가를 머릿속에 그린다. 다만 존 로크의 '야경꾼 나라'로 국가의 임무를 한정하지 않았다. 가족은 특수한(자기들끼리의) 이타주의altruism에, 시민(부르주아) 사회는 보편적인 이기주의egoism에 근거하고 있으므로 (내버려두면 골이 깊게 패일) 빈부 격차를 국가가 나서서 규제하고 감독하지 않는다면 시민사회는 어김없이 빈부 격차를 키우고 이른바 천민the humble들을 배출하기 마련이라고 그는 짚었다. 그의 문제의식을 더 키우면 '사회국가(또는 복지국가)'의 개념이 나온다.

그의 (자유주의) 국가관이 21세기에도 들어맞을 만큼 선진적인 것인지는 따로 따질 문제다. 그 논쟁점이 아니라도 그는 세상을 파악하는 데서 헛발을 짚은 대목이 많다. 이를테면 세계 평화를 위해 '국제연맹

(국제연합)' 같은 국제기구가 필요하다는 칸트의 제안을 묵살한 것이라든지, 인류 역사를 살피면서 유럽 아닌 다른 대륙(=아시아와 아프리카)의 역사를 단칼에 깎아내린 것들은 그의 앎에 군데군데 허물이 있음을 말해준다.[86] "시민혁명을 해내지 못한 사회는 죄다 엉터리야!"라는 단순 논리! 헤겔의 시대는 근대화 과정에 들어서는 초창기여서 근대 사회의 진취적인 모습이 주로 눈에 띄고, 그 근대성이 허약한 구석도 많이 갖고 있다는 데에는 눈길이 잘 가지 않았다. 그의 말마따나 미네르바(지혜)의 부엉이는 흔히 뒤늦게 황혼 녘에야 날아오르기 일쑤다. 우리가 똑똑해서가 아니라 우리가 헤겔보다 200년 뒤늦게, 다시 말해 근대화 과정이 다 벌어진 뒤에 태어난 덕분에 우리는 그의 학문의 어디어디가 허술한(틀린) 대목인지를 잘 안다.

사후의 관점 ↔ 생성 속의 진리

그의 역사철학을 좀 더 살피자. 아리스토텔레스에 관한 글에서 우리는 그가 세상을 어떤 목적이 실현되는 곳으로 생각했다고 말했다. "저 씨앗? 참나무라는 목적을 향해 커나갈 거야! 우리는 폴리스적=정치적 동물이라는 본질을 갖고 있으니(그렇다고도 볼 수 있고, 아니라고도 볼 수 있는데), 폴리스의 완성이라는 목적을 향해 덕virtue을 쌓읍시다!"

헤겔도 마찬가지로 목적론자다(그 점에서 비판받는다). 그는 이미 벌어진 일들을 해석하는 입장(관점)에서 세상을 본다. "프랑스혁명이 일어났잖아? 그거, 인간 역사가 이성을 향해 움직인다고 하는 목적을 실

86. 유럽은 18세기부터 동아시아 문명을 앞질렀고 지금은 그 격차가 크게 좁혀졌다.

현한 거라고 나는 생각해!"그는 개념들을 잘 부려 써서 그런 결론을 내렸는데 그의 논리와 개념틀이 매우 정교하므로 상당히 설득력이 있기는 하다. 하지만 곧바로 논쟁점이 튀어나온다. 그가 한쪽은 잘 봤지만 다른 쪽은 살피지 않았기 때문이다. "인류 역사가 좋은 쪽(이성의 실현)으로 갈지, 나쁜 쪽으로 갈지 네가 어떻게 아니? 지금껏 흐름이 괜찮았다 해도 앞으로는 엇나갈 수도 있는 것 아냐?" 헤겔이 그럴싸한 체계를 세우니까 키르케고르가 대뜸 대들었다. "체계는 참 좋은데, 거기 사람(주인)이 어디 있소? 이미 벌어진 일 갖고 나중에 해석하는 것 말고, 앞으로 뭘 만들어가야 할지를 궁리합시다! 체계 속에 갇힌 진리 말고 '생성生成 속의 진리'를 찾읍시다!" 사후事後의 관점이 아니라 사전事前의 자리에 서자는 주장이다.[87]

> **덧대기**
> 옛날에 벌어진 일을 나중에 읽는(해석하는) 사람은 허튼 허구fiction에 빠져들 수도 있다. 이를테면 전통 기독교 신앙에 따르면, 예수 그리스도는 원래 하나님 옆자리를 차지하기로 다 설계돼 있었다. 정말 그런가? 나중 사람들이 그렇게 믿었을 뿐이다. 유대교도나 이슬람교도들만 해도 그를 훌륭한 예언자의 한 사람으로 볼 뿐이지 성자聖子, 곧 신神으로 섬기지는 않는다. 사전事前의 자리에 서면 어떤가? 예수가 골고다 언덕 위 십자가에 못 박힐 시점만 해도 기독교가 태어날지 어떨지 아무도 몰랐다. 그때 제자들은 다 도망가버리지 않았던가. 바울이 문득 깨닫고, 베드로가 절절히 뉘우친 뒤에야, 그래서 어떤 신적인 깃발을 들어 올리자고 여럿이 모여 사생결단의 결심을 내린 뒤에야 기독교의 싹이 차츰 생겨나기 시작했던 것이다. 기독교의 탄생은 벌어지지 않을 수도 있었던 (우연적인) 사건이다. 또 무릇 종교는 그것을 믿는 사람들이 있는 한에서 존속할 따름이다.

---

87. 헤겔에겐 사후론에 의거한 사변speculative 철학과 생성의 입장에 선 선험 변증법의 두 흐름이 뒤섞여 있다. 뒤의 것은 초기 작품인 『정신현상학』에 잘 표현돼 있다. 사변철학은 많은 비판을 받았다.

그의 예술론도 잠깐 살핀다. 칸트가 모든 것을 괄호 안에 넣고 미학적 관심에만 몰두하라고 권유하는 형식주의 미학이라면(그 시절의 예술가들은 이런 노선에서 해방감을 맛보았다), 그는 내용을 따져 묻는다. 예술은 이념의 감성적 표현이라고! 거기 종교와 철학이 담겨야 한다고! 인류의 절대 정신을 나타낼 길은 그 셋(종교, 철학, 예술)이므로 그셋이 하나가 돼야 한다고! 그는 옛 그리스 예술이 객관성(세계)과 주관성(자아)의 놀라운 조화를 나타낸다는 점에서 가장 윗길이라고 칭송한다. 상징적인 예술은 세계에, 낭만적인 예술은 자아에 너무 쏠려 있어서 감동이 덜하다는 것이다.

헤겔을 복권하라!

헤겔은 후학들한테 어떻게 계승되었는가? 마르크스는 헤겔의 변증법(철학)이 물구나무 서 있다며 자신이 이를 되돌려놓겠다고 다짐했다. 역사적 유물론의 눈길로 세상을 살피겠다는 얘기다. '관념 먼저, 현실 나중'이 아니라 '현실 먼저, 관념 나중'이라는 것이다. 마르크스가 순서는 뒤바꾸었지만 아무튼 모순된 것을 타개해나가는 앎의 지혜로서 변증법의 핵심은 물려받은 셈이다.[88]

헤겔을 가장 긍정적으로 읽어낸 후학으로는 슬라보예 지젝(1949~)이 꼽힌다. 그는 이렇게 말한다. "흔히 마르크스는 유물론자이고, 헤겔은 관념론자라고들 생각하는데 헤겔의 많은 내용이 유물론적이고 마

---

88. 마르크스의 자본주의 탐구에 대한 알기 쉬운 해설로 마토바 아키히로가 쓴 『위험한 자본주의』, 미하엘 하인리히가 쓴 『새로운 자본 읽기』, 데이비드 하비의 『맑스 자본 강의』를 권한다.

르크스 얘기의 많은 부분이 관념론적이다. 헤겔은 프랑스혁명에 감격했고, 그것이 로베스피에르의 공포정치로 이어졌는데도 아무튼 자유이념의 진보에 희망을 걸었다. 그런데 프러시아 국가는 관료주의로 함몰되고 말았다. 그가 맞닥뜨린 정치 현실과 21세기 우리들의 현실이 무척 비슷하고 고민거리도 비슷하다. 사회정치적 교착상태(뒤엉켜 빠져나오지 못하는 지경)에 놓인 우리한테 헤겔은 영감을 준다. 헤겔의 복권이 긴요하다."[89]

비토리오 회슬레(1960~)는 헤겔의 학문 체계 자체를 더 보강된 형태로 세우려고 애쓰는 학자다. 객관적 관념론이란 논리적이고 이념적인 것의 절대성이 개념으로 파악될 수 있고 증명될 수 있다면, 오직 그것만이 현실적이고 절대적인 원리로 궁리돼야 한다는 생각이다. 논리적이고 이념적인 것이 칸트의 주관적 관념론에서처럼 한갓 주관적인 사유원리(초월론적 주관)일 수만은 없고, 객관적으로 그 자체의 존재 영역을 이루고 있는 것으로 봐야 한단다(앞서서 플라톤이 그런 생각을 했다).[90] 객관적 관념론의 핵심 명제는 "가언假言이 아닌 선험적인 앎이 있고, 그것의 법칙들은 동시에 현실의 법칙들"이라는 것이다. 가언이란 "만일 이러하다면 저럴 것"이라는 if절의 문장이다. 그는 이 명제를 변증법적 모순을 통한 간접증명이라는 간단한 방식으로 증명했다.

그의 설명을 옮긴다. 객관적 관념론은 회의주의(해체론)와 상대주

---

89. 헤겔은 20세기를 휩쓴 분석철학과 구조주의에 대한 비판을 일찍이 선취했다. 비트겐슈타인의 분석철학은 나름의 학문적 가치야 있지만 "과학이 삶의 문제를 건드리지 말아야 한다"라고 절망적인 전제를 달아서 참된 학문의 발달을 가로막았다.
90. 그는 무엇을 증명하려 할 때 반드시 어떤 것을 전제해야 함을 들춰냄(=반성적인 논증)으로써 '자연적인 존재' 및 '사람의 의식상태'와는 딴 영역으로 있는 이념(=논리적인 것) 영역을 마련하려고 한다.

의 이론이 판치던 20세기에는 '죽은 개'와 다를 바 없는 것으로 간주됐다. 자연과학(경험과학)의 발달과 더불어 관념론은 우르르 무너지고, 실존철학(→주체 과잉의 흐름)과 논리실증주의(→주체 실종의 흐름)와 언어분석 같은 백화百花가 꽃피어났다. 그런데 이 앎들은 자기 학문의 남다른 단초(端初, 출발점/계기)를 근거 지을 수 없다는 결정적인 결함들을 피하지 못했다. 경험론은 경험을 앎의 유일한 기초라 여기는데, 그 원리는 경험에서 끌어낼 수 없고 경험될 수 없으니 경험론에 의거해서 근거 지을 수가 없다. 칸트는 경험이란 언제나 어떤 것이 어떻게 있는지를 보여줄 뿐, 왜 그것이 다르게 있지 않고 바로 그렇게 있어야만 하는지는 보여줄 수 없다고 했다. 유물론도 여러 영역(분야)에서 귀중한 앎을 내놓기는 했지만, 자기의 근거 원리인 '물질'이나 '물질의 법칙'을 유물론적으로 근거 짓지 못한 채로 전제할 뿐이다. 칸트의 선험론 철학의 경우도 현실이 주체의 선험론적 형식(→지각하는 도식, 범주 형식, 언어구조)을 통해 주어진다고 하는데 그런 선험론적 제약들이 어디서 비롯되며, 다른 선험론적 제약들은 없는지 등등의 근본 물음이 뒤따라야 한다.

요컨대 모든 철학은 자기 생각을 논증을 통해 펼쳐야 하고, 그래서 논증 가능성(곧 논리학)을 전제한다. 그런데 논리학은 오직 논리학만을 전제한다. 논리적 원리들의 타당성을 근거 짓자는 요구는 (그 자체가 논리적 관계인) 근거 짓기를 통해서만 대답될 수 있기 때문이다. 결국 마지막 원리는 논리적인 것이다. "논리학도 갖가지가 아니냐? 그러니까 가언이 아닌, 제약 없는(절대적인) 논리학은 있을 수 없는 것 아니냐?" 하고 반박하는 사람은 의미론적 차원에서 반박하려는 것을 (그리고 오직 그것만을) 반박의 수행적 행위 속에서 절대적으로 전제를 해버려서 이른바 '수행적 모순'에 빠져든다. 그러므로 앎의 기초가 되는 논리 구조가 원리로서 결단코 전제되지 않을 수 없다.[91] 요컨대 어떤 명제는 그것이 화용론話用論적인 자기모순 없이는 논박될 수 없고, 그것의 타당성이 전제되지 않고서는 증명될 수 없을 때 최종 근거 지어진 것으로 간주된다.

회슬레는 헤겔 이론을 보강하는 대안으로서 그의 학문 체계를 다시 다듬는 것 말고도 (객관성과 주관성을 종합하는) 상호주관성 intersubjectivity 범주를 더 들여올 것을 주장한다. 칸트와 헤겔 이후에 새롭게 앎이 쌓인 영역이 바로 '상호주관성(=우리)'이다.[92] 헤겔도 '우리'를 말하기는 했지만 이를 근본 범주라 여기지는 않았다. 그런데 이것은 쉽게 말하자면 '철학적 대화'다. 소크라테스와 플라톤은 대화를 통해 철학을 가르쳤는데 후배 학자들은 '논문'이나 '자기성찰'의 글쓰기로 치달았다. 이는 객관과 주관의 분열을 말해준다. 학자들 동네야말로 대화를 통해 자기가 아는 것의 벽을 넘어설 필요가 절실하다.

덧대기 1
윌슨과 최재천을 비롯해 사회생물학자 몇몇이 '(여러 학문을) 한데 아우르자'며 '통섭'을 슬로건으로 들고 나온 것도 학문 간 분화의 극복을 외친 점에서는 옳지만 그 주장은 그들이 (인문 사회과학의) 생물학으로의 환원을 단순 무식하게 외친다는 사실과 정면충돌한다. 뇌과학과 진화생물학을 주축으로 한 학문 통합은 불가능한 꿈에 불과하다. '환원!'과 '환원 반대!'는 줄곧 같이 가야 한다.

---

91. 회슬레가 쓴 『객관적 관념론과 그 근거 짓기』에서 인용했다. 화용론pragmatics은 언어가 사용되는 맥락(기호와 그 수신자의 관련)을 밝히는 학문이다.
92. 현대 자본주의는 공동체를 죄다 무너뜨리고서 사회를 건사할 책임을 '개인들'한테 다 떠넘긴다. 사회는 없으니까 너희들이 알아서 살라는 투다. 그런데 개개인이 저마다(혼자서) 이런 현실과 정면으로 맞짱 뜨기는 벅차다. 여럿이 뜻을 모은 '우리'가 주체로 나서야 한다.

덧대기 2

현대 자본 체제가 엄청난 정보 자료(데이터)를 쏟아냄에 따라 철학(이론)을 우습게 여기는 얼치기들이 많이 늘어났다. "구글이 모아 놓은 거대 자료를 분석하고, 거기서 패턴(유형)을 찾아내면 된다. 자료들을 서로 견주면 되니까 무슨 가설을 세운답시고 꼼지락거릴 것 없다. 인과관계도 따질 것 없고 상관관계만 찾으면 된다. 어쩌고……." 그들은 이제 플라톤이든, 헤겔이든 다 내버려도 된다는 투다. 그런데 그들이 뽐내는 빅 데이터(!)라는 것은 '그냥 알아두는 것'뿐이다. 그리고 철학(이론)이란 그저 실험으로 검증(반증)하는 가설에 불과한 것이 아니다. "세상을 이런 눈길로 보자"라는 근원적인 결단이요, 계산할 수 없는 생각이다. 이미 있는 모든 것들을 '과연 그 말이 맞는가' 하고 늘 캐묻는 일이다. 철학(이론)의 임무는 앞의 얼치기들이 인류 문명의 앞날을 어찌 위태롭게 만들지 두 눈 부릅뜨고 파헤치는 일이다. 뷔토르(프랑스 문학가)는 이렇게 말했다. "유럽이 (근래 들어) 경제위기만이 아니라 정신의 위기도 겪고 있다. 수많은 책이 쏟아지지만 정신이 멈춰 있고, SNS가 무척 활발해졌지만 엄청난 소음(시끄러움)만 만들어낼 뿐이다." 21세기의 인류는 사회적인 좌표를 잃은 채 눈먼 힘(경제권력)에 휘둘려 끊임없이 요동치고 있다.

덧대기 3

당위(윤리)를 존재(경제) 위에 근거 지을 수 없으므로 공리주의는 틀렸다고 했다. 그런데 당위와 존재, 이 둘을 갈라놓기만 해서는 윤리학의 실현을 보장할 수 없다. 칸트도 대안을 내놓지는 못했던 것이다. 객관적 관념론자 회슬레는 당위와 존재가 완전히 갈라서서도 안 되고, 오히려 존재(경제)가 당위(윤리)로부터 생겨나려면 이 둘이 이념적/규범적 영역에 의해 원리 지어진 두 가지라고 가정해야 해결의 길을 찾을 수 있다고 했다. 아무튼 열쇠는 드높은 윤리의식이다.

3 실존주의 철학

유대인 대학살은 유럽이 과연 이성적인
계몽사회인지, 의문에 부치는 끔찍한 사건이다.
하이데거가 유럽 철학에 스며든 '과학기술
만능주의'를 비판한 것은 선견지명이지만
독일 나치당의 정치에 한때나마 기대를
품었던 것은 그의 철학이 허술하다는 뜻이다.

실존주의existentialism 사상은 근대 이성주의 철학이 한계에 맞닥뜨
리면서 생겨났다. 이름난 사상가로 키르케고르(덴마크)와 하이데거(독
일)와 사르트르(프랑스)를 꼽는데, 구체적으로 말하자면 이들이 (독일
관념론 철학의 체계를 완성했다고 칭송받는) 헤겔(1770~1831)의 철학을 거
부하면서 자기들 생각을 가다듬었다는 얘기다. 18~19세기 초에 유럽
의 지식인들 사이에는 이성에 의한 인류의 진보를 믿는 낙관주의가
용솟음쳤다. 시민혁명과 산업혁명을 이뤄낸 감격 덕분이다. 그러나
(세계대전과 인간 소외 같은) 근대화의 어두운 그늘이 차츰 드리워지자,
"이성주의 철학, 그거 맞는 거야?" 하는 의심들이 여기저기 싹튼 것
이다.

하이데거: 현존재가 퇴락해가는 현대

먼저 하이데거부터 살펴보자. 셋 가운데, 유럽 사회에 가장 큰 영
향력을 끼친 학자이기 때문이다(긍정적인 것이든 부정적인 것이든). 그는

1889년 독일 남부의 농촌에서 태어났다. 그 동네는 모두 가톨릭 신자들이 살았고 정치적으로 보수적이었다(반유대주의 감정이 짙었다). 어려서는 가톨릭 신부가 되고 싶었지만 대학에 들어가서 진로를 바꾸었다.

그는 후설의 현상학을 배우고서[93] 『존재와 시간』이라는 책을 펴냈다. 이 제목을 잘 새기자. 그에 따르면 '망치'와 '망치의 존재'는 미세하게나마 다르다. 우리가 손으로 만지는 망치는 존재(있음)가 아니라 존재자(있는 것)이다. 망치의 '존재(있음)'는 우리가 만지거나 볼 수 없다. 존재는 존재자(있는 것)를 움직이는 것이고, 존재자를 통해 나온다.

그는 사람을 현존재Dasein라고 정의한다. '거기에 있음'이라는 뜻이다. 옛 학자들은 사람은 이성적인 동물이라거나, 도구(언어)를 부려 쓸 줄 안다는 식으로, 사람의 속성(특징, 성질)이 뭔지를 주로 살폈다. 이와 달리, 그는 "사람이 (거기에) 어떻게 있지?" 하고 질문을 던지고 그 풀이를 통해 '존재(있음)'라는 것 자체를 탐구했다. 사람은 그저 객관적인 대상이 아니라 존재에 대해 의문을 품는 남다른 존재가 아닌가.[94]

우리는 언제나 자기가 어떤 세계 안에 있음을 발견한다. 현존재로서 사람은 '세계 안의 존재'이고, 내 바깥의 사물들은 도구로 나타난다. 내가 삽이나 망치를 들고 있을 때, 그것들은 단순히 바깥의 사물이 아니라 나와 함께 있고 내가 없으면 아무 뜻이 없다. 사람은 도구를 통해 자기와 남들을 보살핀다. 그런데 우리가 도구에 얽매이고 남들의 간섭에 얽매이게 될 때 우리는 '자기 자신'으로 살아가기 어렵다. 세상

---

93. 개념과 선천적인 것이 직관에 바탕을 두고 있고, 직관intuition으로 검증할 수 있다는 이론. 후설은 세계를 '자아self의 의식' 속에서 드러나는 것으로 이해했다.
94. 그는 현존재의 실존적 근본조건으로서 '죽음을 향해 있음'이란 생각을 다듬을 때 수학자 칸토어(1845~1918)한테 힌트를 얻었다. 칸토어는 무한 집합도 크기가 다를 수 있다며 유한한(끝이 있는) 것과 무한한 것 사이의 대립을 해체하여 '무한의 세속화'를 이뤄냈다.

흐름에 휩쓸려 수다나 떨면서 그저 그런, 보잘것없고 머리 텅 빈 속물로 살아가기 마련이다. 그렇게 도구(수단)의 발달은 사람을 자아(나)의 망각, 곧 존재의 망각으로 이끌었다. 사람들은 일상 흐름 속에서 본래의 나를 잃어버리고 존재를 잊어서 현존재가 퇴락(타락)해간다.

이런 상태에서 벗어날 가능성은 사람들이 불안을 느낀다는 데 있다. 이 감정은 (두려움과 달리) 사람에게만 남달리 있는 것으로, 어떤 구체적인 대상에서 비롯된 게 아니다. 내일 무슨 일이 벌어질지, 언제 죽음이 찾아올지 모른다는 사실이 사람에게 불안을 드리운다. 불안을 초래하는 것은 결국 '시간'이다. 시간이 흐르면 사람은 '없음'으로 돌아가기 마련이다. 사람의 존재(있음)는 시간 속에 있다. 사람은 죽음을 깨달음으로써 자기의 유한한(=끝이 있는) 삶을 뛰어넘고자 한다.

과학기술문명을 날카롭게 비판하다

그의 철학은 유럽의 후배 철학도에게 큰 영향을 끼쳤다. 그의 얘기를 고스란히 받아들이지는 않아도 다들 상당 부분 참고했다. 그런 그의 학문 중에 탁월했던 부분은 19~20세기 과학기술의 발달에 대해 가장 먼저(!) 비판의 눈길로 파헤친 대목이다. 20세기 초는 동서양 어디든 과학과 기술에 대해 감탄하고 찬양하는 사회 분위기에 온통 휩싸여 있던 시절이다. 아인슈타인이 상대성이론을 발표했을 때 동료 물리학자들조차 금세 알아듣지 못했으니 일반인들한테야 그 첨단 물리학 이론이 얼마나 신비스러운 것으로 비쳤겠는가. 기술의 발달은 더말할 것도 없다. 그것에 힘입어 개발된 전쟁무기들을 갖고서 유럽 제국주의가 세계 곳곳을 침략해 식민지를 건설했다. 1908년 최남선이 발표한 신체시 「해海에게서 소년에게」는 서양의 문물이 얼마나 대단한지, 경외(=존경하고 숭배)하는 마음을 한껏 노래했다.[95] 유럽 지배층 가운데 "과학기술의 발달, 문제 있지 않은가?" 하고 한번쯤 의심(반성)해보는 사람을 눈 씻고 찾아볼 수 없던 때다.

그때 사람들은 "과학기술이 발달하다 보니, 문제(부작용)도 쪼끔 생겼겠지." 하고 다들 대수롭지 않게 여겼다. 하지만 그는 이 문제를 큰 눈으로 봤다.[96] 인류 역사는 사람들이 자연을 지배하려고 하지 않았던 (또는 지배할 수 없었던) 시대와 형이상학의 시대, 둘로 나뉜다고 했다. 후자의 시대는 '존재 망각'의 시대로서, 사람 아닌 모든 것들을 대상으로서만 취급했다는 것이다. 그런데 사람들이 자연을 지배하려 하면 할수록 본래의 자기己로부터 멀어진다. 현대 기술의 본질은 사람들을 닦달하는 것이랬다. "사람들이 써먹을 수 있게 자원resources을 몽땅 내놔라!" 자원을 만드는 데는 지식이 필요하고 이때의 지식이 '과학'이다. 기술 먼저, 과학(지식) 나중이다.

> **덧대기**
> 테크놀로지(=기술)는 그리스말 '테크네'에서 왔는데 그 시절에는 '예술', '숙련 기술', '공예'를 뜻했다. (건축에서 웅변에 이르기까지) 사람에게 필요한 무엇을 만들어내는 한 묶음의 작업과정 또는 자기표현의 힘! 그러니까 단순히 '도구(수단)'의 뜻만 들어 있는 게 아니다. 그런데 근대 국가와 자본이 테크놀로지를 움켜쥐게 되자 거기서 예술이 떨어져 나갔다. 인간다움을 잃어버린 테크놀로지는 얼마든지 사람을 짓누르는 데에 악용된다. 가령 값비싼 전쟁무기는 이따금 '쇼'의 형태로 선전되기나 할 뿐, 그 매뉴

---

95. "털썩 털썩 턱쏴아. 때린다 부순다 무너버린다. 나의 큰 힘 아느냐 모르느냐 호통까지 하면서……."
96. 2050년쯤엔 항생제 내성을 띤 슈퍼박테리아가 나와 연 천만 명(전 세계)이 죽을 거라는 예측이 나왔다. '암'으로는 해마다 800만 명이 죽는다. 의학(과학기술문명)의 암흑시대로 되돌아갈 수도 있다.

> 얼(설명서)은 민중으로부터 철저히 은폐된다. 전쟁무기를 개발하고 운영하는 일에 관해 민중이 옳으니 그르니 참견할 자리를 아예 막아버리는 것이다.

　21세기의 우리는 그를 비롯해 여러 학자들이 과학기술의 이모저모를 성찰한 덕분에 (그것에 대해) 비판의 눈을 뜨게 됐다. 예전에는 종교와 과학을 견줄 때면 갈릴레이부터 떠올렸다. "너, 지동설地動說 같은 것을 또 떠들었다가는 혼날 줄 알아!" 하고 종교재판소장이 윽박지르자 갈릴레이가 다소곳이 고개를 숙이고는 볼멘 얼굴로 법정을 나서면서 "그래도 지구는 돌고 있지 않은가." 하고 중얼거렸다는 이야기. 이 일화(예화)만 받아들이면 "기독교를 물리친 덕분에 과학기술이 발달하게 됐다"라는 단순한 결론이 나온다. (사상과 문화에 대한) 교회의 억압에서 벗어나는 게 절실했던 18~19세기에는 그 측면만 눈에 들어왔다. 하지만 근대화가 낳은 여러 부작용을 해결해야 할 필요가 절실해진 지금은 사태(역사)를 더 균형 있게 헤아려야 한다. 유럽 속담에 "더러운 목욕물(부작용)과 함께 (거기서 몸을 씻긴) 아기까지 내버리지 말라"라는 말이 있다. 중세 교회의 억압을 비판하는 것은 옳지만 기독교의 유산을 깡그리 부정해서는 안 된다. 12세기에 로마법을 참고해 만든 교회법은 근대 국가를 운영하는 법 원리의 밑바탕이 됐고, 루터와 칼뱅의 종교개혁이 근대 시민윤리 형성에 이바지한 바도 크다.

　데카르트는 '2+2=4'가 참인 까닭도 그것이 신神의 의지(결심) 덕분이라고 했다.[97] 야릇한 얘기로 들리겠지만 과학이 무엇을 추구하건 그

---

97. 데카르트로부터 홉스, 뉴턴과 아인슈타인까지 큰 타자Big Other로서 신이 떠맡는 역설적인 기능은 자연의 유물론적 메커니즘(기제)을 보증해주는 것이었다.

결론을 신의 의지가 보증해주는 셈이다. "신이 이 세상을 만들었는데 아무렇게나 만들었을 리 없어. 자연은 뭔가 아름다운 수학적인 구조로 돼 있을 거야. 그리고 신의 자손인 우리는 그 비밀을 틀림없이 알아낼 수 있단다!" 왜 근대 자연과학이 딴 곳이 아니라 유럽에서(만) 생겨났는지, 한번쯤 질문을 던질 필요가 있는데 기독교 신학 덕분에 그곳 사람들이 그런 완강한 믿음을 품었기 때문이다.[98]

그런데 기독교 문화는 (기성 신학의 혁신을 통해) 인류 사회의 근대화를 뒷받침한 면도 있지만 그 부정적인 결과에도 연루돼(얽혀) 있다. 구약 성서에는 하나님이 사람들더러 "생육하고 번성하여 이 땅에 충만하라!" 하고 분부한 대목이 나온다. 하나님이 자기를 닮은 사람들을 창조했다고 하는 말은 그 사람이 신神의 권위를 등에 업고 만물을 지배해도 된다는 얘기가 된다. (성서에 따르면) 사람만이 영혼을 지닌 고귀한 존재인 셈이니 다른 생명체들을 아무렇게나 다뤄도 되지 않겠는가. 자연 세계에 대한 앎이 깊어진 20세기 후반에 와서야 "사람뿐만 아니라 여러 동물들한테도 (소박한 수준이긴 해도) 영혼이 있다"라는 앎이 비로소 자리 잡았다.

물론 자연생태계와 조화를 이뤄가면서, 또 사람(노동자)들을 존엄한 사람으로 대접하면서 과학기술의 발달을 꾀하지 못한 '주된' 원인을 성서 탓으로 돌릴 문제는 아니다. 근대 사회가 자본의 축적을 으뜸 원리로 삼아 굴러온 것이 눈앞의 원인이다. 정치 무대에는 주식시장의 피리 소리에 맞춰 춤을 추는 회색 쥐들만 들끓은 결과로 지금의 생태계 위기가 생겨났다. 하지만 과학기술이 거침없이 발달하고 자본이 마

---

98. 외통 장기의 묘수풀이 문제는 실제로 장기를 두는 것보다 쉽다. '반드시 외통수로 몰린다'는 믿음이 큰 정보라서다. '자연에는 반드시 질서(법칙)가 있다'는 이론적인 믿음이 과학(앎)을 낳았다.

음껏 활개 치도록 마당을 깔아준 데에는 기독교의 인간관(→사람만이 영혼을 지녔다)과 유일신 사상(→거룩한 신이 모든 것을 허락했다)이 톡톡히 한몫했다. 하이데거는 이런 유럽 문화의 남다른 사상 형식(=형이상학)을 '존재의 망각'이라는 화두로 풀어냈다.

감성이 섬세한 사람들은 과학기술의 산물(결과)이 산더미처럼 쏟아져 나오는 데 대해 불편한 마음을 감추기 어렵다. 가축들 사이에 무슨 돌림병이 났을 때, 병의 확산을 막으려고 수많은 돼지 떼나 오리 떼를 (일부러) 몰살시키는 광경을 TV 화면으로 만날 때 불현듯 소름이 돋는다. 아니, 현장(축사 앞)에서 그 끔찍한 광경을 쳐다봤다면 위장 속에 곤죽이 되어 들어 있는 것들을 입으로 다 토해냈을 것이다. 더 섬세한 사람은 KTX 고속열차가 들어온 것에 대해서도 한숨짓는다. (서울에서 부산까지) 불과 한 시간 단축한답시고 천문학적인 숫자(20조 원)의 돈을 쏟아부은 것도 어리석고 수상쩍은 노릇이지만(집에서 서울역까지 걸리는 교통시간을 줄여주는 게 더 합리적이다), 여행에 속도를 더 낼수록 여행에서 누리는 멋이 더 파괴되기 때문이다. 주마간산이라지 않았는가. 옛사람들은 마차만 타도 (겉핥기 구경이라) 여행의 멋을 느낄 수 없었다. "아, (자연 속에서) 소박하게 살았던 옛날이 그리워라!" 하는 마음이 절로 일어난다. 독일 시인 노발리스(1772~1801)가 "철학은 잃어버린 고향을 그리는 아픈 마음"이라고 노래했거니와, 이는 '존재 망각'에 대한 하이데거의 만가(輓歌, 죽은 이를 애도하는 노래)를 두고 하는 말이었다. 그러니 그의 심오한(깊은) 이야기가 수많은 지식인들한테 감명을 주었던 것은 전혀 이상하지 않다.

나치 참여는 그의 철학과 연관 있다

그런데 하이데거의 삶의 이력(경력)을 떠올리지 않을 수 없다. 그의 사상이 갖는 또 다른 면을 말해주기 때문이다. 그는 1933년 프라이부르크 대학 총장이 되었음을 알리는 자리에서 학생들한테 '나치에 참여하라'고 연설했다(그 해에 히틀러가 집권했다). 그는 그때부터 2차 세계대전이 끝날 때(1945년)까지 나치당원으로 있었다. 그는 반유대주의의 태도도 뚜렷했다. 전쟁이 끝나고 그는 감옥에 가야 했으나 프랑스 철학자들이 두둔해준 덕분에 가벼운 처벌로 끝났다. 하지만 그는 한갓 '수동적인 구경꾼'에 머물지 않았고(선동 연설), 그의 사상도 파시즘에로 빠질 구석을 품고 있었다.

그의 사상을 쉬운 말로 최대한 압축하면 다음과 같다. "세상 사람들은 다들 존재를 망각하고 비루하게(추레하게) 살아가고 있다. 너는 그러지 마라. 어떤 결단을 내려서 다른 삶을 살아라." 앞의 얘기는 귀담아들을 얘기이지만 그래서 어디로 가라는 것인지는 분명하지 않다. 뒤의 얘기로 갑자기 건너뛴다. 그에게 강의를 들은 한 학생의 일화가 전해 온다.

"선생님 말씀 듣고 그래야겠다(결연해져야겠다)는 생각은 들었는데, 무엇을 위해서 그래야 하는지는 잘 모르겠어요."

그가 말하는 결단은 내용이 없다. 세상이 이러저러하게 굴러가고 있으니 이런 것을 없애고 저런 것을 새로 들여와야 한다는 그런 객관적인 내용이! 그러다 보니 '혹시 나치당이 우리에게 구세주가 돼주지 않을까' 하는 유혹에 빠져들었다. 그때 히틀러를 지지한 수많은 소시민 대중이 그랬듯이. 그는 지금까지의 유럽 철학을 너무 쉽게 부정해버렸다. 플라톤과 기독교에서 배울 바가 '전혀 없다'고 과장된 잣대를 들이댔는데, 이를테면 히틀러나 아시시의 프란체스코(1200년대 초, 프란 치스코회를 창설해 교회 혁신에 나선 사람)나 둘 다 '존재론적인 죄'를 짓기는 마찬가지라는 식이다. 그런 터무니없는 주관주의 존재론으로 말미암아 윤리학이 증발해버렸다.

> **덧대기**
> 그에게 '존재 상실(망각)'이란 실제로는 (독일의) 게르만적인 농촌 공동체를 잃어버린 것을 뜻한다. 자연에 깃들어 소박한 삶을 사는 사람들의 동네! 그 얘기를 대단히 거창하게 높여서 말한 것이지, 인류의 삶의 경험 전반을 두루 헤아린 얘기가 아니다. 그는 자기 철학의 한계를 깨닫고, 詩를 썼어야 한다. 인류가 문명화되면서 잃어버린 (마음의) 고향을 그리는 시를!

앞서, 실존주의는 19세기 이성철학(칸트와 헤겔)에 대한 반발로 생겨났다고 했다. 반발한 것이야 일리가 있지만(교과서에 실린 사상들은 대부분 나름의 절실한 대목이 있어 생겨났다), 대안을 제대로 세웠는지는 의문이다. "왜 객관만 생각하니? 주관도 헤아리자!" 하는 얘기는 절반만 맞다. 그렇게 새로 보강된 주관을 객관과 다시 통합해내야 제가 비판하는 사상을 넘어설 수 있다. 그런데 하이데거의 사상은 그렇지 못했다. 그의 존재론 철학은 '사회를 어떻게 꾸릴지'에 관한 객관적 이론이 없었으니 '혹시 나치당이 그 대안이 아닐까' 하고 헛발을 짚은 것이다. 애당초 '(거기 있는) 사람들이 어떻게 살아가고 있는지' 현존재의 분석을 생각의 출발점으로 삼은 것부터가 빗나간 방향이었다.[99] 과학기술 비판도 허튼 구석이 있었는데, "근대 사회는 (어떤 체제든) 과학기술에 놀아난다는 점에서는 똑같다"라며 막연하게 싸잡아 단죄해서는

---

99. 그의 현존재는 본래 공동존재(민족)이다. "민족이여, 옹졸하게 살지 말고 새 나라를 결단하자!"

구체적으로 앞길을 찾아낼 수 없다. 과학기술(곧 도구적 이성)의 발달에 눈이 멀어버린 사람들을 탓할 수는 있어도 그것이 이성(과학기술) 자체를 몽땅 부정하는 얘기로 확대돼서는 안 된다. 그는 (비슷한 무렵) 아인슈타인이 창안한 상대성이론에 대해 아무 관심이 없었다고 하는데, 그에게 '학문 전체'를 하나로 통합하고 그 근거를 마련해보자는 문제의식이 전혀 없었음을 말해준다. 우리는 '약이 곧 독'으로 바뀔 수도 있다는 것을 여기서 알게 된다. 그는 (주관만 들이파는) 반쪽짜리 학문을 했는데, 어지러운 시대에 그것을 빗나간 사회정치이론(파시즘)과 접목시키는 바람에, 약을 독으로 만들었다. 그는 탁월한 학자로 이름을 떨쳤는데 자신의 그럴싸한 이름을 히틀러(나치당) 어깨 위에 얹어서 그들을 빛내주었다. 그런데 나치당이 역사적인 범죄를 저지른 결과로 독일의 사상과 학문이 점점 가라앉고 있으니 그의 허물도 작지 않다. 독일 사람들이 (지은 죄가 있어서) 세상일에 '옳으니, 그르니' 나서기가 어려워진 사정이 가장 무겁지만, 유대인들한테 죄지은 결과도 만만치 않다. 유럽 문화를 일으키는 데에 유대인 학자들의 공이 무척 큰데(이름난 학자들이 무척 많다), 그들이 다 독일 땅에서 쫓겨나 미국으로 건너갔다. 그 결과로, 독일의 학문은 기울고 미국의 학문이 커갈 바탕이 마련됐다.

사르트르: 실존이 본질에 선행한다

'실존주의!' 하면 사르트르(1905~1980)를 우선 떠올리게 된다. 그가 이 깃발을 열심히 내걸었고, 다른 철학자들은 이 낱말을 별로 입에 올리지 않았기 때문이다. 그는 하이데거보다 10여 년 뒤에 프랑스에서 태어났다. 해군 장교인 아버지를 일찍 여의고 교양 있는 외할아버지(슈바이처 집안)로부터 감화感化를 받으며 자랐다. 국립명문학교인 에콜 노르말을 마치고(프랑스는 평준화 개혁을 할 때도 이 학교를 빼놓을 만큼 엘리트 교육기관으로서 뿌리가 완강한 학교다), 군 복무를 거쳐 교사 노릇을 하다가 소설『구토』, 철학책『존재와 무』를 펴냈다. 1945년, 미국도 소련도 아닌 제3의 길을 찾는 잡지『현대』를 창간해서 실존주의 사상을 알렸다.

그는 하이데거와 달리, 무슨 정치적인 잘못을 저지른 바 없다. 오히려 지식인으로서 진취적인 목소리를 열심히 내서 청년들한테 존경을 받았다. 2차 대전 때는 프랑스를 점령한 독일군에 맞서 레지스탕스(저항) 투쟁에 가담했고, 프랑스의 식민지였던 알제리 민중이 독립전쟁(1954~1964)에 나서자 이를 지지했다. 일제강점기 때에 일본의 좌파 사회운동가들도 조선(한국)의 독립을 응원했지만 제국주의 국가의 시민이 자기 국가를 비판하며 (자기 나라의) 식민지 민중을 응원한다는 것은 용기를 필요로 하는 일이었다. 1960년대에 베트남전쟁(1956~1975, 공식 명칭은 2차 인도차이나전쟁) 반대 운동이 미국과 유럽에서 일어나자 거기도 함께했고, 1968년 유럽 곳곳의 청년들이 68혁명(정치적으로 얻은 것은 별로 없지만 지배문화를 많이 바꿔냈다)을 일으켰을 때도 (멀거니 구경만 한 다른 지식인들과 달리) 앞장서서 격려를 보냈다.[100] 그는 박정희 유신독재 시절(1974) 민청학련 사건으로 김지하 시인이 사형 판결을 받자, 김지하의 장시長詩「5적」(다섯 도둑: 당시 지배층을 풍자한 이야기)을 번역본으로 읽어본 뒤 곧바로 석방 호소문에 서명했다.

---

100. 그때 드골 대통령의 참모들이 그를 (감옥에) 잡아넣자고 건의했는데 "(제2의) 볼테르를 바스티유 감옥에 넣을 수는 없다"라고 드골이 말렸다는 일화가 있다. 그가 받은 사회적 존경을 내비치는 대목.

그의 정치 참여 활동을 이렇게 일일이 소개한 까닭은 그의 사상의 결론이 바로 현실 참여(프랑스 말로 앙가주망engagement)에 있기 때문이다. 같은 실존철학이 이처럼 바람직하게 발휘되기도 했지만 하이데거의 경우처럼 빗나간 정치 활동으로 이어지기도 한 것을 보면 그 사상의 성격이 단순하지 않음을 알겠다.

그의 사상을 최대한 압축하자면 "실존existence이 본질에 앞선다"라는 구호가 된다. 여기서 '실존'과 하이데거의 '현존재(거기 있음)'는 같은 말이다. '연필'과 같은 것들, 곧 도구의 존재는 본질에서 나온다. "그거? 글씨를 쓰게 해주는 것이지!" 하지만 사람은 사물과 달리 "네 본질이 뭐야? 네가 살아가는 목적이 뭐냐?" 하고 따질 수 없다.

사람의 본질이 그 있음(실존)에 앞선다면 어떤 목적이나 원형(첫 모양)이 있어야 한다. 기독교도들은 그것을 신神이라 여겨서 "하나님께서 저더러 이 세상을 밝히는 등불이 되라고 저를 이 세상에 보내셨어요." 하고 말할 수도 있겠다. 하지만 그는 신이 없다는 쪽에서 세상을 바라본다.[101] 사람은 신에 의해 계획되고 그의 모습에 따라 창조된 존재가 아니라, 이 세상에 우연히 던져져서 스스로 자유로운 선택과 결단의 행동을 통하여 자기를 만들어가는 존재라고 여긴다.[102] 사물은 그 자체에 고정돼(붙박여) 있지만 사람은 자기를 바라보는(성찰하는) 존재다. 따라서 자기가 아닌 것, 곧 무無가 된다. 자기가 아무것도 아니므로 자유롭지만, 자유로운 만큼 스스로 책임을 짊어져야 한다. 우리가 남들과 맞닥뜨리면 우리를 (냉정하게) 훑어보는 그 눈길에 움츠러든다. 하지만 남들에게 내 행동을 인정받으려고 함으로써 남들을 내 선택에

---

101. 유신론과 무신론은 무슨 적대관계가 아니다. 세상을 바라보는 방식의 차이일 뿐이다.
102. 칸트가 자유를 의무로 본 것처럼, 그는 사람이 자유라는 형벌에 처해진 '대자對自 존재'란다.

끌어들일 수 있다. 내가 어떤 이성한테 "검은 머리, 파뿌리 되도록 같이 살자!"라고 설득하는 것은 얼마나 어려운 일인가. 하지만 그 설득이 성공해서 둘이 결혼생활에 들어간다면 내 삶이 또 얼마나 크게 달라지겠는가. 정치도 이와 마찬가지로, 우리가 능동적으로 참여하여 현실을 바꿔내는 막중한 과업이다.

그는 주체의 존재론과 관련해서는 실존철학을, 객관세계의 사회사상과 관련해서는 마르크스주의(=자본주의 비판이론)를 받아들였다. 그러나 소련의 스탈린주의에 대해서는 선을 그었다. 실존철학과 마르크스주의가 매끄럽게 결합됐는지, 그의 사상에 허술한 구석이 무엇인지는 좀 더 깊이 들여다봐야 말할 수 있겠다. 하지만 대뜸(직관으로) 알수 있는 것은 그의 철학이 비판적 지식인의 자리매김(사회의 목탁이 되겠다는 다짐)[103] 이상으로 더 폭넓은 사회철학과 정치이론을 구성해낸 것 같지는 않다는 것이다. 그랬더라면 지금의 지식인 사회에서 "사르트르한테 배우자!"라는 입소문을 더 들을 수 있었으리라.

키르케고르: 신 앞에 선 단독자

키르케고르는 일반인들한테 잘 알려져 있지 않은 사상가다. 그래서 그의 삶의 자취부터 잠깐 살핀다. 그는 1813년 코펜하겐(덴마크 수도)의 부잣집에서 태어났다. 신앙심이 깊은 아버지는 한때 세상살이가 힘들어 하나님을 저주했던 것과 결혼도 하기 전에 첫 자식을 만든 것을, 그런 죄를 지었는데도 하나님의 은총을 받은 것(=갑자기 부자가 된 것)

---

103. 사람들을 일깨운다는 불교적 표현. 기독교는 '빛과 소금이 된다'는 표현을 쓴다.

을 견디지 못하고 죄의식에 시달
렸다. 키르케고르도 죄 많은 자기
가 사랑하는 여자의 장래를 망칠
것이 두려워 (일부러 몹쓸 짓을 벌여
서) 약혼을 깨버렸다고 한다. 요즘
의 우리가 보기에 '결벽이 너무 심
하다' 싶기는 하지만, 그런 '결벽'이
거울처럼 요즘의 인류 사회를 되비

구약 성서에 따르면, 하나님이 어느 날 아브라함
한테 아들 이삭을 죽여서 제물로 바치라고 (아무
이유도 없이) 명령했다. 키르케고르는 '실존적인
상황'의 전형적인 경우로서 이러지도, 저러지도
못하는 아브라함의 곤란한 처지를 꼽았다.

춰주기도 한다. "그런 독실한 신앙심 덕분에 옛사람들이 도덕성이 깊
었던 것 아닌가! 요즘 사람들은 그에 비추자면 삶의 모습이 몹시 천박
한(부도덕한) 것 아닌가?"

근대 사회로 들어와서 종교가 갖는 영향력이 급속히 줄어들었다.
정치와 종교를 분리하여, 종교(교회, 절)한테는 사람의 내면 돌보기 과
업만 한정하여 떠맡긴 것 자체야 되돌릴 까닭이 없다. 하지만 종교(교
회)가 요즘 사람들의 내면(영혼)이라도 자상하게 보살피고 있을까? 근
대 사회를 분발케 한 프로테스탄트 윤리는 이미 자취를 많이 감춰버
렸다. 특히 경제성장의 단맛에 도취된 한국 사회에서는 교회도, 아니
교회가 앞장서서 '경제성장 만세!'를 외쳐대지 않았던가? 한국인 가운
데 '경건하다'라는 말을 제대로 알아듣는 사람이 아마 거의 없으리라.
정말로 경건한 사람을 본 적이 없으므로! 가톨릭의 프란치스코 교황
(2013년 즉위)이 '세상의 빛과 소금'이 되기 위해 (세상일에 대해) 열심히
바른 소리를 하는 것도 이렇게 기울어가는 교회를 되살리려는 안간힘
에서일 것이다(그는 세월호 유가족들을 열심히 챙겼는데 한국 가톨릭 지도
자들은 이를 소 닭 보듯 했다).

각설하고, 그의 사상을 살피자. 그의 사람됨 얘기를 했는데 그의 실

존철학을 사람됨(남다른 죄의식)과 곧장 연결해서 읽지는 말아야 한다. 세상 학문을 공부한 결과로 얻은 생각이니까 말이다.

그는 어떤 결단을 내려야 할 처지에 놓인 사람을 떠올려서 '실존(실제로 있음)'을 말한다. "해야 해? 아니면 말아야 해? 이거냐, 아니면 저거냐?" 마차에 두 사람이 타고 있다고 치자. 말고삐를 쥔 사람은 잠들어 있고, 옆의 사람은 깨어 있다면 지금 진짜 마부는 누구일까? 실존적인 상황(처지)에 놓인, 다시 말해 무엇인가 긴급한 결정을 내려야 할 사람은?[104] 그는 구약 성서의 아브라함 이야기를 즐겨 인용했다. 신神이 아브라함에게 '네 아들을 (죽여서) 내게 희생 제물로 바쳐라!' 하고 명령했다. 그래야 할 합리적인 이유라고는 전혀 없다. (까닭 모를) 신의 명령을 따라야 할지, 말아야 할지 큰 고뇌(곤경)에 빠진 아브라함한테는 어떤 (객관적인) 지식도 쓸데없다. 주체의 결심을 돕는 앎(깨달음)만이 간절하다. 그 결정은 누가 대신 내려줄 수 없다. 저 스스로 결정하고, 스스로 (그 결과를) 감당해야 한다. "신 앞에 단독자(저 홀로인 사람)로 선다"라는 것은 이런 절박한 경우를 두고 일컫는다.[105]

그는 사람의 삶(주체적 실존)에는 세 가지 실존 방식 또는 단계가 있다고 했다. 먼저 누구나 쉽게 빠지기 마련인 미적美的인 단계. 그 자신도 젊어서 한때 감각적 쾌락(향락)을 좇아 방탕하게 사느라, 신으로부터 멀어진 적 있다. 다음은 윤리적 단계. 이성reason을 통해 행위 기준을 마련하고 보편적인 윤리에 따라 성실하고 도덕적으로 절제된 삶을 사는 것! 그런데 사람은 감정 없는 기계가 아니라서 스스로 자기를 다스리기 어렵다. 그래서 죄책감으로 절망에 빠지기도 한다. 이런 삶을

104. 아테네 시민들을 일깨우는 '등에'가 되겠다고 다짐한 소크라테스를 떠올리라.
105. 2차 대전 때 미국 정부의 '원자탄 개발계획'에 참여한 물리학자들은 히로시마에 떨어진 원자탄의 끔찍한 위력을 목격하고서 그런 실존적 상황에 빠졌을 것이다. "이 일을 해야 해? 아니면 말아야 해?"

넘어서려면 결단을 통해 신을 섬기고, 믿음을 품는 종교적 단계로 나아가야 한댔다.

그런데 이 얘기를 "교회에 열심히 다녀라." 하는 권고로 읽으면 우습다. 이미 (교회에) 다니는 사람한테는 뻔한(싱거운) 얘기가 될 터이고, 기독교를 믿지 않는 사람은 "뭘 내 신념에 속하는 문제를 네가 강요하느냐?" 하고 역정을 낼 수도 있다. 그런데 그는 겉치레에만 몰두하는 당시의 기독교회를 사정없이 비판한 사람이다. 마음이 열려 있는 불교도나 무신론자는 진짜배기 크리스천한테서 배우는 바가 있다(많다). '단독자로서 신과 맞짱 뜨기'와 '교회 다니기'는 미묘하게 다른 얘기란다.

거지 대장을 따르는 결단의 삶

진실한 크리스천이 된다는 것은 '예수 그리스도를 따르겠다'는 생각을 늘 실천하며 사는 것일 게다. 구체적으로, 사도使徒 베드로와 바울처럼 사는 일이다. 그건 어떤 삶인가? 키르케고르가 '천재天才와 사도(심부름꾼)의 차이'에 대해 글을 썼다. 천재는 '자기 속에 있는 그 이상의 것', 자기의 정신적 실체를 빼어나게 표현해내는 사람인 반면, 신神의 심부름꾼한테는 자기 안에 있는 것(재주, 개성)이 전혀 중요하지 않다. 자기의 삶을 뛰어넘는 어떤 비非개인적인 진리를 증언하는 데에 제 삶을 오롯이 바치는 사람이다. 그가 가방끈(학교 다닌 시간)이 길든 짧든, 재주가 많든 적든 그것은 심부름꾼의 자격을 말해주지 않는다. 그는 오로지 신의 뜻을 전파할 생각만으로 사는데 이를 외교관에 빗댈 수도 있겠다. 외교관이 하는 일은 (그를 불러들인 나라 사람들에게는) 모두 그의 나라에서 보내는 메시지로 읽힌다. 그가 국제회의를 하다 말고 혹시나 재채기를 터뜨린다면 그 별것 아닌(본능에 따른) 행동조차 어떤 정치적 암시로 읽힐 판이니 1년 365일과 하루 24시간 언제나 자기 임무에서 벗어날 수 없다. 이와 비슷하게, 신의 심부름꾼 머리에는 오로지 신의 뜻을 퍼뜨릴 생각만 들어 있고, 그가 꺼내는 말도 그 개인이 하는 말이 아니다.

그러니까 키르케고르가 사람들에게 권한 종교적인 삶이란 이런 광기에 가까운 결단의 삶이다. 예전에 교회에 '미쳐서' 가정을 팽개친 여성들이 가끔 있었다. 또 다른 문제(가정 파탄)를 초래한다는 점에서 선뜻 칭찬해줄 일은 아니로되, 거기 자신의 온전한(의미 있는) 삶을 추구하려는 몸부림이 들어 있다는 것을 놓쳐서는 안 된다. 그 여성들은 실존철학을 몸으로 실천한 셈이다. 키르케고르는 실존철학자(하이데거, 사르트르)와 정신분석학자(프로이트, 라캉) 등에게 큰 영향을 끼쳤다. 이는 진지한 유신론은 진지한 무신론과 통한다는 사실을 말해준다. 마르크스주의는 기독교의 세속화된 판본version이라는 논평도 예부터 꽤 많이 있었다. "사회주의 사상은 (하늘나라 아닌) 하나님나라의 상(像, image)을 더 구체적으로 그려낸 것 아니냐. 자기 개인을 돌보지 않고 사회혁명에 몸 바친 사람들의 삶의 자세가 사도들The Apostles, 곧 예수의 열두 제자의 모습을 닮지 않았느냐. 이를테면 전태일 열사는 '노동자 예수'라고까지 말할 수 있지 않겠느냐!"

키르케고르의 제자들 가운데 내용도 별로 없고, 엉뚱하게 빗나간 쪽으로 자기 삶을 결단한 사람도 있었다(하이데거). 하지만 불교의 격언 중에 "(달을 가리키는) 손가락에 한눈팔지 말고, 달을 쳐다보라!"라는 말이 있다. 손가락이 비뚤어지고 빗나갔다 하여, 거기 달이 없는 것이 아니다. 키르케고르는 사회철학도, 자연철학도 들이파지 않았지만 (사도들의 뒤를 따르라고) 주체적인 삶의 길을 진실 되게 일러주었으니 우리에게 마음의 등불이 될 만하다.

끝으로, 헤겔과의 관련을 짚자. 그는 헤겔 철학의 허물(빈틈)을 대학생 시절에 셸링의 강의를 듣고 알았다. "모든 학문을 하나의 체계로 합친 것은 그럴싸하지만, 거기 주체(실존)가 들어 있지 않구나!" 셸링은 헤겔에게 철학의 영감을 선사하기도 한 친구이지만 헤겔과 생각이 다 같지는 않았다. 포이어바흐와 엥겔스도 그 강의를 같이 들었다. 전자는 "신은 사람의 내적 본성을 바깥에 투사한(되비춘) 것에 불과하다"라며 무신론 쪽으로 나아간 사람이고,[106] 후자는 마르크스를 도와 사회주의 운동에 나선 사람이다. 다들 헤겔 철학과 씨름하며 자기 생각을 발전시켰다는 얘기다. 헤겔이 추상적 개념체계를 세우는 데만 몰두했지, 주체(구체적 인간)를 소홀히 살폈다는 그의 비판은 '대체로' 옳다. 하지만 헤겔은 "실체substance를 주체로서도 파악하겠다"라고 다짐하기도 했다.[107] 헤겔이 학문 체계를 세우는 데만 골몰하다 보니, 주체 문제를 살피기가 힘에 부치기는 했지만 그렇다고 그쪽의 문제의식이 아예 없었던 것은 아니라는 말이다. 헤겔과 키르케고르의 생각을 합친(종합한) 더 보편적인 철학이 나와야 한다.

> 덧대기
> 키르케고르는 기독교에 희극적인(익살스러운) 면이 있다고 했다. 그리스도의 죽음을 맞닥뜨리고서 우리가 덧붙일 수 있는 유일하게 알맞은 각주footnote는 "코미디가 끝났다"라는 것이란다. 성육신incarnation은 고귀한

---

106. 그것은 '신 관념'의 한 면만 살핀 것으로, 그렇다 하여 유신론이 바로 부정되는 것은 아니다.
107. '실체'는 언제나 있고, 없어지지 않는 것. 아리스토텔레스 이래로 유럽 철학의 핵심 화두는 '실체가 무엇일까'라는 질문이었다. 그 이전에는 학자들이 '아르케(물질의 근원)가 뭘까'를 캐물었다.

존재(야훼)가 똥 싸고 오줌 싸는 추레한 사람으로 바뀌는 것이니 이보다 우스꽝스러운 일이 또 어디 있을까. "저기, 거지 대장이 지나간다!"라고 사람들이 돌팔매질을 하는 저 거지가 우주를 창조한 거룩한 신이라고? 예수를 믿지 않은 대다수 사람들한테 예수 숭배는 코미디가 분명하다. 그런데 이 농담을 이해하지 못하고 화(역정)를 내는 사람은 진짜배기 크리스천이 아니다. "아니, 우리 거룩하신 그리스도를 무식하게 비웃는다는 말이냐! 저런, 지옥에 떨어질 놈들!" 그리고 그런 코미디 속에 어떤 거룩한 것이 작동하고 있음을 까맣게 모르는 비非기독교인들도 세상을 모르기는 마찬가지다.

철학 테러리스트 니체

니체는 1844년 독일 동쪽 작센에서 루터교 목사의 아들로 태어났다. 어려서 음악과 문학에 관심이 많았다. 슈트라우스가 쓴 『예수의 생애』를 읽고 신앙과 멀어져서 부모가 상심(낙담)했다. 『의지와 표상으로서의 세계』를 쓴 쇼펜하우어(1788~1860)를 통해 철학을 배우고 바그너(1813~1883)의 음악에 심취했다.

니체는 자신을 '망치를 든 철학자'라 자랑한다. 로마제국이 기독교를 받아들인 이래, 1500년 동안 유럽의 지배문화로 자리 잡았던 기독교 문화를 허물겠다는 것이 그의 목표였다. 그는 『차라투스트라는 이렇게 말했다』라는 책에서 기독교를 '노예의 도덕'이라 비난하고, 신이 죽었다며 우리는 운명을 사랑하고 힘(권력)의지를 발휘하여 자기를 뛰어넘는 초인(超人, 위버멘쉬)이 되자고 부르짖었다.[108]

니체에 대해서는 평가가 몹시 엇갈린다. 막스 베버와 하이데거를 비롯해 20세기 포스트모더니즘(탈근대주의) 사상가들은 그에게서 큰 영향을 받았다. 기성 유럽 문화에 환멸을 느낀 사람들이 듣고 싶은 얘기를 그가 했기 때문이다. "그것이 보편적 진리라고 윽박지르지 마라!" 사회주의 실험의 실패에서 환멸을 느낀 사람들도 거기 가담했다. 하지만 상대주의를 부르짖는 합창이 한참 동안 휩쓴 결과는 바로 사회적인 방향의 상실이다. "(모든 보편적인 것을 다 무너뜨린다면) 앞으로 인류가 어디를 지향해나가자는 거냐?"

새로운 보편의 수립이 절실해진 지금의 눈길로 보자면, 그의 허튼 모습이 너무 뚜렷하게 보인다. 그는 문학가essayist로서는 참 뛰어나다. '신이 죽었다'는 얘기가 (그가 살았던 19세기에) 그렇게 새삼스러운 게 아닌데도 그의 빼어난 선동 덕분에 기독교 신앙의 몰락이 더 빨라졌다.[109] 하지만 철학자로서는 딜레탕트(직업 아닌 취미로 하는 사람)이다. 생각에 일관성이 없어서 횡설수설, 오락가락했는데 이는 학자로서는 치명적인 허물(결함)이다. 이를테면 민족주의나 파시즘 같은 생각을 마뜩찮아 하는 얘기도 했는가 하면(그래서 파시스트라 단정 지을 수는 없다), 그런 쪽을 은근히 펀드는 얘기도 했다. '초인'은 다윈의 진화론을 미래로 연장한 면이 있으니 히틀러가 "그게 우리요!" 하고 나댄 것을 뭐라 나무랄 수 없다. 니체의 주변 사람들(동생, 친구)은 그가 나치당의 선구자라고 버젓이 선전해댔다.

옛것을 무너뜨리기는 쉬워도 새것을 새로 세우는 것은 무척 어렵다. 초인이란 스스로 자기 삶을 예술적으로 가꾸는, 옛 그리스인 같은

108. 차라투스트라는 기원전 6세기에 보편종교를 일으킨 이란의 종교개혁가. 영어로 '조로아스터'다. 선악을 나누는(=윤리를 묻는) 선구적인 유일신 사상! 유대교는 조로아스터교의 영향을 받아 태어났다. 그런데 니체는 이 이름을 패러디(익살스럽게 흉내 내기)했을 뿐이다. 이 책은 신이 죽은 자리에 초인의 새 윤리학을 들여오지만 논증도 없이 아무 얘기나 멋대로 떠드는 싸구려 선전에 불과하다.
109. 기독교의 목적론은 스피노자와 마르크스와 니체에 의해 금이 갔지만 결정적 타격은 다윈 진화론으로부터 왔다. 니체의 '초인' 개념도 진화론의 영향 밑에 태어났다.

인간 모델일 것이다.[110] 그렇게 새삼스러운 얘기가 아니고, 세상이 크게 달라졌는데 우리가 바란다고 해서 우리가 그런 사람됨(또는 문화 규범)으로 쉽게 되돌아갈 수 있는 것도 아니다. 2천년 세월을 유럽 사람들은 신神 관념에 기대어 살았고, 과학의 발달도 신학의 뒷받침 속에서 가능했던 것인데 그 푯대가 무너진 공백을 그런 막연한 희망이 메꿔줄 리 없다.[111] 교회 비판은 쉽게 할 수 있지만 '신 관념 자체를 지워버리자'는 얘기는 신중하게 접근할 필요가 있다. 프랑스대혁명 이후로 인간(이성)에 대한 믿음이 한결 깊어지기는 했다. (1789년과 1948년에 두 차례 나온) '인권선언'은 사람들을 누구나 고귀한 존재로 대접하자는 사회적 결의요, 그런 세상을 만들 수 있다는 믿음이다. 그 믿음이 널리 뿌리내린 사회라면 신 관념을 거지발싸개처럼 내동댕이쳐도 된다. 하지만 세상이 그렇게 성숙하지 않은 시대(19세기)에 기독교를 '노예들의 종교'라고 싸잡아 헐뜯은 것은 잔망스러운(맹랑한) 짓이다.[112] 그는 철학적인 테러리스트였다.

실존 문학: 카프카와 카뮈

실존철학과 잘 어울리는 문학가로 프란츠 카프카(1883~1924)와 카뮈(1913~1960)를 꼽는다. 카프카는 프라하(체코의 수도. 당시는 오스트리아-헝가리 제국의 영토)에서 유대인 상인의 아들로 태어났다. 민족으

---

110. 푸코(1926~1984)도 그리스적인 인간형에서 윤리적 주체 형성의 가능성을 찾았다.
111. 그는 예술을, '도덕(진리 기준)의 부재'를 메꿀 대용품으로 그렇게 높이 떠받들었다.
112. 인류는 오랫동안 신 관념을 품어온 탓에 그 믿음을 쉽게 물리치기 어렵다. "세계는 어디선가 시작됐어야 하니 신이 필요하다"라는 원인 논증(과 설계논증)은 틀린 것이긴 해도 사람들 마음을 잡아끈다.

로서도 소수 민족(유대인)이요, 언어도 체코식 독일어라는 소수 언어를 썼으니 태생胎生이 아웃사이더(국외자)인 셈이다. 프라하의 지배층(독일인)한테는 유대인이라는 이유로, 유대인들한테는 시오니즘(유대인끼리 나라를 세우자는 운동)에 반대한다는 이유로 배척당했다. 그는 보험회사에 다니며 오직 문학에서 구원의 길을 찾았다. 그는 사업(비즈니스)밖에 모르는 어버이 밑에서 외로움을 키웠고, 보험회사원이라는 직업을 겪으며 피도 눈물도 없는 관료조직의 비인간성과 노동자들의 비참한 삶을 생생히 알 수 있었다. 그는 유대교도여서 신과 율법에 관한 생각이 늘 떠나지 않았다. 이런 삶의 자취가 그의 소설 속에 담겨 있다. 『변신』은 주인공 그레고르가 어느 날 갑자기 벌레로 변신한 뒤 집안에서 소동(난리)이 벌어지는 이야기다. 사람이 벌레 취급을 당할 수도 있는 부조리한 세상에 대한 우화allegory다. 『성城』은 측량기사 K가 성(=관료사회)의 부름을 받고 성이 다스리는 한 마을에 왔지만 성에서는 행정 실수인 것 같다며 마을에서 입주할 것을 허가하지 않는다. K는 입주 허가를 얻으려고 갖가지로 애쓰지만 결국 헛되이 죽어간다는 줄거리다. 관료체제가 어떻게 사람을 소외시키는지 생생하게 고발하는 얘기다. 카프카의 작품에 대한 해석 틀은 1) 부재하는 신에 대한 간절한 추구, 2) 소외된 현대 관료주의의 악몽 같은 세계를 무대에 올리기, 3) 정상적인 성관계를 불가능케 하는 오이디푸스 콤플렉스, 셋이 있다.

카프카의 소설 '변신'은 어느 날 갑자기 벌레가 돼버린 사람의 이야기다. 그의 문학은 신이 숨어버린 시대, 악몽 같은 관료주의, 오이디푸스 콤플렉스(=정신적 외상)의 세 가지 해석틀로 조명할 수 있지만 다른 방식의 읽기도 가능하다.

　카뮈는 알제리에서 프랑스계 이민자의 아들로 태어났다. 어머니는 하녀요, 까막눈(문맹)에 귀머거리였다. 청년 카뮈는 유일한 철학문제가 자살, 다시 말해 삶의 의미를 묻는 것이라 여겼다. "왜 우리가 꼭 살아야 하는가?" 그 의미를 찾으려고 공산당에도 참가했다가 뜻이 맞지 않아 그만두고, (독일이 침략해 오자) 레지스탕스에 가담했다. 그가 쓴 소설 『이방인』은 평범한 직장인 뫼르소가 어쩌다 이웃 사람들과 어울리다가 사람(아랍인)을 쏴서 죽이고 형장의 이슬로 사라진다는 줄거리다. 뫼르소가 법정에서 범행 동기를 묻는 질문에 '햇빛이 너무 눈이 부셔서……'라고 대꾸했다 해서 거기서 '세상의 부조리함'을 찾는 독해(읽기)가 많았다. 소설 첫머리에, 어머니가 세상을 떠났는데도 뫼르소가 별로 슬픈 낯빛을 짓지 않는 장면이 나와서 더욱이 '실존의 부조리함'이 무엇을 가리키는지 독자들한테 어렵게 읽혔더랬다. 법원이 사건의 앞뒤를 잘 헤아려서 당연히 가벼운 처벌을 내릴 수도 있었을 사건에 극형(사형)을 때린 것이야말로 세상의 가장 큰 부조리가 아니었을까? 그의 소설 『페스트』는 페스트가 퍼져서 외부로부터 폐쇄된 도시에서 그 재앙에 저마다 다른 방식으로 대처하는 사람들을 그려낸 이야기다. '페스트'를 신이 내린 재앙이라며 신앙심을 품을 것을 설교하는 신부에 대한 비판이 담겨 있다. 시민들이 연대하여solidarize 한계상황에 맞서 싸우자는 메시지다.[113]

---

113. 과학주의(분석철학)와 실존주의는 서로 대립하면서도 보완한다. 전자는 가치에서 자유로운 과학의 분석을 떠맡고, 후자는 삶의 가치들을 위한 주관적(비합리적)으로만 타당한 결단과 관계한다. 둘 다, 가치 물음에 대한 합리적 근거 짓기가 가능하지 않다는 확신을 공유한다. 그러므로 윤리학을 제대로 세우려면 과학주의와 실존주의, 둘 다를 극복해내야 한다.

덧대기

니체의 나쁜 영향을 받아 생겨난 얼치기 문학작품에 헤르만 헤세의 『데미안』이 있다. 전쟁 속에서 새로운 인간성이 태어날 거라는 희망의 메시지를 던지는 얘기인데, 뛰어난 초인이 자기의 운명을 스스로 개척하라는 니체의 엘리트주의를 고스란히 본떴다. 헤세는 1차 세계대전(1914~1918)이 끝날 무렵, 『데미안』을 썼는데 그 전쟁은 자본주의 체제에 조종弔鐘을 울렸지 새 인간의 탄생을 북돋는 것과 전혀 동떨어진 (탐욕과 탐욕이 맞붙은) 전쟁이다. 나(자아)의 세계를 세우느라 성장통(성장의 아픔)을 앓는 세계의 수많은 젊은이들한테 자기 얘기로 그럴싸하게 읽혔는데, 문제는 헤세가 넌지시 일러주는 길이 참으로 수상쩍다는 것이다. 히틀러의 침략전쟁에 끌려 나가야 했던 독일 병사들이 이 소설을 애독했다는데, 총알받이로 내몰린 자기 처지를 긍정적으로 받아들이라는 달콤한 세뇌 방송에 다들 놀아난 것이 아닌가! 어리석게도! 『데미안』은 실존문학이랄 수도 없는 어쭙잖은 소설에 불과하다.

3부
현대가 씨름해야 할 윤리

1 현대 윤리학의 흐름

1) 담론윤리

하버마스(1929~)는 독일 프랑크푸르트학파의 2세대다. 1세대인 호르크하이머(1895~1973)와 아도르노(1903~1969)는 『계몽의 변증법』이라는 책을 함께 써서 근대 계몽사상이 한계(결함)가 있어 나치즘(파시즘)과 같은 어두운 그늘을 초래했다고 비판했다. 근대 유럽 사회의 지배층이 계몽의 이름으로 자연을 함부로 지배(파괴)하고, 다른 사람들을 인종이 다르다는 구실로 억압(학살)한 것에 대한 정면 비판이다. 아도르노는 미국의 문화산업과 싸구려가 판치는 대중문화가 대중을 사회적(문화적) 해방의 길 대신에 눈먼 속물俗物의 길로 이끈다고 비판했다. 그는 현대 사회를 고민하는 진지한 음악으로 쇤베르트의 무조(無調, 으뜸음이 없는) 실험음악을 치켜세웠다. 에리히 프롬(1900~1980)은 프로이트의 정신분석 이론을 적용해서 왜 사람들이 자유로부터 도피하려 하는지를 밝혔다. 그게 대중이 파시즘에 무릎 꿇게 된 심리적인 기반이라고 했다. 그는 『소유냐, 존재냐』라는 책에서 어떤 사람으로 살아갈지를 궁리하기보다 무엇(돈, 권력)을 움켜쥘지에만 골몰하는 현대 사회 풍조도 비판했다. 마르쿠제(1898~1979)도 프로이트 사상을 받아들여 '에로스를 억압하는 사회'를 비판해서 유럽 68혁명의 정신적인 지주支柱가 됐다. 이들 넷은 다들 마르크스주의 이론을 받아들였지만 주로 문화적 변혁에 주목했고, 스탈린주의는 철저하게 반대했다. 다들 유대인으로서 히틀러 밑에서 삶의 위협을 느껴 미국으로 망명을 가야 했다.

하버마스는 이들보다 한참 어리다. 선배들의 이성 중심주의와 계몽(또는 '도구적 이성') 비판을 계승하면서 자기 나름의 '의사소통 윤리학'을 발전시켰다. 그는 헤겔처럼 '절대 이성'을 탐구하기보다 '의사소통 이성'을 살폈다. 그 윤리의 뼈대야 가방끈이 짧은 학생도 얼마든지 생각해낼 수 있다. 우리는 마음속으로 "상대와 내가 서로 평등한 존재"라고 존중해야만 허심탄회하게 대화를 주고받을 수 있다. "누구든 말하고 싶은 사람은 다 말해라. 기꺼이 들어주마!" 이와 달리, 상대가 나를 권위와 힘으로써 억누르려고 한다면 당장 대화가 깨진다. "어린(약한) 놈이 어른(강한 자)한테 꼬박꼬박 말대꾸냐!", "그럼 저는 입 다물고 이 자리를 떠나겠습니다! 잘 먹고 잘 사세요!"

그런데 명심해야 할 규범이 하나 더 있다. 자기 말과 행동에 대해 다들 책임지겠다는 마음가짐이 있어야 그 대화가 의미가 있다. 자기 말에 책임을 진다는 것은 꼭 나중의 실천을 묻는 것만이 아니다. 서로 토론이 붙을 때는 이치에 닿는, 일관된 말을 꺼내야 할 의무가 있다. 이랬다저랬다 하는, 다시 말해 앞의 말을 나중에 뒤집어버리는(=모순율을 깨는) 사람과는 대화를 나눌 의욕이 싹 달아난다. 가장 곤란한 것은 "다들 이렇게 합시다!" 하고 기꺼이 합의를 해놓고는 나 몰라라 하는 것이다. "말을 했으면 그 말대로 실천해야 하는 거 아냐?"

그의 담론윤리학은 18~19세기 같으면 나오기 어려웠다. 그때는 전체 사회에 계급 계층의 격차가 아직 컸기 때문이다. 1848년에야 프랑스에서 노동자계급의 혁명이 처음 터져 나왔고, 그때도 독일이나 다른 유럽은 (미약한 움직임은 있었다 해도) 노동자들이 "우리가 사회의 주인이오!" 하고 대차게 부르짖을 엄두를 내지 못했으니 말이다. 1871년 봄에 영웅적으로 들고 일어난 노동자들의 '파리코뮌'은 잔인하게 짓밟혔다. 하지만 20세기 들어 사회주의 혁명과 두 차례 세계대전을 거치면서 유럽 사회에서는 계급계층의 격차가 크게 줄어들었다. (그 자체로는 미숙한 정치실험에 그쳤다 해도) 사회주의 국가들이 생겨난 덕분에, 다시 말해 혁명이 전파되는 것을 예방하려고 서유럽의 지배계급들이 노동자계급한테 많이 양보를 해서 복지국가(사회국가)의 개념이 들어서게 됐다는 사실을 유념하자. 아무튼 그래서 하버마스가 "사회문제를 토론으로 해결합시다!" 하고 제안할 수 있었다. 그의 윤리학은 정치학과 동전의 양면이다. '대화의 자리를 끝내 지탱하겠다'고 두 계급(계층)이 다짐을 해야 '막판의 합의(절충, 양보)'라도 이끌어낸다. 다 같이 앉아 있는 나뭇가지를 자르면 두 마리 새는 뿔뿔이 날아가야 한다.

합의했다고 진리가 되는 것은 아니다

그의 담론윤리는 참 좋은 얘기다. 소크라테스의 대화술(산파술)을 이어받은 것이기도 하다. 소박한 영역에서는 들어맞는다. "부부(또는 이웃) 사이에 싸움이 벌어졌다고? 멱살 잡지 말고, 차분하게 말로 풀어보라고 그래. 그럼 문제가 풀릴 거야." 그런데 큰 문제와 맞닥뜨리면 치명적인 약점이 드러난다. "다 같이 합의했으면 그것은 옳은 얘기라고? 자, 지금처럼 경제성장을 계속해서 우리 세대가 물질적으로 더 부유해지자고 21세기의 70억 인류가 만장일치로 합의(결의)했다고 치자. 합의해서 끌어냈으니 그 생각을 진리라 여겨도 되는가? 우리끼리 흥

청망청 써버리자는 것은 후손들더러 멸망의 운명을 떠안으라는 것인데?" 물론 하버마스는 바보가 아니어서 "아무렇게나 떠들어도 다 된다는 것은 아니라"라고 토를 달았다. 이상적인 토론(의사소통) 상황에서 제대로 된 방식으로 도달된 합의만을 뜻있는 합의로 삼자는 것이다. 제정신 갖춘 사람들이 이치를 따져가며 토론한다면 그런 비뚤어진 합의는 나오지 않을 거라고 그는 믿겠지. 혼자서는 어리석은 생각을 품을 수 있어도 여럿이 토론하면 이성적인 쪽으로 생각이 모아질 거란다. '나'는 바보라도 '우리'는 현명하다(→ 상호주관적 합리성)! 물론 '대체로'는 그럴지 모른다. 하지만 히틀러를 떠올려라. 유럽의 선진 문화를 자랑하던 독일에서 유대인 학살의 비극이 벌어졌다. 사람들이 비합리적인 충동에 휘둘리는 것을 토론 절차 몇 개 따지는 것으로 다 막아낼 수는 없다. 공리주의(=사람들이 좋다고 여기면 옳은 것이 된다는 생각)가 원론부터 구멍을 안고 있는 것처럼 그의 담론윤리(=합의했으면 옳은 것이라는 생각)도 구멍을 안고서 출발한 윤리학이다. 따지기로 하면 따질 것이 많다. 유럽 안에서야 서로 나라끼리 동질성이 크니까 점잖은 토론이 가능하겠지만 유럽과 아시아, 아니 유럽과 아프리카 사이에 '이상적인 토론 상황'이 갖춰질 수 있겠는가.

그는 세상 돌아가는 것에 대해 진보(좌파)의 편에서 옳은 참견을 많이 했는데(가령 1970년대에 박정희가 한국의 지식인들을 탄압하는 것에 대해 항의했다), 빗나간 참견도 있었다. 서유럽 바깥의 힘없는 나라들에 대해 진지하게 존중하지 않아서 탈이 난 경우다. 그의 '담론 정치학'은 서유럽 안에서만 통했으니 학문의 진취성이 좀 미약했다는 얘기다. 윤리학은 "토론 잘하고 거기서 합의된 것을 따릅시다!" 하는 얘기(=의사소통적 이성)만으로 성립될 수는 없는데 그의 윤리학에는 규범(근거 짓기)을 따지는 대목이 비어 있고, 이는 그가 20세기의 후기 자본주의가 내포하고 있는 갖가지 타락한 모습들(가령 아도르노가 꾸짖은 문화적 타락)을 변변히 파헤치지 못한 무기력함과 무관한 것이 아니다.

거꾸로, 두둔도 해주자. 사회학은 에밀 뒤르켐(1858~1917)과 파레토(1848~1923), 막스 베버(1864~1920) 이래로 가치중립성의 길을 걸어왔다. 1960년에는 아도르노와 (비판적 합리주의를 부르짖은) 칼 포퍼 사이에 실증주의 논쟁이 벌어지기도 했다.[114] 학자가 가치(정치) 중립의 태도를 취하는 것이 현명할 때도 있다. 막스 베버는 대학생들이 대학교수한테 "어느 정치세력을 지지하느냐?" 하고 물어올 때는 '노코멘트(논평 회피)'를 하는 게 좋다고 말했다. 하지만 현실에서 어떤 정치를 지향하느냐에 대해 사회학 자체가 대답을 회피한다면 결국 그 사회학은 지배세력을 돕는 쪽으로 귀결된다. 하버마스는 사회학에 (민중의 해방을 돕는 것이 옳은 사회학이라는) 규범적 판단을 들여와 실증주의를 물리치는 데 큰 구실을 했다. 그가 담론윤리에 매달린 까닭도 그가 내다본 세상 구도構圖와 관련이 있다. 현대 사회는 체계(곧 자본경제와 관료행정)와 생활세계(민중의 의사소통)가 대립한다. 민중의 의사소통이 활발해져야 체계가 생활세계를 식민지로 삼는 것을 막아낼 수 있다고 그는 생각했다. 이런 생각이 그리 강력하게 '비판적인 힘'을 발휘한 것 같지는 않으나[115] 아무튼 그의 담론윤리는 현실 정치학에 대한 관심에서 비롯된 것이다.

114. 아도르노는 포퍼가 여전히 사회과학의 가치중립을 말하는 점에서 옛 실증주의와 다를 바 없다고 비판했다. 실증주의는 아직 실현되지 않은 이성적인 생각(이념)은 (눈앞에 있는 것이 아니라서) 과학적인 앎에 속하지 않는다고 부정했다. 관찰자가 세상과 멀찍이 떨어져서 '객관적인 것'을 알아낼 수 있다고 믿는다. 그들과 정치 얘기를 해보라. '지금 있는 것들'을 두둔하는 한가로운 구경꾼들이다.
115. '생활세계'는 '체계'와 뚜렷이 구분되지 않는다. 미래 세대에 대한 책임도 거기 들어 있지 않다.

현대는 인터넷 커뮤니케이션이 세계적으로 발달했는데 과연 '이상적인 토론(소통) 상황'으로 큼지막하게 나아간 것일까? 그런 것 같지는 않다. 온라인 소통은 말로만 나누는 것이다. 사람이 눈앞의 상대한테는 도덕규범이나 체면 때문에라도 함부로 굴지 못하지만 상대의 눈빛도 쳐다보지 않고 말로만 떠드는 온라인 소통에서는 공감보다는 제 기분풀이가 더 앞선다. 악성 댓글로 상처받는 수많은 사람들을 생각해보라. 담론윤리학이 나아갈 길은 무척 멀다.

2) 덕과 배려

아리스토텔레스의 덕(중용) 이론은 근대 초기에 이르러 빛을 잃었다. 그러다가 의무론과 공리주의에 불만을 품은 매킨타이어(1929~) 등이 다시 덕 윤리를 들고 나왔다. 여기서 생각거리를 찾아내자. 왜 아리스토텔레스 이론은 (근대에 와서) 빛을 잃었을까? 그의 윤리 이론은 그리스의 '폴리스'를 전제로 한다. 이것, 폴리스는 귀족이 더 끗발을 누리느니, 민중이 발언권을 가져야 하느니 말이 많기는 하지만 기본적으로는 충성을 보낼 가치가 있는 곳이다. 그는 지금의 사회를 잘 건사하기 위해 그 구성원들이 어떤 인품을 닦아야 하는지를 따졌다. 그러나 시민혁명을 이뤄내기에 바쁜 근대인들한테는 새로 달라진 세상을 지탱해줄 새로운 윤리학이 필요하다. '자유롭게 살라'는 지상명령을 받들든가(칸트), '더 많은 사람들 의견이 최고'라든가(공리주의), 아무튼 중세中世와는 전혀 다른 도덕이 필요했지, 지금의 사회를 지켜내자는 보수적인 도덕이 필요하지 않았다.

아리스토텔레스는 '좋은 관습(=에토스)이 좋은 성격(=에토스)'이라고 했다. 윤리는 사람의 본성에 있단다. 그가 '사람은 폴리스적인 동물'이랬는데 여기서 '폴리스적'은 '정치적'보다 '공동체적'이라는 번역이 더 정확하다. 중용(균형 잡기, 자아실현)은 자기를 앎으로써만 가능하다. 그런데 그가 '다들 자기의 본성을 살펴보라'고 말한 반면, 기독교는 '사람은 악하고, 신의 의지에 따를 때만 구원받을 수 있다'고 전혀 다른 세계관을 내세웠다. 그가 현대에 날아온다면 '현대인들이 인간의 본성을 부인한다'고 탄식할 것이다. 현대의 변화가 더 넓은 사회 진화로 인한 정체성의 변화이고, 그래서 고대古代와는 다른 규범과 가치가 정체성을 이룬다는 사실을 이해하지 못할 것이다.

왜 매킨타이어는 덕을 내세웠나?[116] 공리주의(곧 자유주의)에 대한 반발에서다. 그는 공동체주의자다. 왜? 사람들을 죄다 고독한 외톨이(!)로 만드는 근대 사회에 지쳤기 때문이다.[117] "나는 누군가의 아들이거나 딸이요, 이 도시나 저 도시의 시민이다. 누구나 어떤 사회적 정체성을 지닌 사람으로 자기를 이해하는 서사적narrative 존재다. 내 가족(도시, 민족, 나라)의 과거로부터 여러 유산과 의무를 물려받는데 이것이 도덕의 출발점이다."

그의 덕 윤리는 고스란히 옳은가? 자유주의의 허점을 채워주는 것만큼은 옳다. "저렇게 저 하나, 잘난 줄만 아는 놈들! 사람이 문제야! 인격 됨됨이부터 갖춰야지." 자본이 판치는 세상에서 소외된 사람들

---

116. 그의 비판을 들어보자. "한 사회가 12명인데 10명이 가학성 변태성욕자이고, 그들이 나머지 2명을 고문하면서 쾌락을 느낀다면? 공리주의자들은 2명이 고문을 당해 마땅하다고 말할 거다."
117. SNS 인터넷엔 가짜 소통만 있다. 외로운(정에 굶주린) 사람들이 남들한테 관심을 애걸(구걸)한다. 스마트폰에만 눈길 쏟는 '좀비'는 몸의 생명력마저 잃고 심지어 교통사고로 몸이 절단 나기도 한다.

(특히 시골의 가난한 사람들)을 달래주는 면에서는 자유주의보다 낫다. "공동선共同善이 중요해요!"

덕 윤리는 자유주의를 꾸짖는다

하지만 보편적인 윤리학이라 추어주기에는 너무 옹색하다. 인류 문명 전체의 앞날을 내다보는 눈길이 없다. 어떤 공동체를 세우자는 것인지, 미래에 대한 전망이 뚜렷하지 않다. 무엇이 바람직한 '덕'인지, 저마다 생각이 다를 수 있다는 것도 덕 이론의 약점이다.

교과서는 자유주의와 공동체주의의 대립 구도를 알려주는 데에 지면을 많이 쓰는데, 본래 이 대립은 민주당(자유주의)과 공화당(공동체주의 또는 공화주의)만이 정치를 독점했던 미국의 정치 현실을 반영하는 것이다.[118] 노동당(영국)이나 사회민주당(프랑스, 독일)이 한몫했

2015~2016 미국 민주당의 대통령 후보 경선에서 사회주의자 샌더스가 한때 커다란 지지를 받았다. '자유주의↔공동체주의'의 오랜 대립 구도가 바뀔 수도 있는 작은 가능성이 열렸다.

던 유럽과 달리, 미국은 '자본주의를 급진적으로 고쳐보자'는 정치의식이 널리 퍼지지 못했다. 공동체주의 중에는 사회개혁의 강렬한 뜻을 품은 이론도 있지만(매킨타이어가 그 축에 속한다), 그렇더라도 현실을 넘어설 비전이 뚜렷하지 않다.

---

118. 그렇다고 공동체주의자들이 모두 공화당을 지지하는 것은 아니다. 한편, 2016년의 대통령 선거는 미국 정치가 '자유주의/공동체주의' 구도를 벗어날 작은 조짐을 보여줬다. 민주사회주의자 샌더스가 민주당 내 경선에서 돌풍을 일으켰던 것! 공화당에선 '막말 선동꾼' 트럼프가 히스패닉(남미계 이민자)을 내쫓자고 떠들어 가난한 백인들의 인기를 끌었다. 그의 유세장마다 반대 시위가 일어났다. 아무튼 이런 풍경은 미국 민중이 두 정당 모두에 대해 얼마나 분노(실망)하고 있는지를 알려준다.

미국의 현실이 어떠하기에 공동체주의 사상이 줄곧 꽃피는 것일까. 사회학자 퍼트넘이 『나 홀로 볼링』이란 책에서 밝히기를, 1980~1990년 대에 미국에서 볼링을 치는 인구가 10%가 늘었는데 서로 어울려 노는 '리그 볼링'은 오히려 40%나 줄었단다. 스포츠뿐일까. 미국의 이른바 '사회적 자본'은 1960년대에 꼭대기에 다다른 뒤 줄곧 내리막길을 걸었다. 사회적 자본은 '사회적 네트워크', '공동체'를 총괄하는 개념으로 확대 가족(가족+친족), 교회의 주일학교, 통근열차 안에서 포커를 치는 회원들, 인터넷 채팅 그룹, 직업 관련 인물들과의 네트워크를 두루 합친 것이다. 19세기 초 프랑스의 사상가 토크빌이 미국을 두루 살피고서 미국인들의 '공동체 정신'에 매혹된 적 있다. 그는 미국인들이 서로를 이용해먹겠다는 유혹에 넘어가지 않고 얼마나 자기 이웃을 배려하는지 목격하고서 놀라워했단다. 그 시절과 견주자면 지금의 미국은 상전벽해桑田碧海다! 뽕나무밭이 허허로운 푸른 바다로 바뀌었다. 공동체주의는 흘러간 옛날을 그리워하는 메아리 없는 연가戀歌다.[119]

배려하는 여성한테서 배워야 할 것

길리건(1936~)과 나딩스(1929~)는 '배려 윤리'를 말한 페미니스트다. 길리건은 정의正義가 남성의 목소리를 대변하는 것으로 도덕성에 대한 편견이며, 도덕성의 다른 목소리, 곧 배려(정서적인 돌봄이나 보살핌의 능력)에도 귀를 기울여야 한다고 했으며, 나딩스는 배려의 전형적인 모습을 여성적인 수용성, 관계성, 응답성에 근거한 모성적(자연적)

---

119. 일본과 한국은 폐허가 돼가는 시골이 수두룩하다. 또 '(익명의 고립된 도시에서) 혼자 밥 먹는 외톨이'가 세계 곳곳에 늘어났다. 한국은 1인 가구가 500만 명(=전체 가구의 4분의 1)이요 머지않아 3분의 1로 늘어날 것이다. 지아 장커의 영화 「still life」는 싼샤 댐 건설 현장을 배경으로 자본주의 물결 속에 뿔뿔이 고립된 중국 민중의 외로움을 절절하게 나타냈다.

배려에서 찾았다.

그들의 이론은 "남자들의 도덕이 따로 있고, 여자들의 도덕이 따로 있다는 말이냐?"라는 반론을 대뜸 불러일으킨다. 그들의 생각을 단순하게 밀고 나가면 "어떤 이론이든 상대적인 것"이라는 결론으로도 이어진다. '모든 것을 의심하라'는 지적知的 풍조trend가 크게 일어났던 20세기 후반에 페미니스트들이 위와 같이 급진적인 목소리를 던졌거니와 자연과학에 대해 '남성들의 편견으로 물들어 있다'로 비판하는 주장이 나온 것도 같은 맥락이다. 파이어벤트(1924~1994)는 "현대물리학과 점성술, 어느 쪽이 더 나은 학문이라 말하기 어렵다"라는 극단적인 주장까지 펼쳤는데 아무튼 배려 윤리는 이런 쟁점(난점)을 안고 있다.

누군가를 보살핀다는 것은 그에 대해 부담감(염려, 걱정)을 느끼고, 깊은 관심을 품으며 (늙으신 부모에 대해서처럼) 책임을 떠맡는 것을 말한다. 얼핏 보면 경험주의적 윤리학이 말하는 '감정의 윤리'와 그리 다르지 않고,[120] 사람이 어떤 품성(사람됨)을 갖출 것을 권고하는 점에서 유교 윤리나 덕 윤리와도 비슷하지만 이렇듯 여성이 자식이나 부모를 보살피는 경우로부터 윤리를 끌어낸 점이 남다르다. 이 윤리는 의사와 환자, 선생과 학생 같은 (불평등한) 인간관계의 맥락으로 넓혀질 수 있고, 더 크게는 우리가 이 세계에서 잘 살아갈 수 있도록 세계(환경) 전체를 보살피는 활동에도 적용할 수 있다. 남(들)과 어떤 관계를 맺어야 하느냐를 묻는 점에서 '실존적인 만남'을 추구하는 실존철학과도 문제의식이 통한다. 이 윤리는 여성의 삶의 경험에서 건져 올린 윤리이긴 해도, 남녀 모두의 보편적인 윤리가 될 수 있다. 여성적인 특징이란 원래 생물학적인 차이에서 비롯된 것이라기보다 남녀의 노동 역할의 차

---

120. 흄(1711~1776)은 선악의 구별이 이성에서가 아니라 도덕감(공감, 인류애)에서 비롯된다고 봤다.

이에서 비롯된 (습관적인) 것이니 양성평등의 문화를 가꾼다면 사람들 모두의 인성人性이 된다.

그런데 보살핌의 윤리는 보살피는 사람과 보살핌을 받는 사람의 순환(보살핌→응답)을 전제하므로 조건 없는 사랑인 아가페에 견줘서는 제한된 사랑이다. 낯선 사람들한테 대해서는 보살핌의 실천이 적용되기 어렵다. 또 보살핌을 받는 존재는 자칫하면 보살피는 존재한테 의존하는 나약한 존재로 머물기 쉽고, 보살피는 사람은 무조건적인 헌신을 베풀라는 권고를 받을 수도 있다. 이를테면 학대받는 아내가 남편 곁을 떠나려 할 경우, "(남편과의 관계를 개선해서) 그의 곁에 남으라." 하고 요구할 수 있겠는가?

3) 책임윤리

이에 대한 탐구는 막스 베버가 처음 시작했다. 그는 독일 자유당의 돈 많고 영향력 있는 정치인의 아들로 태어났다.[121] 어려서부터 아버지를 통해 세상(또는 지배층 동네)을 알았다는 얘기다. 그는 대학에서 사회문제(농업경제, 이민노동자 등)의 해결을 돕는 사회과학자의 길을 닦는 한편 정치에도 참여해 사회민주주의자와 자유주의자의 연합정당을 추진하기도 했다.[122] 『개신교 윤리와 자본주의 정신』은 그의 가장 이름난 책이다. 그는 개념이 정교하고, 고전古典에 통달했으며 사회정치적 관심이 깊어 사회학의 큰 봉우리를 이루었다. 베르사유조약(1차

---

121. 유럽 어디든 보수당과 자유당, 둘이 먼저 생기고 나중에 노동자 정당(사회민주당, 노동당)이 생겼다.
122. 자유주의자들이 사민주의의 혁명 이념을 두려워하여 그 연합은 실패했다.

세계대전을 마무리 지은 1919년의 평화협정)을 마련하고 바이마르공화국(1919~1933)의 헌법을 구상하는 데에도 한몫 거들었다.

그는 대학교수들의 마음가짐과 관련해, '가치중립' 문제를 꺼냈다. 교수가 자기 개인의 정치적 신념을 학생들한테 일방적으로 쏟아붓는 주입식 교육을 반대한다는 뜻이다. 교수는 여러 학문을 객관적 시각에서 설명해주고, 학생들이 어떤 관점을 선택할지는 그들이 나중에 숙고할 일이란다. 그 시절에는 이 얘기가 절실했던 것이 대다수 교수가 강의 시간에도 황제 찬양에 열을 올리는 어용 교수였기 때문이다.

그런데 이것은 단순히 '학생들 앞에서의 중립' 문제로 끝나지 않는다. 이는 기독교(독일 개신교)가 무너지고 가치관이 혼란 상태에 빠져 있었던 당시의 시대 배경과도 관련이 있기 때문이다. 그는 (거역하기 어려운) 근대화의 결과에 대해 다소 우울하게 읽었다. 중세의 마법(주술) 세계로부터 벗어난 결과는 어느 것이 더 낫다 하기 어려운 여러 가치들의 공존(다신론)이라고 했다. 이런 생각은 그가 니체한테서 깊은(나쁜) 영향을 받았던 사실과 무관하지 않다. 니체는 기성existing 기독교를 무너뜨리는 데는 유능했지만 새로 내세운 것이라고는 '초인超人'이라는 허깨비 간판 하나였던 것이다. 베버의 생각대로 사회과학 자체는 '가치중립'에 따라 이론을 만들 수도 있다고 치자. 하지만 모든 학문이 다 '가치중립'이라면 사람들은 어디 가서 규범과 방향을 찾는다는 말인가. (학문의 주류 세력이 내놓은 실증주의를 비롯해) 현대의 여러 사상이 규범적 기초(윤리학적 근거)도 없이 앎의 건축물을 쌓아 올린 결과가 무엇인가? 학자들이 저마다 제 울타리 안에서 옹졸한 앎만 들이팠을 뿐, 파시즘 통치와 자본가들의 계급독재에 맞서 진실을 부르짖는 학자들이 많지 않았다는 사실이다. 학자들이 예민한 정치경제 문제에 대해서는 어디서 판단의 근거를 구했을까? 대중의 흐름(여론)에서! 대중이 "히틀러가 좋아요!" 하면 그러려니 하고 그 꽁무니를 따라갔다. 앞길을 개척하는 선두에 서야 할 작자들이! 그들의 학문이 날카롭게 갈등하는 눈앞의 사회 현실과 한참 동떨어져 있었기 때문이다.

그는 정치가들한테 심정윤리와 책임윤리를 (변증법적으로) 결합시킬 것을 주문했다. 심정윤리란 제가 품은 신념(가치)에서 우러난 심정心情대로 실천하려는 태도다. 이와 달리, 책임윤리는 그런 신념(심정)을 현실에서 떠맡아 만들어내야 할 책무duty다. 이 둘은 이율배반의 구조로 얽혀 있다. 신념과 달리 다른 정치세력과 타협(절충)할 때도 있어서다. 그도 마키아벨리처럼 정치를 권력 게임(악마의 힘이 작용하는 곳)으로 봤고 지도자의 카리스마(뛰어난 통솔) 같은 지도력을 강조했다.

심정윤리(→ 동기설)는 행위의 결과보다 선의지(善意志, 착한 마음씨)를 중시하는 데 견주어, 책임윤리는 예견할 수 있는 결과에 대해 책임을 묻는 것을 더 중시한다. 수단이 목적과 어긋나지는 않았는지, 생각지도 않은 곁가지 결과가 튀어나온 것은 아닌지 따위도 저울질해야 한다. 정치가한테는 특히 이 윤리가 긴요하다.

20세기는 인류의 '책임'을 묻는 시대다

그런데 베버가 '책임윤리'를 처음 궁리하기는 했지만 겨냥한 주체는 지도자(엘리트)에 한정됐다. 이와 달리 20세기 들어서는 여러 학자들이 그 주체와 대상을 한껏 넓혔다. 민중 모두에게 윤리를 묻는 쪽으로, 인류 전체와 생명체(자연) 전체에 대해 책임을 짊어지는 쪽으로! 아시다시피 대량파괴 대량살상의 끔찍한 세계전쟁이 두 차례나 일어났고, 생태계 파괴의 그늘이 너무 깊어져서다. 19세기까지는 사람들한테 (종교적) 죄와 (도덕적) 의무를 주로 물었다면 20세기는 인류 사회를 어느 쪽으로 굴려갈 것인지 그 (사회정치적) 책임을 묻는 것이다. 시민혁명 때는 권리에 대한 주장이, 자본주의의 그늘이 깊어진 19세기에는 정의(분배)에 대한 외침이 컸다면 인류 멸망의 위기에 맞닥뜨린 20세기에는 사람들의 '책임'을 묻는 학문적인 성찰이 늘어났다.

먼저 슈바이처(1875~1965)를 보자. 그는 오르간 연주자요, 루터교 목사요, 철학자였다. 옛날에 나온 위인전에는 그가 부잣집 아들로 자라다가 이웃의 가난한 소년들과 맞닥뜨리고서 세상을 깨닫고 어려운 이웃을 돕기로 마음을 냈다고 적혀 있는데 실은 그의 아버지도 목사로서 빠듯한 살림을 꾸렸다. 과부(홀어미)가 과부 설움을 알고, 가난을 겪어본 사람이 가난한 이웃의 어려움을 더 잘 아는 법이다. 그는 아버지한테서 아프리카 민중에 대한 동정심을 배웠고, 이웃의 착한 유대인과 사귀고서 '반유대주의'를 반대하겠다고 결심했다. 그는 뒤늦게 의학 공부를 시작해서 마흔 가까운 나이에 아프리카로 들어갔다. 지금의 가봉 공화국(아프리카 서쪽 바닷가, 적도 근처)에 병원을 지었다.

슈바이처는 사람을 '살려고 하는 생명들 가운데서 살려고 하는 생명'이라고 정의했다. 사람의 윤리는 '살아 있는 모든 것에 대해 무한하게 넓혀진 책임'이라는 것이다. 사람의 목숨만 귀중한 게 아니고 생명체 모두가 소중하다.

그런데 당장 딜레마에 부딪친다. 어느 생명체든 자기를 유지하고 보존하려면 다른 생명체를 해칠 수밖에 없어서다. 그가 이렇게 말했다.

내 존재의 유지(필연적인 것)와 다른 존재의 죽음이나 피해(윤리적인 것)를 어정쩡하게 상대적인 윤리로 절충하지(얼버무리지) 마라. 내가 전자를 선택한다면 생명을 훼손함으로써 '책임'이 생긴다는 것을 인정하자.

갓난아기를 대하듯 지구별과 마주하라[123]

요나스(1903~1993)는 독일에서 유대교도의 아들로 태어나 후설(현상학자)과 하이데거한테 배웠다. 1980년대에 펴낸 그의 책 『책임의 원리: 기술문명을 위한 윤리학의 시도』가 철학서로서는 드물게 널리 읽힌 것은 21세기에 몹시 중요해진 주제를 파헤쳤기 때문이다.

요즘 우리는 '지구 사진'을 무덤덤하게 보겠지만 우주선에서 처음 지구를 바라본 사람은 감격했을 것이다. 요나스는 갓난아기를 바라보는 부모가 무한한 책임을 느끼듯이, 우리도 (지구별에 대해) 그런 거룩한 책임감을 품자고 호소한다.

그런데 그 책은 (그가 오랫동안 눌러산) 미국보다 독일에서 더 큰 공감을 얻었다. 현대 산업국가 가운데 환경문제를 가장 능동적으로 받아안는 국가는 독일이다.

그는 현대 과학기술에 대해 이렇게 설명한다. 첫째, 결과가 뚜렷하지 않다. 그것이 옳은 데 쓰인다 해도 나쁘게 쓰일 수 있는 위력을 동시에 갖게 된다. 둘째, 한번 개발바람이 일어나면 '계속 개발하자'는 요구를 걷잡을 수 없다. 셋째, 그 영향이 너무 크다. 지구촌 전체에, 두고두고 후손한테까지 미친다. 그러니 인간과 자연의 관계, 인간과 과학기술의 관계를 근본적으로 헤아리고 책임을 묻는 윤리학이 필요하단다.

그런데 '책임지겠다'는 생각은 어디서 생겨날 수 있는가? 전통 기독교는 윤리의 근거를 창조주 하나님 신앙에서 찾았고, 칸트는 의무와 도덕률을 떠올릴 때 경외하는(우러르는) 마음이 생겨났다. 이와 달리 요나스는 우리가 객관세계를 순수하게 직관할 때 그런 마음을 품

---

123. '후손 걱정'이 무척 중요해졌다. 그런데 늙은 사람들이 똘똘 뭉친 일본 지배층은 청년들의 앞길은 거들떠보지도 않고, 노인들만 챙기고 있단다. 한국 지배층도 일본한테 못된 것을 배울까 봐 걱정이다.

게 된다고 했다. 여기 갓 태어난 아기를 보라! '우리가 그를 돌봐야 한다'는 의무감이 절로 일어나지 않는가. 지금 송두리째 무너져 내리고 있는 자연세계를 마치 신생아를 대하듯이 마주하라는 것이다. 우리가 아기에 대해서 그러하듯이 자연에 대해서도 염려와 두려움의 마음을 거두지 마라! 그는 칸트를 본떠서 다음의 준칙을 세웠다.

너의 행동의 영향이 지구 위에서 살아가는 사람들의 삶의 영원함과 조화를 이루도록 행동하라![124]

요나스한테는 생명이 데카르트의 이원론을 극복해낼 장소라는 점에서 막중하게 다가왔다. 생명체야말로 물질이자 정신인 것 아닌가! 생명을 중심에 놓고 헤아리면 유물론/관념론이 저마다 갖고 있는 선입견들이 훤히 보인다.

기독교 초월 신앙과 데카르트의 이원론은 물질(육체) 따로, 정신(영혼) 따로라고 못 박았더랬지요. 아이러니하게도 진화론에서 유물론적인 앎이 깊어진 뒤로, 오히려 생명에 (데카르트가 그로부터 앗아간) 존엄이 더 부여됐습니다. 영혼의 나라는 이제 사람만이 아니라 생명의 나라 전체로 넓어졌어요. 물론 생명 형식에는 (고등↔하등의) 위계질서가 있지만요."

124. 러브룩은 인류가 지구에 저지른 짓들을 가리켜 "두뇌가 가장 중요한 신체기관이므로 두뇌는 간이나 쓸개를 (제 맘대로) 채굴할 수 있다고 선포한 것과 같다"라고 했다. 그는 지구를 하나의 유기체로 여기는 가이아(→땅의 여신) 이론을 세웠다. 2005년에 나온 '새 1000년 생태계 평가' 자료에 따르면 지구의 자연 자본이 거의 부도(파산) 상태에 이르렀다. 데카르트 이래로 굳어진 "사람(정신) 따로, 자연(물질) 따로"의 완강한 신화를 깨고, 자본 축적의 눈먼 운동(충동)에 제동을 걸어야 한다.

인류의 자기 파괴에 대한 그의 비상경보는 무척 강렬하다.

저의 신은 죽음의 신이 아니라 생명의 신입니다. 하지만 생명은 시간적인, 유한有限한 것이지요. 그래서 우리의 존재론은 영원성의 그것이 아니라 시간의 그것입니다. 그래서 책임성이 우리의 지배적인 도덕원리가 됩니다." 그는 환경 문제를 해결하려면 어떤 정치(국가)가 필요한지를 또렷이 고찰하지는 못했다. 하지만 근대 기술문명에 의해 인간의 실존만이 아니라 인간의 본질도 위험에 빠졌다는 그의 분석은 날카롭다. 그는 '아는 것이 힘'이라 찬양한 베이컨의 조잡한 자연 정복관을 단죄한다. 아직 유전공학이 본격적으로 발달하지 않았던 때(1970년대)에 그는 인간복제에 반대하는 선구적인 목소리를 냈다. 그는 하이데거의 제자로 출발했지만 독일 관념론과 칸트 윤리학으로 되돌아왔다.

자연에 대한 책임은 절대적인 윤리다

책임윤리학은 20세기에 들어 부쩍 목소리가 높아졌다. 인류 문명의 존속 여부를 묻는 커다란 질문을 앞세웠기 때문이다. 이는 "행위자가 인격을 갖추라!"라는 요구를 들이미는 '덕 윤리학'과 통하는 구석이 있다. 후손에 대해 책임을 지려면 삶의 태도를 바꾸는 결단을 내려야 하고, 사람(인격)이 달라져야 해서다. 옛날에는 어떤 행위와 관련해 그의 책임을 물었다면(너, 그 일은 나빴어), 지금은 그의 사람됨 전체를 묻는다. "너, 아직도 쾌락주의자로 살고 있구나!" 그렇다고 구체적인 행위에 대한 책임을 아니 묻는 것도 아니다. "너, 그 일 나빴어"와 "너, 아직도 그런 식으로 살래?"라는 꾸짖음은 꼭 갈라서 볼 문제가 아니게 됐다.

책임윤리학이 '행위 결과가 어떤지'를 따진다는 점에서 공리주의, 곧 결과론적 윤리와 비슷한 구석도 있다. 하지만 공리주의가 극대화(=찬성이 가장 많아요)나 최적화(=가장 적당해요) 따위의 결과를 마구잡이로(일률적으로) 추구하는 데 반해, 책임윤리는 구체적인 관계와 맥락 속에서 결과를 추구한다.

"(앞뒤 사정을 알아보니까) 이런 일들은 후손을 어렵게 할 것 같군요. 하지 말아요. 저런 일들은 후손한테 이로울 터이니 더 열심히 합시다!"

책임윤리학은 어떤 절대적인 윤리적 요구에서 출발한다. 그 점에서 의무론 윤리와 통한다. 구체적인 결과를 캐묻는 점에서 결과론과도 소통하기 쉽다. 행위만 따지는 게 아니라 사람(행위자)의 인격을 묻는 점에서 덕 윤리와도 가깝다. 여러 윤리학적 접근이 (책임윤리학을 통해서) 더 높은 수준에서 합쳐질 수도 있겠다. 본디 여러 학문이 지금은 의견 차이로 다툼을 보이지만 상대방의 미덕을 받아들여 '더 높은 하나'로 종합될 길은 늘 열려 있다. 학문이 그런 쪽으로 나아갈 때라야 인류 사회에 앞길을 제시해줄 수 있다. 과연 우리는 지금 치열하게 학문할 수 있을까? '학문'은 배우고 묻는 일이다. '학문'은 꼭 가방끈이 긴 몇몇 사람만 도맡아 하는 일이 아니므로 이렇게 여러분에게 질문을 건넨다.

"옳은 학문을 일으켜 세울 책임이 우리 모두한테 있지 않은가?"

회슬레(1960~)의 환경철학도 잠깐 덧붙인다. 그는 환경 위기의 정신사적 배경부터 짚는다. 기독교적인 자연관과 데카르트의 정신/물질 이원론이 사람들이 거리낌 없이 자연을 착취하도록 정신적인 여지를 열어주었다는 것이다. 구약 성서 첫 구절에는 "생육하고 번성하여 이 땅에 가득차라!"라는 구절이 적혀 있다. 기독교인들은 사람과 자연을 대립적인 것으로 봤다. 사람만이 신을 닮아 영혼을 갖고 있다고 믿으므로 사람 아닌 것들은 함부로 취급해도 된다고 생각했던 것이다. 또 데카르트가 '주체성의 새로운 형식', 곧 자연과 사회 세계로부터 추상화된 주체성을 모든 앎의 출발점으로 삼은 것도 과학기술이 아무런 정신적인 제어장치 없이 마음껏 질주하게 만들어줬다. 그의 이원론은 전통적인 목적론적인 자연학을 무너뜨리고 자연학을 '기계론'으로 바꿔놓는 데 큰 구실을 했다. 연장延長과 사유(생각)를 완전히 떼어놓은 결과, 자연과학은 수학(숫자)으로 나타낼 연장의 세계에 갇혀버렸다.

회슬레는 하이데거가 유럽 형이상학의 전통과 기술문명 사이에 내적인 연관이 있음을 밝힌 것은 탁월한 앎이지만 근대 주체성(또는 합리성)의 원리를 모조리 싸잡아 비판하는 것은 옳지 못하다고 본다. 칸트가 실천이성의 도덕적인 자율성에 대한 생각을 탐구한 것은 근대 주체성에서 보존해야 할 소중한 부분이라는 것이다. 또 하이데거가 현대 자연과학이 어떤 특징을 띠고 생겨났는지를 밝힌 것은 옳으나, 그렇다고 현대의 '자연관'을 갖가지 다양한(상대적인) 관점의 하나쯤으로 깎아내리는 것은 옳지 못하다고 말한다. 그래서는 현대 자연과학이 왜 그토록 커다란 성공을 거뒀는지 설명할 수 없다는 것이다. 요컨대 하이데거의 생각에 의거해서는 온당한 윤리학과 정치철학이 세워질 수 없단다.

회슬레는 환경 위기와 관련해 칸트 윤리학이 세 가지 면에서 교정돼야 한다고 말한다. 첫째, 칸트가 데카르트의 이분법을 충분히 뛰어넘지 못해서 사람이 자연에 의해 생겨난 자연의 일부이면서 동시에 사람이 자연을 초월하는 (자연의) 타자라는, 사람의 양면성을 종합해내지 못했다. 둘째, 칸트는 '자연이 곧 윤리적인 의무의 대상'이라는 생각을 미처 깨닫지 못했다. 윤리학은 자연에 대한 책임에까지 확장돼야 한다. 자연은 이념적 구조에 참여하고 있고, 그러는 한에서 가치(!)를 만들어내기 때문이다. 셋째, 칸트 윤리학은 '동기 심리(왜 그러고 싶은지)'를 충분히 살피지 못했다. 칸트는 행동의 '결과'를 굳이 탐구할 필요를 느끼지 못했으나, 현대 과학기술이 초래할 '결과'를 살피는 것은 무척 중요해졌다. 그 결과를 금세 뚜렷이 알 수 없는 경우가 많아졌기 때문이다. 그러므로 환경 파괴를 피하고 싶다는 마음의 동기를 마련하기가 간단치 않고 이를 북돋는 환경교육이 무척 중요하다. '환경 파괴의 나쁜 결과'를 머리로 알게 해주는 것보다 '자연이 얼마나 아름다운지' 그 느낌을 북돋아주는 것이 더 요긴하다. 이를테면 아이슬란드나 시베리아에서 오로라의 장엄한 빛을 목격하고 감격한 사람은 자연 파괴에 대해 훨씬 예민한 감수성을 품지 않겠는가.

요컨대 회슬레는 이성의 자율성을 포기하지 않은 채, 자연의 남다른(독자적인) 가치를 긍정할 자연철학을 세우고자 한다. 그럼으로써 근대의 지배적인 자연관(=인류의 자연 지배)을 극복하고 한편으로 신비주의로 치닫는 생태근본주의(=자연 속에서 사람은 아무것도 아니라는 생각)의 잘못도 견제하고 싶었다. 자연에 깃들어 있는 가치를 옳게 보자는 점에서는 생태주의에 공감하지만, 사람과 자연이 구별되는 지점을 놓쳐서는 안 된다. 그가 보기에, 생태근본주의자들은 '자연'을 어떤 규범적인 것으로 여긴다. 이를테면 "자연은 만물이 서로 평화롭게 공존하는 곳이야! 늘 자연으로부터 배우자!" 그런 선입견을 자연에 덧씌운 결과는? 생명체들이 다들 자기 보존을 위해 악착같이 생존경쟁을 벌이는 모습들을 머리에서 지워버리게 된다.

2 법과 인권과 기술

한국 검찰은 전두환(1980~1986 집권)에 대해 '성공한 쿠데타는 처벌할 수 없다'는 구실로 불기소 처분을 내렸다. 법실증주의는 '이미 권력을 쥔 사람한테는 복종할 수밖에 없다'는 논리인데 검찰은 권력의 자리에서 물러난 사람한테도 면죄부를 줬다. 이는 법실증주의로도 정당화되지 못한다.

1) 실정법과 자연법

법과 관련해 교과서는 달랑 몇 줄밖에 적어놓지 않았다. "로크의 자연법사상 → 근대 인권 보장." "정당한 법 절차 → 법치주의." "법질서 존중 → 시민불복종의 조건." 쪼가리 지식으로 얻을 앎은 거의 없으므로 이야기보따리를 풀어보자.

먼저 실정법實定法! 우리 일상생활에서는 실정법positive law과 자주 맞닥뜨리지, 자연법과 만나는 일은 드물다. 후자의 낱말이 있는지도 모르는 사람도 많을 게다. 그러니 현실에서 정해놓은 법부터 살핀다.

1970년대 후반에 한국에는 (대통령) 긴급조치라는 게 있었다. 1~9호까지 나왔다. 대통령의 권한으로 헌법의 일부를 멈춰 세울 수 있는 법이다. 그게 금지한 것은 사람들이 (나라 정치에 대해) 제 생각을 표현할 권리였다. 원래 법체계는 위계hierarchy가 엄격해서 규칙이 조례를, 조례가 명령을, 명령이 법률을, 법률이 헌법을 위반해서는 안 된다. 하지만 긴급조치는 헌법을 묵살해버렸으니 법 위의 법이었던 셈이다. 나중에 법원은 그것이 '위헌'이라고 판정을 내렸다. 하지만 박정희 시대에는 그것이 실정법이었다. 박정희는 국민들 입에 재갈을 물리는 것이 '한국적인 민주주의'라고 떠벌렸고, 그때 사람들 대다수는 그 명령을 당연한 것으로 받아들였다. "반공反共을 위해서는 어쩔 수 없어! 우리는 박정희 덕분에 밥 먹고 사는 거니까 나라님의 명령에 따라야지!"

악법도 법인가?

실정법을 둘러싸고 두 가지 태도가 대립한다. "악법도 법이다(일단 따라라)." 하는 쪽과 "악법은 어겨서라도 고쳐야 한다"라는 쪽! 전자가 법실증주의positivism이고, 후자는 자연법을 단호하게 내세우는 쪽이다. 실정법보다 윗길이고 그 '근거'가 돼 주는 법을!

한스 켈젠(1881~1973)은 '국가는 곧 법질서'이고, 법질서의 근원은 (사실로서의) 힘이라고 못 박았다. 그는 법을 만들어내는 힘에 주목할 뿐, 그 정당성은 묻지 않는다. 그것은 법의 영역이 아니라는 이유에서다. 19세기와 20세기 초반에는 이런 생각이 유럽을 휩쓸었다. 박정희와 전두환 시대에 '법'의 칼날을 휘둘러댔던 한국의 법관과 법학자들 대다수도 아무런 고뇌 없이 법실증주의의 품 안에서 부귀영화를 누렸다. "너, 이게 엄연한 실정법인데 감히 어기려고 들어?" 실정법은 눈앞에 지엄한strict 국가기구를 손발로 거느리고 있고, (그 악법을 꾸짖는) 자연법은 도서관 한구석에 처박힌 인권선언(1789)의 문서에나 적혀 있을 뿐인데 누가 감히 (나리님들한테) 도전할 수 있겠는가.

법실증주의(=실정법 앞에 납작 엎드리라는 주장)는 20세기 후반 들어 거센 비판 여론에 부딪쳐서 차츰 위신을 잃어갔다. 사람들이 실정법 앞에서 다들 벌벌 떨었기 때문에 히틀러가 제멋대로 '인종 학살'을 저지를 수 있었던 거 아니냐, 하는 역사적인 반성이 일어난 것이다. 하지만 한국에서는 법실증주의에 대한 반성이 그렇게 단호하지 못했다.

1995년 대한민국 검찰은 "성공한 쿠데타는 처벌할 수 없다"라는 구실로 전두환과 노태우, 두 사람을 불기소 처분했다. 법실증주의는 간단히 말해 '사실이 규범으로서 효력을 갖고 있다'는 논리다. "저 사람들이 힘=권력을 갖고 있어서 지금 대통령 자리를 차지하고 있잖아? 그럼 그게 옳은 규범이라고 받아들여야지, 뭐!" 그런데 두 사람이 대통령의 자리에서 내려오는 순간에는 그런 구실도 사라진다. 두 사람한테 더 이상 힘(=권력의 위광)이 없는데도 (죄가 있었는지/없었는지) 따지지 않겠다는 말이니, 검찰의 불기소 처분은 법실증주의 논리를 들이대더라도 정당화될 수 없다. 걔네를 지지했던 일부 국민들이 싫어하므로 두 사람을 감옥에 보낼 수 없다는 게 검찰의 솔직한 속내였다. 법이념 따위는 걷어차버리고 저희들 꼴리는 대로 법치法治를 했다.[125] 법이 외출해버린 국가가 산적山賊들의 패거리와 무엇이 다를까?

법실증주의는 법을 살필 때, 정의正義와 자연법, 도덕률 따위는 죄다 쓰레기통에 처박아버린다. 법이념을 좇는 것을 쓸데없는 일로 치부하고, 법조문의 개념만 따진다. 판검사가 되려는 학생들 대부분은 이런 눈먼 공부를 해왔다. 요즘은 이런 지적知的 풍조가 얼마쯤은 물러나서 '악법도 법'이라고 교만하게 읊조리는 목소리가 많이 자취를 감추었다. 법은 수많은 흠결(구멍)이 있고 모순투성이라고 여기는 생각이 자연스러워졌다.

왜 자연법이 푸대접받게 됐을까?

그런데 왜 19세기 들어, 유럽 지배층은 자연법을 '시렁 위의 부처님'처럼 뒷전으로 밀쳐버렸던 것인가? 자연법이 어떤 것인가부터 더듬어

---

125. 김욱이 쓴 『법을 보는 법』 참고.

보자. 그것은 시민(부르주아)들이 중세의 지배사상에서 벗어나기 위한 정신적인 무기로서 탄생했다. "세상 질서는 신神이 직접 만들어준 게 아냐! 신이 사람들한테 이성을 부여해줬고, 그 이성(이치)에 따라 사회계약을 맺어서 세계를 건설하라고 우리한테 분부했지." 물론 그 새 세계가 어떤 것인지, 해석할 권한은 역사의 승리자인 부르주아들한테 있다.

자연법은 미국 독립선언(1776)과 프랑스 인권선언(1789) 등에 '천부인권' '자연권'의 개념으로 들어 있다. 국가가 실정법을 들먹이며 개개인의 인권을 짓밟을 때 우리는 자연법을 빽(배경)으로 삼아 맞서 싸운다. '인권' 개념이 자연법에서 나왔음을 잊지 마라. 미국 수정헌법 5조는 "누구든 적법 절차에 따르지 않고서는 생명과 자유와 재산을 빼앗기지 않는다"라고 되어 있고 한국 헌법도 12조에 이 원칙을 집어넣었다.

그런데 왜 자연법이 푸대접을 받게 됐을까? 맞서야 할 적이 사라져서다.[126] 평등한 법질서와 자유 시장경제가 이미 확립됐고, 이제는 이것을 지키기만 하면 된다. 한편, '인간의 이성으로 파악한 신의 평화'라는 자연법은 구체적인 내용이 없다. 그 내용은 시대의 변화에 따라 바뀌어갈 수밖에 없다. 이를테면 "재산권을 자연법적인 권리로 보장하자!"라고 헌법에 적어 넣더라도 '공공복지'를 으뜸으로 놓자는 사회적인 목소리가 높아지면 그 요청에 따라 재산권의 보장에 제한이 가해

126. 어떤 사상이든 역사적 맥락(시대 변화)에 따라 달리 읽힌다. 예컨대 애덤 스미스가 쓴 『국부론』은 프랑스 대혁명이 터지고, 노동자계급의 저항(도전)이 시작된 뒤에야 비로소 높은 대접을 받았다. '시장의 보이지 않는 손'이라는 스미스의 형이상학(!)이 자본 체제를 두둔하는 데 무척 요긴했기 때문이다. 그가 산업혁명의 중심지라 해봤자 인구 이천 명의 소도시에 불과했던 시대의 자본주의를 관찰했음을 새겨두자. 그의 시장경제 찬양론을 지금까지도 금과옥조로 삼는 것은 터무니없다.

질 수 있다. 재산권을 어디까지 보장할지를 판단하는 기준은 시대 흐름에 따라 달라지기 마련이다. 자연법은 부르주아들만이 특허를 낸 이념이 아니다. 노동자들이 들고 일어나서 "우리의 노동권을 으뜸으로 보장하는 것이 옳은 자연법이오!" 하고 들이댄다면? "사적 소유권의 보장은 엉터리 자연법이오! 집단적 공유권이야말로 우리의 자연권이오!"

그래서 19세기의 부르주아들은 자연법의 구체 내용이 어떤 것인지를 둘러싼 토론을 막아버리고 싶었다. "이미 우리의 실정법이 이성적인 자연법에 토대를 두었으니, 그 얘긴 그만 하고 실정법 하나하나에 토(주석)를 다는 일만 합시다!" 자연법의 내용은 미국 독립선언서에 적힌 내용쯤으로 못 박아버리자는 얘기다. 그리하여 주류 법학은 부르주아의 기득권을 지키는 보수반동의 학문, 곧 법실증주의 일색이 돼버렸다.

앞서 말했듯이, 이런 반동의 흐름은 요즘 들어 다소 걷혔다. 과학기술문명이 발달해서 사실관계가 아주 복잡해진 탓에 법률이 많은 공백을 안게 됐다는 사정도 한몫했다. 실증법만 따로 가치중립적으로 분석할 수 있느냐, 하고 언어철학자들이 따져 묻는 데 대해서도 실증주의자들의 답변이 궁색했다. 이래저래 법실증주의가 학문의 길잡이로서 파탄을 드러냈다. 요즘은 '자연법과 법실증주의 어느 쪽이든 다 극복하자'는 쪽으로 학계 흐름이 바뀌어가고 있다.

덧대기

우리가 주로 새겨둘 자연법은 존 로크와 미국 독립선언서가 말하는 자연법이지만, 자연법 관념은 훨씬 오래전부터 나타났다. 유대교와 기독교는 '신이 세상의 입법자立法者'라고 믿었다. "바닷물도 신의 명령을 어기지 않는다!" 15세기 유럽에 수탉이 알을 낳는 희한한 사건이 생긴 적 있는데 그 수탉은 '자연을 거스르는 죄'를 지었다는 이유로 화형火刑의 처벌(!)을 받았단다. 자연법이 사람과 자연을 아울렀다는 얘기다. 조지프 니덤은 유럽에 '신이 만든 (자연) 법칙이 자연을 관통한다'는 생각이 뿌리 깊었던 것이 자연과학의 발달을 북돋았다고 봤다. 사람의 법률과 과학의 법칙 사이에 공통된 무엇이 있다는 생각이다. 아무튼 유럽의 법사상은 종교적인 뿌리(곧 신법神法에서 비롯됐다. 나중에는 종교와 단절하고서 제 갈 길을 갔지만.

법 없이도 사회가 굴러갈 수 있다면?

마르크스는 홉스나 로크처럼 머릿속 세계, 곧 '자연 상태'라는 관념을 갖고 놀지 않았다. 그는 역사 속에서 법 관념이 어떻게 만들어지고 무슨 구실을 하는지를 유물론이라는 확대경으로 살폈다. 대략의(=간단하게 줄인) 결론인즉슨 상부구조로서 법이 (사회의) 토대인 경제구조의 산물이란다.[127] 기본적으로는 '경제(사회) 먼저, 법 나중'이다. 상품교환 경제가 먼저 자리 잡아야 (그 필요에 따라) 계약법도 생겨난다. 물론 2차적으로는, 법이 경제(사회) 현실을 이러저러하게 바꿔내는 힘을 발휘하기도 한다는 사실도 놓쳐서는 안 된다.[128] 아무튼 자본주의 법은 자연법론자들이 주장한 것처럼 사람의 '이성'이 발현된 관념의 산물도 아니고, 법실증주의자들이 몸을 사리면서 변명하듯 (법만 살펴도 그 뜻을 헤아릴 수 있는) 어떤 진공 상태의 중립적 규범도 아니다.

우리는 마르크스처럼 통 큰 상상력을 발휘할 필요가 있다.[129] "우리

---

127. 상부구조와 토대는 두 쪽의 관계를 비슷하게 나타내주는 은유(비유)일 뿐이라는 것을 새겨두자. 그래야 '그 얘기가 맞니, 틀리니……' 하는 쓸데없는 입씨름을 피할 수 있다.
128. 경제를 바꾸려고 국가는 법으로 정한 조세를 걷는데 자본가들의 조세 회피가 만만치 않다. 영국 조세정의네트워크에 따르면 2010년에 '조세 도피처'로 흘러든 전 세계의 돈이 21조 달러란다.

가 왜 꼭 법의 지배를 받으며 살아야 할까? 당장은 아닐지라도 법이 말라죽은 세상을 만들어가는 것이 어떻겠는가?" 그의 말은 모든 규범을 다 없애버린 무정부 상태로 가자는 게 아니라 노동자계급을 옭아매는 계급적인 강제규범을 없애자는 것이다. 그가 희망한 대로 '능력에 따라 일하고, 필요에 따라 분배받는' 성숙한 사회가 실제로 자리잡는다면 다들 자기 재산(사적 소유) 지키려고 복잡하게 짜놓은 법제도들은 쓸 데가 없어진다. 사람들이 자기 마음에서 우러나서 스스로 사회 규범을 따른다면 그때의 규범은 더 이상 법이 아니다. 법은 (그것을 따르지 않는) 사람들을 강제하는 것이 아닌가. 사람들은 관습(미풍양속)에 따라 살아갈 것이고, 혹시나 관습을 어기는 사람은 말로 설득해서 바로잡으면 된다. 노자老子가 말한 소국과민(小國寡民, 땅덩이도 사람 수도 작은) 사회라면 그것이 당장에라도 가능하다. 그 사회가 딴데에 살림살이를 의존하지 않고(=자립경제를 꾸리고), 딴 데로부터 침략을 겪을 일이 없다면 말이다. 우리는 성품이 착한 사람을 가리켜 "저 친구는 법 없이도 살 사람이야." 하고 칭찬을 하는데 법 없이도 사회가 평화롭게 굴러갈 수 있다면 그런 곳이 무릉도원(이상향)이 아니고 무엇이겠는가.

하지만 먼 훗날에 대해 꿈꾸는 것과 당장의 세상살이를 지탱하는 것을 혼동해서는 안 된다. 훗날에야 '법 없이도……'가 가능할지 몰라도 당장은 법 없이는 문명사회가 굴러가지 못한다. 마르크스가 그린 웅대한 미래는 한두 나라가 따로 감당해낼 일이 아니고, 대다수 나라가 더불어서 같은 방향으로 가야만 가까스로 힘을 받는다. 20세기 사회주의 실험들의 실패는 그것이 참으로 더딘 일이라는 것을 말해준다.

129. 중학교 학생도 '법 없는 세상'을 꿈꿀 줄 안다. 『교과서 밖에서 배우는 역사 공부』 참고.

그런데 가만히 들여다보면 자본주의 법이라고 꼭 강자의 속셈(의지)만 일방적으로 반영된 것이 아니다. 약자의 바람(요구)도 동시에 모순적으로 반영된다. 예컨대 19세기에 여성과 아이들의 노동시간을 규제하는 공장법이 영국을 비롯한 여러 나라에 제정됐는데 이 법을 통해 노동자들의 삶의 처지가 많이 개선됐지만 그럼으로써 자본 체제가 더 발달할 기반이 마련되기도 했다. 인간의 역사를 보면 어느 한 사회가 전혀 다른 체제 원리의 사회로 단번에 바뀌는 일이 없었다. 대안 사회의 이념이 기존 사회의 기득권을 얼마쯤 제한해내는 구실을 하고, 대안 사회의 이념 자체는 기존 사회 이념에 의해 제약된 채 기나긴 시간을 내다보며 진보해간다. 또 사회의 형편(조건)이 달라짐에 따라 예전의 청사진들이 조금씩 수정을 겪는다.

2) 인권선언

사회 교과서는 인권human rights의 발달과정을 친절하게 소개한다. "1세대의 자유권적 인권 → 2세대의 사회권적 인권 → 3세대의 집단권(연대권)과 발전권." 그런데 덮어놓고 외우는 것은 다 똥으로 배설된다. 그것과 충돌되는 사실들을 마주 세워야 정신이 번쩍 난다. '대관절 인권이라는 게 뭐지?' 하는 궁금증부터 '아, 우리더러 어쩌라는 것이냐?' 하는 책임감(실존적인 고뇌)까지, 앎에 대한 의욕이 그래야 생겨난다. 그러니 사회적 갈등의 현장으로 찾아가자.

20세기 말부터 세계 곳곳의 나라에서 인권(기본권)이 오히려 후퇴하고 있다. 자본가계급이 즐겨 내세우는 앞잡이 하이에크(1899~1992)는 UN 인권선언(1948)에서 사회경제적 권리를 인정한 것을 '전체주의'라고 비난하고 플라톤에서 스탈린에 이르기까지 죄다 헐뜯었다.[130] 그뿐이랴. 20세기 말 들어 세계 자본 체제에 공황이 깊어지고 자본가들이 '돈(이윤) 벌이'를 못해서 비틀거리자 1세대 인권에 대한 공격까지 시작됐다. 예컨대 '(피의자에 대한) 고문torture을 허용해야 한다'고 여러 학자들이 부르짖었다. "경제학(공리주의)의 효율성 계산에 따르면 그게 합리적"이라는 것이니, 학자scholar라고 다 같은 학자가 아님을 알겠다. 세계의 인권이 후퇴하고 있는 까닭은 이처럼 지배계급과 그 앞잡이들이 설쳐댄 결과다. 한국은 어떤가. 1970~1980년대에 '인권 변호사'라는 이름(호칭)이 나돌았는데 이는 그때 우리 사회에 인권이 짓밟히고 있었다는 반증proof to the contrary이 아니냐. 변호사라면 누구든 기본 임무가 '인권 옹호'이거늘 어찌! 교과서에는 하이에크의 후배들이 떠든 이야기(=자본주의 숭배)와 인권 이야기가 나란히 들어 있는데 이둘이 서로 충돌한다는 사실부터 끄집어내자.

법치의 핵심은 인권이다

'인권선언'이 대관절 뭔가? 역사를 더듬어 살피자. 태초에 신법神法이 있었다. "신神이 세상을 창조했고, 세상을 다스린다!" 그런데 아시다시피 중세 말부터 유럽의 기독교 교회가 허물어지더니 근대에 들어와 학문과 정치의 세계에서 신이 사라졌다(니체가 신을 살해하려고 망치 들고 설쳤다). 지금 와서 죽은 자식의 불○을 만져봤자 하릴없는 짓이고, 그럼 신이 제도적인 무대에서 퇴장해버린 세속화된 사회에서는 어쩔 거냐? 세상길의 방향을 찾는 데 있어, 신에게 기댈 일이 아니라

---

130. '전체주의 비판'에 옳은 구석도 있겠지만, 허튼 구석이 더 많다. '자유주의↔전체주의'를 맞세우는 것은 자유주의(자본독재)에 복종하라는 선전방송(프로파간다)이다. 비판하려거든 둘 다 비판해야 한다.

'사람들 자체'에 기댈 수밖에 없다. "우리는 이제 사람을 믿겠어요!" 인권선언은 그런 믿음의 선포요, 이는 비유하자면 일종의 '인류 종교'라 하겠다.

앞에서 법을 살폈는데, 법과 인권선언은 어떤 사이인가? 근대 국가를 가리켜 '법치국가'라 한다.[131] 우리는 '법치국가'를 반듯하게 세워야 하는데, 그때 '(자연)법'의 핵심은 인권 옹호가 아니냐. 요컨대 근대 이전에 신의 율법이 있었다면, 근대에 접어들어 인권선언에 바탕을 둔 법치法治가 이를 대체했다. 인권과 법은 어깨동무하고 나아가야 한다.

인권선언에서 그리는 사람은 어떤 사람인가? Imago dei! (우리말로 옮기자면) 신神의 형상을 본뜬 존재로서 첫째, 개인個人이다. 모든 사회는 저마다 자기를 목적으로 삼아 살아가는 개인들로 이뤄져 있다. 예전에 여성들은 자기 이름도 없이, '○○댁'이나 '○○ 엄마'로 불렸거니와 '인권선언'은 그렇게 공동체 속에 파묻힌 존재가 아니라 유일무이한 개인(단독자)들을 불러낸다.[132] 둘째, 주권적인 주체다. 두 얼굴의 존재! 법을 지키고 그 법의 보호를 받아야 하는 종속된 존재이자, 스스로 법칙을 정할 수 있고 그에 따라 자기 행동에 책임을 져야 하는 주체적인 자아(나)! 사람들은 신의 계시 대신에 과학법칙을 발견해서 자연의 주인이 됐고, '투표권'으로 표현되는 개인 주권은 저마다 주체로서 행동할 제도적인 기반이 된다. 끝으로, 사람은 누구나 '인격personality'으로 대접받아야 한다. 인권선언(1948)이 다음과 같이 못 박았다.

131. 교과서는 '법치국가'에 대해 "법 절차에 따르고…… 그래서 권력을 견제한다"라고 썼는데 그것은 겉의 일면일 뿐이다. 속의 핵심은 (국가 우선이 아니라) '인권 옹호'다. 칸트와 헤겔이 '법치국가' 이념을 본때 있게 다듬었다. 독일철학이 이룬 공로를 영미 학자들이 깎아내린 탓에 이 사실이 잊혔다.
132. 초기 기독교가 위대했던 것은 이렇게 '공동체를 넘어 자기 개인으로 우뚝 서라'고 격려한 데 있다.

모든 사람은 법 앞에서 그 인격을 인정받을 권리가 있다.

이는 모든 사람이 제 인격(사람됨)을 자유롭고 완전하게 키우도록 인류 사회가 애쓰자는 다짐이다.[133]

이 조항은 독일 나치당이 600만 명의 학살극을 벌인 사실에서 비롯된 충격과 그에 대한 반성 때문에 새로 들어갔다. '과학자'랍시고 설치는 것들이 "사람 취급 안 해도 될 인종人種도 있다"라고 떠들어댔고, 그런 눈먼 사회기류 덕분에 홀로코스트가 벌어진 것 아니냐. 인간을 인격으로 섬기지 않고, 그저 생물학적인 것으로 취급해버리면 인류 사회는 약육강식의 정글이 돼버린다. 그런데 지금의 인류 사회는 홀로코스트에서 충분히 교훈을 얻었을까? 그 뒤로도 수많은 분쟁이 벌어지고 수없이 난민이 쏟아져 나온 것을 보면 그런 것 같지 않다. 아직 인권人權의 시대는 변변히 열리지 못했다.

인권은 인류 보편의 가치다

무엇이 인권의 시대를 가로막고 있을까? 첫째, '유럽 지배층이 인류의 메시아(구세주)'라는 교만한 자랑이! "우리가 '인권'이라는 멋진 가치를 내걸었지? 우리가 말하는 게 모두 진리이니까 우리말을 곧이곧대로 외우고 따르지 않는 놈들은 혼내주겠다!" 미국 국가가 세계 여러 나라의 '인권 실태'를 감시해서 처벌하겠다고 설쳐대는 것이 그 단적인 경우다. 둘째, 인권이 오직 유럽에만 계시된 특수한 십계명이라고 못 박는 생각이! "교리 체계는 저마다 다르고 전혀 바뀌지 않는 것

---

133. 한국 사회는 오랫동안 경제성장에 눈이 뒤집혀서, 제대로 된 사회는 '사람됨을 북돋는 일'을 으뜸으로 삼는다는 것을 까맣게 잊어버렸다. 이퇴계와 이율곡이 지하에서 탄식할 노릇이다.

이라서 서로 소통할 수 없어. 너희, 딴 동네 것은 그것대로 인정해줄게
(→다문화주의). 하지만 우리 것이 제일 우월해!" 교과서는 '다문화주
의'가 중요하다고 떠들지만 이것이 비뚤어지게 쓰이면 유럽제국주의가
저개발(종속) 국가의 민중을 깎아내리고 다스리는 또 다른 지배의 도
구가 된다.[134] 셋째, '과학자'라는 것들이 인권을 저희 입맛에 맞는 쪽
으로 멋대로 읽어내는 짓거리가! 이를테면 "시장경제를 두루 훑어보니
까 자유권만 진정한 권리이고, 사회권은 곁다리에 불과하더군. 어쩌고
저쩌고……." 경제학이나 생물학 쪽에 이런 얼치기 잡놈들이 많다. 과
학을 들먹이면서 "열등(못난) 인종한테 인격을 부여하면 안 된다"라고
흰소리하는 놈이 앞으로 다시 나오지 말라는 법이 없다.

　이런 함정을 헤치고 나오려면 어찌해야 할까? 인권이 '인류 공동의
자산'이라 여기고, 열린 눈으로 세상을 보자. 인권에 대한 해석을 유럽
지배층이 독점해서는 안 된다. '아프리카 인권헌장(1981)'은 유럽의 개
인적 권리 개념을 수용하면서도 (고립된 주체가 아니라) 남들과 연결된
존재로서 개인을 규정했다. 세계인권선언(1948)은 연대solidarity의 원칙
을 '사회보장권', '생계수단 보장권'과 같은 개인적 권리의 형태로만 반
영했는데 아프리카 인권헌장은 그것을 '의무'로 규정했다. 이처럼 인권
개념은 다양한 내용으로 발전해갈 수 있다. 인류 보편의 방향만 견지
된다면 말이다.

---

134. 유럽인권재판소가 "이슬람근본주의를 봐라! 이슬람교 자체가 엉터리!"라고 판결한 적
　　있다. 훨씬 개방적인 이슬람교 전통도 있는데 이렇게 이슬람교를 싸잡아 깎아내리면 종
　　교전쟁을 선동하는 셈이다. 인도 정부는 인도의 종교 자유를 조사하려는 미국의 비정부
　　기구NGO의 입국을 막은 적 있다. 바깥에서 찍어 누르는 또 다른 억압보다 인도 민중이
　　스스로 해결하게 돕는 겸손한 접근법이 옳다.

3) 법과 기술

과학기술문명이 발달함에 따라, 인간 사회가 이를 어떻게 다스릴 거냐 하는 문제가 심각해졌다.[135] 이에 대해 두 가지 법 관념이 대립한다. 법을 어떤 보편적이고 영속적인 원칙의 표현으로 여기거나, 가치중립적이고 별다른 의미가 없는 한갓 도구라고 여기거나! 앞의 생각은 자연법에 따른 초월적인 관점이요, 뒤의 생각은 눈앞에 맞닥뜨리는 것만 믿겠다는 실증주의positivism의 관점이다. 앞의 생각은 법과 사회가 기술문명한테 '내 원칙 밑에서 놀아라' 하고 다그치겠다는 것이고, 뒤의 생각은 법이라는 수레에 어떤 규범 내용이라도 실어서 나르겠다는 태도다. 후자는 이렇게 말한다. "인간복제 기술을 개발할 수 있다고? 기술은 다 좋은 것이니까 그 기술이 제대로 개발되도록 법이 돕겠다!" 우리 눈앞에는 과학기술문명이 버젓이 활개 치고 있고, 그에 대해 (대부분) 자본이 주인으로 행세하기 마련이다. 그러니까 지금의 실증주의는 (지금의 세계체제의 주인으로 군림하는) 자본을 돕는 생각이다.

법이여, 기술문명과 자본을 다스려라

법이 기술을 규제해온 과정을 쪼끔만 (맛보기로) 살펴보자. 산업혁명은 민중이 논밭에서 일하는 대신, 공장에서 일하도록 내몰았다. 커다란 기계가 들어온 덕분에 노동자가 무거운 망치를 휘두르는 대신, 기계만 돌보면 됐다. 자본가가 헐값에 여자나 어린아이를 부려먹을 수 있었다. 전깃불(!)이 들어왔으므로[136] 하루 24시간 쉼 없이 기계를 돌

---

135. 불과 백 년 전에 두개골의 부피와 내용물을 측정해서 우수/열등 인종을 가를 수 있다고 큰소리치는 엉터리 과학(→우생학)이 판을 쳤다. 사람들은 이 사실을 까맣게 잊고 또 '과학 찬양'에 열을 올린다.

릴 수 있고, 마음껏 노동자를 부려먹을 수 있다. 그대로 내버려두면 그 어린 아이들이 튼튼한 어른으로 크지도 못하고 (죄다) 죽게 생겼다. 19세기에 유럽에는 공장법이 생겨나서 탐욕스러운 자본가들이 산업기술을 이와 같이 저희들 돈벌이에만 이용해먹는 것을 규제

막강한 기계가 들어온 탓에 어린아이들이 기계의 노예가 됐다. 전깃불이 들어온 덕분에 자본가가 밤낮없이 노동자를 부려먹었다. '법'이 나서서 산업기술과 자본을 규제한 뒤에야 산업기술이 인간을 돕는 기술이 될 수 있었다. '공장법'이 유럽 사회를 구해냈다.

했다. 그러고 나서야 산업기술이 인간을 돕는 기술로 차츰 바뀌었다. 1833년 영국에서 제정된 공장법의 내용은 다음과 같다. "자본가들아! 9살 밑의 아이들은 부려 먹지 마라! 18살 밑의 청소년은 밤일을 시키지 마라! 일하는 아이들을 학교에도 잠깐씩 보내줘라!" 이것은 노동자와 양심적인 시민(부르주아)들이 치열하게 싸운 덕분에 간신히 얻어낸 법이다.

20세기 후반에는 정보통신기술이라는 새로운 기술이 들어와 일터의 환경이 크게 바뀌었다. 예전에는 산업기계가 놓여 있는 공장에 여럿이 모여서, 정해진 노동시간만 일했는데 컴퓨터와 휴대폰이 발달한 현대에는 집에 가서도 그것들을 부려 써서 일할 수 있다. 고용주가 노동자들을 은근히 꼬드긴다. "집에 가서도 일하렴! 성과급을 받으려면!" 동료와의 경쟁에 쫓기는 노동자들은 그 꼬드김을 단칼에 뿌리치기 어렵다. 또 컴퓨터는 모든 것을 기록한다. 내 손짓 발짓 하나하나까지 고용주가 감시할 수 있다. 유비쿼터스(언제 어디서나)라는 망령이 노

136. 자연의 리듬에서 기계의 리듬으로! 밤과 겨울에는 일하지 않던 사람들이 이제는 기계가 멈춰야 일손을 멈출 수 있게 됐다. 자본주의 초기엔 굶어 죽을 위협에 쫓기는 사람들만 공장에 다녔다.

동자를 뒤쫓게 됐다. 이에 대해 법이 반기를 들었다. 20세기 말 프랑스에서는 이를 둘러싸고 싸움이 일어났고 법이 노동자들의 편을 들었다. "자본가들아, '집에서도 일하라'고 시키지 마라! '연중무휴 24시간 서비스' 같은 것, 하지 마라! 노동시간을 줄여라! 노동자를 감시하지 마라!"

법으로 따져야 할 것들이 늘어났다[137]

현대에는 과학기술문명과 관련해, 법이 떠맡아야 할 영역이 자꾸 늘어나고 있다. 사회의 호민관tribune으로서 법이 짊어진 짐이 무겁다. 예컨대 유럽의 1898년 산업재해법은 사장한테 잘못이 있었느냐 없었느냐만 묻지 않고(그러면 갖가지 핑계를 대고 법망을 빠져나간다), '작업장에 위험을 초래하는 것들이 있다'는 사실 자체에 대해 책임을 물었다. (책임이 무거워진) 고용주들한테 난리가 나고, 보험회사가 부랴부랴 간판을 내걸었다. IT 기술이 발달한 뒤로는, "(문제가 생겼을 경우) 컴퓨터가 전달하는 정보는 누가 책임져야 하느냐?" 하는 물음을 법이 던졌다. 커뮤니케이션 네트워크에서 이뤄지는 경제적 결정이 처음 내려진 곳을 찾아서 책임을 묻는 문제다. IT 기술로 어마어마하게 떼돈을 벌어온 (마이크로소프트사 같은) 독점자본가들이 사회에 대해 책임을 짊어지게 만들어야 한다. 요즘은 생명공학이 인류를 불안과 걱정으로 몰아넣고 있다. 그것이 멋대로 발달했다가는 사람이 돌멩이 같은 것으로 하찮게 취급될 수도 있다.

이와 관련해, 생각을 곱씹어 봄직한 '법의 흐름'이 있다. 유럽의 법

---

137. 가습기 살균제 옥시레킷벤키저의 독성 물질로 사망자가 200명이 넘었다. 기업은 알고도 모른 척했고, 새누리당은 특별법 제정을 3년이나 가로막았다. 언론도 '모르쇠'로 지냈고 학자들이 제 돈을 털어 겨우 밝혀냈다. 기업 대표가 쇠고랑을 찼는데도 정부는 책임 회피에 급급하니 민중의 분노만 쌓인다.

원은 근래 들어 친자親子 관계를 '적법한 결혼'에 따랐는지로 구분하기보다 생물학적으로 어버이가 맞는지로 구분하는 쪽으로 얼마쯤 옮아갔다. 과학기술의 발달로, 누가 자식을 낳았는지 분명히 가릴 수 있게 돼서다. 그래서 사람의 신분은 (남한테) 넘겨줄 수 없다는 원칙이 뒷전으로 물러나고, 정육점에서와 다를 바 없는 친자 관계 개념이 확대되고 있다. 그런데 사람의 정체성을 '오직 누가 낳았느냐'만으로 따지는 것이 과연 사회적인 유대(인연)을 넓히는 쪽으로 구실할지가 미심쩍다. 생부生父와 생모生母 찾기라는 엽기적인(괴기스러운) 이야기가 판치는 TV 막장 드라마가 사람들을 천박한(옹졸한) 사회적 관심에 가두고 있는 것을 떠올려보라. 부모의 지위를 그저 '애 낳아주는 것'으로만 못박는 것은 사람이 핏덩이로 태어나 어른으로 사회화되는 두 번의 탄생을 겪는다는 사실을 깜깜하게 묵살하는 짓이다. 대부분의 현대인은 오히려 더 진취적인 상식을 품고 있지 않을까? '길러준 부모가 낳아준 부모보다 훨씬 더 큰일을 했다'는 생각 말이다. 알랭 쉬피오가 쓴 『법률적 인간의 출현』에 따르면, 앞으로 생명공학 분야에서 위의 사례처럼 과학기술의 발달로 법이 오히려 뒷걸음질을 치는 사례가 갖가지로 생겨날지 모른다.

3 과학기술의 윤리

산업 로봇은 사람을 돕겠지만
전쟁 로봇은 사람을 죽인다.
후자는 사람 군인보다 훨씬 잔혹해질 수 있다.
로봇 제작을 다스리는 윤리는 증발해버리고,
로봇 만드는 기술만 발달한다면 인류 사회가
약육강식의 정글이 된다. 이미 전쟁 로봇의
사촌 형제인 '무인기'가 설치고 있다.

이 글은 과학기술문명과 관련해 살펴야 할 윤리 문제를 말한다. 고교 과학 교과서에 담긴 내용을 쪼끔 살핀 뒤, 몇 개의 글을 간추려 옮긴다.

1) 유전자 변형 식품(GMO)

과학 교과서는 유전자 변형 식품이 사람 몸에 끼치는 영향에 대해 과학자들이 아직 뚜렷한 결론에 이르지 못한 반면, 일반 대중은 그것에 대해 막연한 두려움을 품고 있다고 했다. 이런 염려에 부응하고자 한국은 법으로 그 생산과 이용을 관리하기 시작했다고 적었다(2008년 제정).

그 법을 능동적으로 만들어낸 주체가 누구일지, 잠깐 생각해보자. 기업들인가? 정부인가? 기업과 정부에 미치는 영향력이 얼마 안 되는 시민사회단체들이다. 그리고 대중이 예민하게 여기는 주제라서 정부가 억지로(수동적으로) 따라왔다. 그래서 법은 만들어졌지만 그 내용이 무척 허술하다. 정부의 식품의약품안전처가 법에서 위임받아 GMO 표시에 대한 상세한 기준을 마련하게 돼 있는데, GMO라고 표시되어 있지 않은 농산품이 수두룩하다고 한다. 예컨대 우리나라 간장 등에는 GMO 콩을 썼다 해도 표시하지 않아도 된다. GMO 가공식품 수입업체 등의 정보도 '업체의 영업 비밀'이라며 공개하지 않고 있다. 현실은 이런데도 교과서는 '유전자 변형 문제, 염려하지 않아도 된다'는 메시지를 은근히 퍼뜨리고 있다.[138]

2) 나노 기술

나노 기술은 미세가공 과학기술이다. 1 나노미터는 10억 분의 1미터로서 머리카락 굵기의 10만 분의 1이고, 원자 3~4개의 크기다. 이것은 환경기술(폐수 처리)과 생명공학기술(의료용 나노 로봇) 등 생활 곳곳에 널리 쓰이고 있단다. 나노 물질이 갖고 있는 위험에 대해서 과학 교과서는 입도 뻥긋하지 않았다.

물질이 나노입자 수준으로 작아지면 그 독성이 훨씬 커진다는 연구 결과가 이미 나와 있다. 실험용 쥐들한테 탄소 나노튜브를 주입했더니 폐 조직이 손상되고 기관지가 막혀 죽었다. 나노입자가 멋대로 세포막을 통과해 태아한테까지 전달되고 DNA를 파괴할 위험마저 있다고 한다. 강물에 퍼질 수도 있고, 생물체 몸속에 오래오래 농축돼 남아 있게 된다. 석영도 덩어리는 해롭지 않으나 일꾼들은 그 가루를 마

138. 샌델은 유전공학의 힘을 빌려 완벽해지려는 사람의 욕망을 비판한다. '치료'를 넘어 (자녀의) 과잉 양육은 정복과 지배를 바라는 지나친 불안의 표현이다. 이는 '선물'로서 삶의 의미를 놓치는 것! 유전공학을 그런 욕망의 도구로 쓴다면 우리보다 못한 운명을 타고난 사람들과의 연대가 더 악화된다.

시고 규폐증에 걸리고, 먼지도 흙먼지는 탈이 없으나 자동차에서 나오는 미세 먼지가 해롭다. 기업들은 당장 물건을 만들어 팔아서 돈을 벌고 싶겠지만, 그 후유증은 한참 시간이 지난 뒤에야 나타난다. 돌다리도 두들겨보고 건너는 마음가짐으로 나노기술을 개발해야 하는데 교과서는 학생들한테 기본 사실을 알려야 하는 의무조차 늠름하게 망각했다. 요즘 규제 대상이 된 석면이 한때는 '기적의 광물'로 칭송받았던 선례를 타산지석으로 삼아야 한다.[139]

3) 로봇

교과서는 지금보다 생활이 더 편리하고 여유로운 미래를 실현해줄 선두 주자로 로봇을 꼽는다. '로봇과 함께 하는 미래'라고, 무슨 선전(홍보)물 같이 중간제목을 달았다. "내가 만들고 싶은 로봇에 대해 얘기해보자"라고, 학생들의 상상력을 북돋았다.

그런데 어떤 패거리들은 공상과학영화에 나오는 터미네이터 같은, 무소불위(無所不爲, 하지 못하는 일이 없는)의 전쟁 로봇을 개발할 꿈에 부풀어 있다. "그런 게 나온다면 우리 피는 한 방울도 흘리지 않고, 적을 무찌를 수 있으니 어찌 아니 좋으랴!" 실제로 전쟁 로봇과 이웃사촌쯤 되는 무인기drone가 지금 아시아와 아프리카 대륙을 날아다니며 그곳의 민중을 공포에 몰아넣고 있다. 파키스탄이나 아프가니스탄의

---

139. 이 토론이 어려운 까닭은 나노 기술이 어디까지 개발될지 모르는데 막연한 가능성만 놓고서 '그거, 위험 있다'고 못 박을 수 없어서다. "그것은 아예 들여오지 마! 전혀 나빠!" 하고 말하기는 어렵기 때문에 부분 개선론은 기술개발의 들러리가 될 위험도 있다. 자본가들은 "(부작용에 대해) 조금만 신경 써줘!" 하는 얘기는 건성으로 듣고 밀어붙인다. 무슨 사태가 터져야 멈춘다. 경고는 늘 뒷북이다.

민중한테 그놈의 드론에 대해 어찌 생각하느냐고 물어보라. 그놈이 자기 발 앞에 있다면 그놈이 가루가 될 때까지 짓밟아버리겠노라고 대꾸할 것이다. 독일 언론『슈피겔』지는 예전에 무인전투기 조종실에서 일하던 미군 조종사 브랜든이 제 일터를 그만둔 사연을 보도한 적 있다. 어느 날, 그는 미사일 발사 직전에 화면으로 어린아이가 걸어 나오는 장면을 발견했다. 이미 자기가 폭격 버튼을 누른 뒤였다.

대단한 능력을 갖춘 전투 로봇이 나다닌다고 치자. 그것은 적군과 아군을, 군인과 민간인을 제대로 구별할까? 사람한테 다른 사람을 죽일 권한을 주는 것도 올바르다고 할 수 없는데 로봇한테 살인의 권한을 주는 게 옳은 일인가? 아니, 로봇이 사람한테 퍼붓는 공격을 '전투(전쟁)'라 부를 수 있을까? 그것은 코끼리가 생쥐를 짓밟는 것과 비슷한 '살육'이 아닌가? 전쟁은 살인을 합법화하는 것이긴 하지만 어떤 규칙도 있고 전쟁을 규제하는 국제법도 있다. 로봇은 그것을 따를 이성이 과연 있는가? 로봇이 잘못을 저질렀으면 누구한테 책임을 물어야 할까? 아니, 혼란스러운 싸움터에서 벌어지는 일인데, 책임을 따져 물을 형편이나 되는지 모르겠다. 그저 잔혹한 살육극이 벌어지고 그것으로 끝! 그쯤 되면 인류 사회는 '막장'으로 치닫겠지? 인류 사회는 로봇 만드는 기술을 터득한 것만 자랑할 일이 아니라 로봇을 옳은 목적에만 쓰겠다는 윤리도덕부터 갖춰야 한다. 저희가 몽땅 멸망하지 않으려면 말이다.

덧대기 1
어느 연구에 따르면 드론(무인항공기)을 활용한 전 세계 시장 규모가 가까운 미래에 1300억 달러(=150조 원)에 이를 것이란다. 사람의 일자리가 그만큼 사라진다는 말이다.

덧대기 2

최첨단 로봇은 인공지능artificial intelligence을 장착(부착)한다. 이 둘은 같은 문제다. 구글의 자회사가 개발한 알파고(=인공지능 바둑 프로그램)가 바둑계를 대표한 이세돌을 꺾자 의사들이 충격에 빠졌다. 인공지능이 앞으로 병의 진단과 치료를 대신해 의사들의 설 자리가 줄어들 것이라서다. 기본 문제는 인공지능 개발에 따른 혜택을 그것을 개발한 자본이 독차지한다는 사실이다. 수많은 사람들이 그것으로 말미암아 일자리를 잃는데 말이다. 또 언제 어디서나 네트워크로 연결되는 유비쿼터스의 시대에 인공지능 분야에서 '구글'의 영향력이 세질수록 인류 사회 전체가 '구글'에 좌우되는 문제가 생긴다. 구글과 같은 괴물 자본을 인류가 어떻게 통제할 거냐, 라는 정치적 과제가 떠오른다. 이미 구글은 전 세계 스마트폰의 80%를 안드로이드 운영 체제로 장악하고 있다. 한편 인공지능은 가장 먼저 군사기술에 쓰일 가능성이 무척 높다. 당장 무인 전투기가 업그레이드된다. 이것은 인류한테 편익benefit을 가져다준다고 말할 수조차 없다. 문명의 파괴가 이로운 것일 리가! 그렇게 악용될 바에야 그 개발을 중단하는 것이 차라리 낫다. 전문가들은 '약한 인공지능'의 경우, 20~30년 안에 개발될 것 같다고 본다. '강한(슈퍼) 인공지능'에 대해서는 전망이 엇갈린다. 개발이 불가능하다고 보는 쪽과 한참 뒤엔 가능할 거라고 점치는 쪽! 이것이 개발된다면 엄청난 윤리 문제가 생긴다. "안전한 슈퍼 지능이란 없다!" 기계가 자아ego가 있고 독립성이 있다면 자기중심적으로 행동하지 않겠는가? 그 기계들이 과연 사람들을 '존중해야 마땅한 존엄한 존재'로 대접하겠느냐는 질문이 대뜸 제기된다. 인류한테는 '휴머니즘'이 당연한 으뜸 가치였지만 이제 사람들은 사회의 주체가 아니라 (기계들한테) 취급 대상이 돼버린다. 아무튼 그것을 고민하기에 앞서 인류는 당장 일자리 걱정이 발등의 불이다. '약한 인공지능'의 개발만으로도 직업의 절반이 사라질 것이라는 연구 결과도 나와 있으니까. '사람과 로봇의 상생相生 어쩌고' 하는 자본가들의 흰소리에 속지 말고 이 문제를 공론(정치) 마당에 불러내서 경제 체제를 뜯어고쳐야 한다. 인류는 성숙과 몰락, 어디로 치달을지 시험대 위에 올라 있다.

4) 생물 다양성

교과서는 '종자seed 전쟁'에 대해 소개한다. 생물 다양성의 경제적 가치에 대한 앎이 높아지자 모든 나라가 '종자 은행'을 만들어 자기 나라의 생물자원을 보존하는 데 힘쓴단다. 인류가 이 문제를 슬기롭게 해결하고 있다는 투다.

몬산토와 비아 깜페시나의 싸움을 소개하겠다. 전자는 미국의 다국적 농산물기업으로서 매출액(2008년)이 110억 달러, 유전자 변형 작물 씨앗을 대부분(90%) 움켜쥐고 있고, 후자는 70개 나라 150개의 농민운동 단체들이 연합한 기구다. 비아 깜페시나는 몬산토의 콩과 같은 유전자 조작 작물의 확산과 종자(씨앗) 특허권을 허용하는 법을 고치라고 주장한다. 거대 다국적기업들이 씨앗을 독점함에 따라 생물 다양성과 식량체계의 탄력성이 위협받고 있다는 것이다. '종種의 전쟁'은 나라와 나라의 싸움이 아니다. 예컨대 미국이 인도 정부에 압력을 넣어서 미국 다국적기업(몬산토)에 이익이 되는 쪽으로 두 나라가 작물作物에 관한 조약을 맺은 적 있었는데 그때 인도의 농민들이 곳곳에서 '몬산토 화형식'을 벌이며 반발했다.

5) 지구와 우주

과학 교과서는 지구 밖에서 지구를 촬영한 사진을 실은 대목에 이렇게 썼다.

우주선을 타고 대기권 밖으로 나가는 우주인은 놀라운 경험을 한다.

바로 자기가 살아가는 행성인 지구를 보는 것이다. 첫 우주인 가가린 (1934~1968)은 '지구는 파란 빛'이라고 중얼거렸다.

우주인의 눈길을 '신神의 눈길'이라 불러도 좋다. 세상 모든 것이 이렇게 돼 있다고 한눈에 꿰뚫어 보는 눈길! 우리는 다들 지구의 한 귀퉁이에서 '내 눈길'로 가까운 곳만을 둘러보면서 삶의 모든 시간을 보낸다. 거울 속으로 자기 모습을 되돌아보는 시간도 많지 않다. 하물며 저 높은(먼) 데서 지구 위의 나를 내려다볼 일은 아예 없다. 가가린이 지구 위에서 꼼지락거리고 있을 자기 자신을 (지구 바깥 우주선에서) 상상해본다고 치자. 카프카의 소설 '변신'에서 주인공이 자기를 벌레라고 깨닫는 놀라운 순간과 쪼끔 비슷하지 않은가? 신의 눈길로 보자면 우리는 한갓 벌레 또는 암세포일 수도 있다.

요즘 우리는 지구를 바깥에서 촬영한 사진을 보고 놀라지 않는다. 무슨 깨달음을 얻는 일은 더더욱 없다. 이미 머리에 익숙해진 것이라서다. 하지만 지구가 어떻게 생겼는지도 잘 모르고, 더욱이 지구 전체를 내려다볼 거라고는 상상도 못하던 고대인이 우주선에 탔다고 치자. 그는 신을 만난 것 같은 충격에 빠지지 않겠는가. "우리들 삶의 모두가 바로 저기서 이뤄진다는 거지? 수많은 인간과 생명체가 다 저기 들어 있다고?" 인류 기술문명의 걷잡을 수 없는 팽창으로 지구 생태계가 위협받고 있음을 잘 알고 있는 우리가 지구를 내려다볼 때는 더 엄숙해진다. "저것들이 한 순간에 쪼개지거나 사라질 수도 있다는 거구나?"

사람의 윤리는 그런 눈길로 세상을 볼 때라야 깊어진다. 키르케고르는 '생성 속의 앎(진리)'이 진짜배기라 했다. 익숙해진(버릇이 된) 눈길이 아니라, 처음 깨닫는 사람의 눈길로 지구의 사진을 바라보자. 제 눈앞의 살림살이만 챙기느라 태연하게 지구 생태계를 망가뜨리는 사람들에 대해 '거룩한 분노'가 치밀어 오를 것이다. 교과서는 '태양이 지구의 에너지 창고'라 썼다. 틀릴 리 없는 말이지만, 자기(인간) 중심적으로 규정했다. 태양 없이 지구는 하루도 버티지 못하는데 (예전에는 신으로 섬기던 것을 가리켜) 한갓 창고라고? 과학자 장회익은 태양과 지구 생태계가 '보補생명'이라고까지 생각했다. 지구 땅덩이와 태양의 불꽃은 우리들 팔다리와도 같은 것인데, 어찌 우리가 이용해먹는 '창고'에 견준다는 말인가.

교과서는 외계 생명체 얘기도 잠깐 했다. 건성으로 떠올리고 관둘 얘기가 아니다. 지구 위의 생명체가 어디서 태어났는지 생각해보자. 아무 생각도 없고 스스로 움직이지도 않는 죽은 물질들 가운데서 언젠가 (스스로 제 삶을 이어가는) 생명체가 태어났다. 그 생명체들은 자기 바깥 세상에 대해 차츰 느끼고 반응하기 시작했다. 생명체들이 성숙해져서 제 이웃도 돌보고, 제 후손도 걱정하기 시작했다. 동물에게는 감정이, 사람에게는 정신(이성)이 싹텄다. 드디어 자기를 낳은 자연(우주) 전체를 알아내기에 이르렀다. 자연의 일부인 사람이 스스로 자연을 걱정하게 됐으니, 이 우주에서 놀라운 사건은 생명체와 사람이 태어난 사건일 게다. 이를 자연의 섭리(큰 이치)라 말해도 좋다. 그러니 윤리학의 기초 공리公理는 인륜人倫을 품은 사람 족속의 씨를 말리는 일이 없어야 한다는 것이겠다. 지구 밖 어디에도 사람과 같이 정신(영혼)을 품은 존재가 있을 것이다. 그들과 교통할 수 있다면 인류의 영혼도 더 눈을 뜨겠지. 인류가 멸망한다 해도 그들이 우주의 눈이 되어 이 세상을 증거하겠지.

6) 참고 자료 1: 황우석 사건과 과학자의 윤리

다음 글은 황우석 사건을 파헤친 인터넷 언론 『프레시안』 기자의 글을 간추렸다. 구체적 사건을 들여다봐야 '윤리 문제'가 더 절실한 앎으로 다가올 거라는 생각에서 옮겼다.

2004년 가을, 황우석과 함께 줄기세포stem cell 연구에 참여한 사람이 참여연대 시민과학센터에 "연구에 쓰인 난자卵子의 출처出處에 문제가 많고 연구 성과도 과장됐다"라고 알려왔다. 이 센터는 1998년 생명윤리법 제정에 힘을 많이 보탰던 곳이다.[140] 당시 (서울대 수의과대학 교수였던) 황우석은 정부와 언론, 의회의 폭넓은 지지를 받고 있었던 터라, 처음에는 센터 측이 이 제보를 '공론public opinion에 부치는 것'을 머뭇거렸다. 제보자가 겪을 고충을 생각해서였다. 2005년 여름, 제보자가 다시 찾아왔다. 황우석이 이른바 '환자 맞춤형' 인간복제

---

140. 법이 만들어지긴 했어도 구멍이 숭숭 뚫린 법이라 종교계와 학계에서 줄곧 비판해왔다. 이 사건이 터지고 정부가 주춤했지만 근래 들어와 오히려 무분별한 기업 활동을 허용하는 쪽으로 개정되고 있다.

배아胚芽 줄기세포를 11개나 만들어냈다고 발표한 바로 뒤다. 과학센터 연구자와 민주노동당 연구원과 프레시안 기자가 황우석의 연구 과정에 나타난 '윤리의 부재不在'를 문제 삼는 글을 썼다. 난자를 불법으로 얻었는지, 줄기세포는 진짜인지 의문을 제기했다. 그때 황우석은 여성난자 427개를 썼다고 밝혔는데 그렇게나 많은 난자를 썼다는 것도 드문 일이지만, 그의 연구계획에 따르면 그것으로도 모자랐다. 나중에 검찰 수사로 밝혀진 바로는 그가 확인 가능한 난자만도 2221개 썼다고 한다. 문화방송의 시사고발 프로그램 「피디수첩」의 PD가 미국에서 김선종 연구원(피츠버그 대학)을 만나 그에 대한 증언을 얻었다. 2005년 10월, 당시 노무현 대통령은 "생명윤리에 관한 논란이 훌륭한 과학연구를 가로막지 말아야 한다"라며, 문제 제기에 대해 딴지를 걸었다.

2005년 11월, 제럴드 섀턴 교수(피츠버그대)가 난자egg cell를 캐내는 과정의 윤리 문제를 꺼내며 황우석과의 협업을 그만두겠다고 선언했다. 이 선언이 「피디수첩」의 사건 취재와 무관하지 않다고 황우석이 말을 흘리자(이는 제보자를 찾아내 혼내주라는 신호였다), 곧바로 황우석을 응원하는 누리꾼들이 제보자에 대한 신상身上 털기와 「피디수첩」에 대한 공격에 들어갔고, 어느 경향신문 기자는 (어디선가 압력을 받아) 딴 곳으로 옮겨 가야 했다. 하지만 황우석이 불법으로 사고판 난자를 갖다 썼을 뿐만 아니라 여성 연구원의 난자까지 (자궁에서) 긁어낸 사실이 나라 안팎에 알려지자[141] 국제과학 잡지 『사이언스』에서도 "적절한 조치를 취하겠다"라고 나섰다. 황우석은 「피디수

---

141. 실험실 안에서 교수와 연구원(또는 학생)은 거의 주종관계가 된다. 졸업 허용이나 논문 공동 저자로의 포함 여부를 교수가 결정하기 때문이다. 대학에선 이를 둘러싼 불미스러운 일들이 많이 벌어진다. 학생은 교수의 사적私的 심부름까지 하는 판이니 황 교수의 요청을 거부하기가 어려웠을 것이다.

첩」이 알린 의혹을 인정하고 국민들한테 사과했다. 그런데 여론은 거꾸로 흘러갔다. 「피디수첩」과 『프레시안』이 이른바 여론의 뭇매를 맞았다. 이를테면 프레시안 기자는 몇몇 인터넷 게시판에 어려서부터 멘탈이 이상했다는 둥, 미국 시민권을 가진 강남에 사는 대형 교회 집사라는 둥 개인을 헐뜯는 글이 올랐는가 하면 심지어 '개○○'라는 욕설이 포털사이트 검색순위 1위를 차지하고, "너와 니 가족이 교통사고로 죽을 거"라는 저주의 글이 우편물로 오기도 했단다. 문제 제기자를 겨냥해 테러도 나올 수 있는 지경이었다.

황우석을 영웅으로 떠받든 사람들

문제 제기자들을 응원한 사람도 없지는 않았다. 이형기 교수(피츠버그대)가 "과학엔 한계가 없지만 과학자한테는 규제가 있다"라며 황우석 스캔들의 문제를 조목조목 짚는 글을 발표했다. 그도 '매국노'라 불리고 목숨을 위협하는 협박을 받았다. 지금은 황우석이 무슨 잘못을 저질렀는지 제대로 짚어내는 사람이 예전보다 많아졌지만 사회 지배층이 황우석을 (돈을 벌어주는) 나라의 영웅으로 떠받들던 그 무렵에는 이형기 교수 같은 사람이 많지 않았다.[142]

2005년 말 『프레시안』은 곤란한 지경에 빠졌다. 그나마 광고를 주던 몇 안 되는 기업이 '광고 중단'을 알려온 것이다. 노무현 대통령이 말을 거들어 사정이 더 나빠졌다. '청와대 국정 브리핑'에 올린 글에서 "「피디수첩」에 대한 비난 여론이 지나쳐서 걱정스럽다. 그런데 「피디수첩」이 황우석 논문이 진짜인지 캐묻는 것은 짜증 난다"라고 밝혔는데

---

142. 송상용(한국생명윤리학회장)에 따르면, 사건이 터지고 외국 언론과는 인터뷰를 했는데 국내 언론은 찾아온 데가 없었단다. 생명윤리 학문에 대한 국가 지원도 그 무렵 끊겼단다.

그의 선의(?)와는 반대로, 여론의 비난이 더 거세졌다. 엎친 데 덮친 꼴로, 12월 초, YTN이 김선종 연구원과 인터뷰를 해서 「피디수첩」이 취재 윤리를 위반했다고 보도했다. 사실을 말하라고 강압적으로 요구했다는 것이다. 이에 대해 문화방송이 사과문을 발표하고 「피디수첩」의 방영을 당분간 멈추겠다고 밝혔다. 「피디수첩」이 벼랑 끝에 몰렸다.

응원군은 (기자에게) 뒤늦게 찾아왔다. 나라 안팎의 전공 교수와 박사과정 학생들이 10통의 이메일을 보내왔던 것이다. 황우석이 『사이언스』에 실은 논문의 부속서에 올려놓은, 11개의 줄기세포를 찍은 사진에서 '중복 사진'이 확인됐다는 것이다. 그가 줄기세포를 조작한 혐의를 입증해줄 만한 증거였다. 하지만 그것만으로는 완벽한 증거가 못 된다. 왜냐. 2013년에 미국 학자가 세계 최초로 '진짜' 인간복제 배아 줄기세포를 만들었는데 이때도 '중복 사진' 의혹이 나왔더랬다. 그는 "사진을 정리해서 싣는 과정에 잘못이 있었다"라고 밝혔고, 과학계는 그 해명을 받아들였던 것이다. 당연히 황우석도 '사진 몇 장이 잘못 들어갔다'고 대꾸했다.

얼마 뒤 「피디수첩」에서 자기들이 취재한 사실을 『프레시안』에 알려왔다(「피디수첩」의 방영 중단으로 PD들이 난감해하던 때다). 황우석이 『사이언스』의 논문에서 발표한 이른바 '환자 맞춤형 줄기세포'가 사실은 환자 맞춤형이 아니라는 증거였다. 어느 생명과학자도 (기자에게) 의혹을 알려왔다. 줄기세포의 진위 여부를 가릴 가장 중요한 데이터(=DNA 지문 분석 결과)가 조작되었을 가능성이었다. 『프레시안』에 기사가 나가자 『뉴욕 타임스』의 과학 담당 원로 기자한테서 연락이 왔다. 과학자의 연구 부정행위를 끈질기게 파헤쳐온 기자다(한국이든, 미국이든 자료 조작 같은 학문적 사기극이 가장 많이 벌어지는 분야가 의학계다). "당신 기사를 (영어로) 번역하겠다." 그제야 서울대 교수 여럿이 움직였다. '황우석의 논문을 검증하자'고 서울대 총장한테 건의했다.[143] YTN에서는 "(황우석의 지시로) 『사이언스』 논문에 실릴 사진을 부풀려서 더 많이 찍었다"라는 김선종 연구원의 증언을 보도했다. 황우석 사태에 대한 (YTN의) 편향 보도를 참을 수 없었던 YTN 기자들이 '내부 반란'을 일으킨 덕분이다. 「피디수첩」이 얻어놓은 김선종 녹취록(나는 시키는 대로 할 수밖에 없었다는 내용)도 드디어 기사로 나갔다.

2006년 1월 초 서울대 조사위원회는 황우석의 논문이 조작됐고, 그가 주장하는 원천기술도 독창성을 인정하기 어렵다고 (뒤늦게) 밝혔다. 황우석은 논문 조작, 연구원의 난자 제공, (그에 대해) 돈을 준 것 등을 사과했지만 줄기세포가 바꿔치기 됐다는 의혹은 부인했다. 『사이언스』는 그의 논문을 (뒤늦게) 취소했다.[144] 그 무렵 서울대 조사위원장이 황우석 지지자들한테 얻어맞았다. 3월 초 검찰의 조사 과정에서 황우석은 논문과 관련한 '시료 조작'을 털어놓았고 서울대학에서 파면당했다. 2009년 말, 서울중앙지방법원은 논문 조작, 정부지원금 횡령(가로채기), 난자의 불법 매매가 유죄라 판단하고 황우석에게 징역 2년에 집행유예(늦추기) 3년을 선고했다.

끝으로, 질문을 던지자. '황우석 사건'은 반드시 진실이 밝혀지고 거짓이 심판받는 쪽으로 결론이 날 일이었을까? 더러 불미스러운 일이 드러나긴 했어도(그의 부도덕한 짓은 여기 서술한 것 말고도 더 많다), 그가 나라의 영웅으로 대접받는 쪽으로 사태가 마무리될 수도 있지 않았을까? 알 수 없는 일이다. 진실의 승리는 필연적인 것이 아니었다는

---

143. 서울대 수의대 교수가 가습기 살균제 가해 업체 '옥시'에서 거액을 받고 그 회사에 유리한 보고서를 써준 혐의로 검찰에 붙들렸다. 돈맛에 취해 학자의 윤리를 저버린 사람이 서울대에서 또 나왔다.
144. 조작된/허튼 논문을 세계적 과학 잡지가 검증해내지 못했다. 학문 동네가 이처럼 허술하다.

말이다.[145]

만일 황우석이 환자 맞춤형 줄기세포를 갖고 있었더라면 결말이 달라졌을지 모른다. 법이 규정해놓은 것보다 훨씬 많은 난자를 썼어도 (여성의 인권 침해는) 큰 허물이 되지 못했을 것이다. 중복 사진, DNA 지문 분석의 조작이 아무리 드러난다 해도 그는 여전히 (돈에 사족을 못 쓰는 나라) 한국의 영웅으로 대접받고 있지 않았을까? 진실의 승리에는 다소 '운lucky'이 따랐다.

7) 참고 자료 2: 새로운 인터넷 이더리움

인문학협동조합의 임태훈이 한국일보(2015년 4월 27일자)에 실은 글을 아래에 옮겼다. 대다수 사람들은 빅 데이터를 자랑하는 지금의 인터넷 체제를 우리가 숙명처럼 받아들여야 하는 것으로 안다. 이에 대해 글쓴이는 '다른 가능성도 있다'고 문제를 던졌다. '인문학협동조합'은 시장터가 돼가는 대학에서 인문학이 말라죽는 현실에 맞서고자 2013년에 인문학 연구자들이 뜻과 힘을 모아 간판을 올린 (대학 바깥의) 학문공동체다.[146]

인터넷의 미래는 어떻게 될까? 올해 초 다보스 경제 포럼에서 구글의 에릭 슈밋 회장은 "인터넷이 사라질 것"이라고 말했다. 미래의 인

---

145. 공론의 장(마당)이, 곧 정치가 쪼그라들고, 넋 없는 상업문화가 판치는 현대 사회의 문화적·정치적 지형이 당분간 크게 바뀌기가 어렵기 때문이다. 목표(비전)도, 삶의 표준(도덕)도 증발해버린 사회! 통계와 대중 소비, TV 시청률 영역 안에 진입하지 못한 것들은 흔히 헛것으로 치부해버리는 사회!
146. 부잣집 자식이 아니고서는 대학에서 박사가 되고 학문을 하기가 거의 불가능해진 시대다.

터넷은 공기나 중력처럼 우리 생활에서 흔하고 당연한 요소로 스며들어 매개자로서의 존재감이 사라질 거라는 전망이다. 언제 어디에서나 모든 것을 자기 영향권 아래 두는 절대적 권력의 존재란 이런 것이다. 그러나 인터넷 바깥의 인터넷이라 할 '이더리움Ethereum'은 지배 질서에 동화同化된 인터넷의 미래에 딴지를 건다. "다른 인터넷도 얼마든지 가능해요!"

지금 인터넷에서 무슨 일이 벌어지고 있는지부터 살펴보자. 인터넷 접속점은 해마다 기하급수(놀랄 만한 기세)로 늘어나고 있다. 세계에서 첫 번째 인터넷 프로토콜이었던 IPv4는 43억 개의 주소를 부여할 수 있었다. 그러나 2011년에 주소를 다 써버리고 할당이 중지됐다. 다음 세대 인터넷 주소 체계인 IPv6는 아이피 주소를 340조 개나 부여했다. 앞으로 10년간 인터넷에 접속하리라 짐작되는 2조 개의 장치에 부여하고도 넉넉히 남는 양이다. 하지만 지금 추세라면 수십 년 내에 IPv6마저 바닥날 수 있다.

인터넷으로 흘러드는 데이터의 분량도 놀랍다. 인류 문명의 시작부터 2003년까지 생산된 데이터의 총량은 5엑사바이트(1Exabyte는 10byte의 18제곱에 해당한다)라고 한다. 오늘날 5엑사바이트쯤은 전 세계 네트워크로 쏟아져 들어오는 이틀치 데이터 생산량밖에 되지 않는다. 2020년에 이르면 디지털 데이터의 생성 규모는 40제타바이트Zettabyte에 도달할 것이다. 전 세계 바닷가의 모래알 수(7해50경 개)의 57배에 해당하는 양이다. 지금 이 순간에도 비트bit로 축조된 데이터베이스 환경에 세계 전체가 겹겹이 쌓이고 있다. 비트는 코딩 방식에 따라 상품이자 서비스이며, 무엇보다 돈으로 변할 수 있다. 가장 많은 비트를 거둬들일 네트워크의 주인이 정치와 경제, 문화의 패권을 움켜쥔다. 더 많은 접속점, 더욱더 많은 데이터 생산량을 좇는 오늘날의 인터넷은 시장경제의 가장 탐욕스러운 속성에 물들어 있다. 우리 시대는 어쩌다가 이런 괴물을 필요로 하게 됐는가?

감시와 검열 기술로 포위된 서버에 인터넷이 갇히다

에릭 슈밋은 이른바 구글노믹스의 장밋빛 미래를 '사라지는 인터넷'에서 찾았지만, 그의 전망은 인터넷이 겪어온 역사를 너무 단순화했다. 왜냐하면 지금의 인터넷은 수많은 이종異種의 인터넷과 더불어 발달할 수 있었기 때문이다. 1980년대까지만 해도 인터넷은 사용자들의 직접적인 상호작용 능력에 기초한 기술이었다. 오늘날의 인터넷이 대기업 통신사에 하나같이 집중된 서버 클라이언트Client 구조로 이뤄진 것과는 많이 달랐다. 게다가 지금의 정보자본주의와 인터넷은 금융 시스템과 하나가 돼 있다. 내밀한 사생활에서부터 갖가지 사회 경제활동에 이르기까지 모든 삶을 데이터베이스화할 수밖에 없는 게 지금의 인류다. 사실상 서버 속에서 살아가는 셈이다. 이것은 겨우 30여 년 사이에 벌어진 변화다.

거대 텔레커뮤니케이션 기업의 서버를 통하지 않으면 인터넷에 접속할 수 없는 지금의 형편에 우리가 갇혀 살아야 할까? 인터넷은 여럿이 나와야 한다. 하지만 서버 클라이언트 자본주의 국가에서는 이런 기술을 발휘하기가 쉽지 않다. 통신사는 수익 구조를 침해받기 때문에 공격해올 테고, 국가는 디지털 파놉티콘에 허점이 생기는 것을 내버려둘 리 없다.[147]

---

147. 글쓴이는 사물 인터넷이 들어오면 앎만이 아니라 사람의 몸마저 빅 데이터에 붙들릴 수 있다고 내다본다. 사람은 '검색→다운로드→저장→망각'의 고리를 순환하지만 아무것도 경험하지 못한다. 단지 무엇인가를 언제든 경험할 수 있다는 망상(착각) 속에 살아갈 뿐이다. 빅 데이터가 사람들을 오히려 옭아매는 사태를 막아야 한다. 그가 쓴 『검색되지 않을 자유』참고.

디지털 테크놀로지의 해방적 역량이 역사적으로 어떻게 억압받아 왔는가를 말해주는 충격적인 사례가 있다. 1970년대 초 칠레의 아옌데 대통령이 추진한 '프로젝트 사이버신CyberSyn'이 그것이다. 칠레를 자본주의 경제에서 사회주의 경제로 바꿔내려면 경제 상태를 실시간으로 파악할 시스템이 필요했다. 중앙 집중의 관료주의를 피하려면 분권적이며 민주적인 네트워크를 세워야 한다. 사이버신 시스템은 실제로 1971년에 가동됐다. 노동자들의 협동경영으로 운영되는 공장들과 산업 단위가 이 네트워크에 연결됐다. 사이버신은 1973년까지 국가 경제 시스템의 75%에 접속할 수 있었다. 하지만 미국과 칠레 기득권층은 남미에 사회주의 정권이 들어서는 것을 바라지 않았다. 1973년 9월 미 중앙정보국CIA를 등에 업은 칠레 군부가 쿠데타를 일으켜 이 수평적 인터넷마저 파괴했다. 오늘날의 인터넷 대기업들은 이런 역사 위에서 허세를 부리고 있다.[148]

디지털 테크놀로지는 발달했으나 진보하진 못했다. 오늘날 우리가 쓰고 있는 인터넷은 한마디로 가두리 양식장 신세다. 감시와 검열 기술로 포위된 서버에 갇혀 있다. 2014년 카카오톡 사태는 이 사실을 여실히 드러내 보였다. 감청 논란에 휩싸인 카카오톡을 떠나 사람들이 텔레그램으로 옮겨 간 것은 집단적인 해프닝에 불과했다. 메신저 사용자들이 사생활 보호 기능이 강화된 텔레그램으로 옮겨 간다고 해도 기본적인 인터넷 접속은 서버 클라이언트 구조를 거칠 수밖에 없다. 기업과 국가의 패킷 감청에서 구조적으로 벗어나기 힘들다(한국은 주민등록번호 추적으로 모든 것을 알 수 있는 나라라서 문제가 더 심각하다). 지난 10년간 이 나라에서 '인터넷 패킷 감청 설비'의 숫자가 무

---

148. 아옌데가 집권했을 때, 칠레는 미국 자본이 탄광과 구리광산을 독점해서 이윤을 빨아 먹고 있었다.

려 아홉 배나 증가했다. 이 설비가 어디에 어떻게 쓰이는지 아직 제대로 밝혀진 게 없다. 카카오톡의 보안성 문제 이상으로 심각한 사안이다. 최근엔 국내 병원의 진료기록 전산화 업무를 대행하는 한 민간회사가 미국 제약회사에 25억 건의 의료 정보를 팔아먹은 일도 있다. 서버를 둘러싼 우리 시대의 윤리는 이토록 저열하기(추레하기)가 짝이 없다. 이런 환경을 내버려두고 사는 것은 단언컨대 노예 같은 삶이다. 하지만 대중은 이 비참한 처지를 놀랄 만큼 빨리 잊어버린다.[149]

서버를 거치지 않는 수평적인 인터넷을 개발하자

지금의 인터넷을 당연한 것으로 받아들이지 말자. 에릭 슈밋의 (제멋에 겨운) 주장과 달리, 인터넷은 이대로 사라져선 안 된다. 더 나은 인터넷에 대한 사회적 상상에 불을 지펴야 한다. 오늘날의 인터넷 네트워크는 폐쇄적이고 중앙 집중화되어 있다. 소비자들이 직접 사용할 물리적 인프라를 소유하지 않고 기업 네트워크에 의존해서 모든 일을 해결하려 하는 한, 인터넷의 미래는 몇몇 대기업의 손아귀 안에서 놀아날 것이다.[150]

다른 인터넷을 세우려면 어찌해야 할까? 상업화에 침범당하지 않는 정보 공유지는 어떻게 유지될 수 있을까? 사회를 바꾸는 유일한 길은 다르게 생산하고 공유하는 것임을 기억하자. 우리 시대의 디지털 기술, 인터넷 기술에 억제된 부분이 무엇인지 찾아야 한다. 자본주의는

149. 인터넷 정보를 죄다 움켜쥔 쪽이 대다수 인류를 조종할지 모른다는 공포증(인터넷포비아)이 스멀스멀 피어오르고 있다. 인터넷 문화가 사람의 능력과 영혼(생명력)을 갉아먹는 측면도 새겨두자.
150. 영어를 공용어로 삼자는 주장과 자본의 인터넷 장악을 당연하게 여기는 생각은 같은 맥락이다. 영어를 모국어로 삼자는 미친놈까지 있었는데, 지구에 영어만 살아남는 것은 인류 멸망의 지름길이다.

해방의 불꽃을 만드는 기술을 이윤을 극대화할 수 있는 기술 뒤에 감추고 있다. 그것을 시민들의 공공재公共財로 빼앗아 와야 한다. 프로메테우스의 정치가 필요한 시점이다

2015년 3월 15일 정식 서비스를 시작한 비트코인 진영의 새로운 인터넷 '이더리움'은 2010년대에 가장 중요한 사건의 하나로 손꼽힐 만하다. 이더리움은 서버를 경유하지 않는 인터넷이자 탈중앙화된 애플리케이션 플랫폼이다. 이 프로젝트에 참여한 이들도 젊고 참신하다. 그룹의 대표 비탈릭 부테린은 스무 살의 청년이다. 그 나이면 인터넷이 없었던 시대를 살아본 적이 없다. 그러나 인터넷으로 무엇을 '더' 할 수 있는지 탐구하는 데 가장 영민할 나이다(한국에선 최근 '잊힐 권리'를 반영하는 새로운 SNS '하루'를 두 고등학생이 개발했다). 대안적인 화폐 시스템과 인터넷을 엮는다는 이더리움의 개념은 코페르니쿠스적인 전환이다. 중앙은행들의 국권 화폐가 흐르는 길이 서버 클라이언트 인터넷이라면, 이더리움은 탈중심화된 암호 화폐Cryptocurrency가 흐르는 탈중심화된 인터넷을 지향한다. 이더리움에는 서버뿐만 아니라 대주주大株主도 없다. 이더리움은 조직의 운영을 자동화하는 '분권화된 자동 기업' 시스템이다. 일반 기업과 달리 조직의 경영자가 전 세계에 철저히 분산되어 있다. 더 많은 사람이 접속할수록 더욱더 다양하고 안정된 시스템이 마련된다.

이제 막 시작된 이더리움의 성공 여부를 미리 장담할 수는 없다. 이더리움이 서버 클라이언트 인터넷의 지배질서를 뒤엎을 거라고 기대하기도 어렵다. 하지만 이더리움은 우리를 둘러싼 인터넷 환경의 의미를 비판적으로 상대화시키는 사회적 실험이다. 오픈 소스open source로 기술을 공개해놨으므로 누구라도 이종異種의 이더리움 개발에 뛰어들 수 있다. 이것은 비트코인 기술의 기본 원칙이기도 하다. 실패 뒤의 또

다른 실패, 실험이 끝난 뒤의 또 다른 실험으로 이어질 도전이 필요하다. 우리 시대 사람들이 그 창조적 연쇄를 멈추지 않고 밀고갈 수 있다면, 그것이야말로 정보자본주의의 진행 방향을 근본적으로 바꿔낼 역사적인 전환점이 될 것이다.[151]

덧대기 1
사람은 그가 무슨 행동을 할지 예측할 수 없고, 속마음이 불투명해서 들여다볼 수 없을 때, 비로소 자유롭게(사람답게) 살 수 있다. 그것이 사람다움의 최소 조건이다. 만약에 기술문명의 발달로 사람의 모든 것이 감시되고 검열되는 세상이 온다면 사람이 얼마나 오그라들지, 짐작하기도 어렵다. 어떤 중앙기관에서 모든 정보 자료를 저희 멋대로 수집해 들이는 사태는 끝끝내 막아야 한다.

덧대기 2
청소년들은 자기 존중감이 낮아질 때(목표 없음, 소외) 게임 중독에 빠져든다. 세상의 소외를 없애는 것(인간해방)만이 기술문명의 폐해를 막아준다. 문제는 기술(기계)이 아니라 사회다.

8) 참고 자료 3: 핵nuclear에 대한 성찰

이 글은 『녹색평론』(2011년 9~10월호)에 실린 김종철(발행인)의 글을 간추려 옮겼다. 후쿠시마 원자력발전소 사고가 나고 얼마 뒤부터 그 얘기가 일본과 한국의 언론에서 자취를 감췄다. (5년이 지난) 지금

---

151. 새누리당은 '창조경제론'이라며, 한갓 거품일 뿐인 빅 데이터(=규모가 크고 생성주기가 짧은 데이터)를 허튼 슬로건으로 내세운다. 빅 데이터는 거짓말이 잔뜩 섞여 있는, 관리가 부실한 자료. 분석 능력을 변변히 갖춘 기업도 없다. 이것의 관리와 운영을 자본과 전문가들한테만 맡겨서는 안 된다.

도 그 후유증(방사능 누출)이 계속되고 있는데 언론에서 다루지 않으니 사람들이 슬슬 잊어버린다. 글쓴이는 우리가 어떤 윤리적인 자세로 핵 문제를 받아들여야 하는지 일깨워준다. 5년 전의 글이지만 아직 시효時效를 잃지 않았다. 『녹색평론』은 환경문제를 제대로 해결하자는 목소리를 줄곧 내온 잡지다.

일본에서 (후쿠시마) 원자력발전소 사고가 나고 반년이 지났다. 일본 사람들도 이제는 거의 보통 때의 생활 리듬으로 돌아간 것 같은 분위기이고 보면, 바다 건너에 있는 우리들이 지나치게 심각해질 필요가 없는지도 모른다. 그러나 일본 사회가 평온해 보이는 것은 겉모습일 뿐이다. 일본 곳곳에서 허다한 사람들이 심각한 정신적·심리적 상해injury를 입고 있음을 잊어서는 안 된다. 날로 늘어나는 관련 증언, 문헌, 자료를 세심하게 읽어보면 이를 알 수 있다. 재난 지역에는 "귀신을 봤다!"라는 목격담이 많이 떠돌았다는데 이것은 사람들이 이 재난을 제대로 감당하지 못하고 있다는 신호다(→되돌아갈 수 없을 만큼 오염된 지역 사람들 사이에는 귀신 소문조차 나돌지 않았다. 현실이 너무 막막해 다들 말을 잃어버렸다). 내면적 상해傷害가 어떠한지는 눈요기 뉴스거리에 골몰하는 매스컴에 의해서는 알려지지 않는다. 시간이 더 지난 뒤에, 갖가지 인간적 기록이나 예민한 문학적·예술적 증언이 나와야 그 실체가 더 드러날 것이다. 아무튼 지금 일본 사회가 적어도 그 내면 풍경에 있어서는 더 이상 후쿠시마 사태 이전과 같은 사회는 아니라고 보인다.

원전原電 사고는 여태껏 우리가 누린 문명생활의 토대가 얼마나 허약하고, 불합리하며, 위험천만한 것인지 단적으로 드러냈다.[152] 우리 생활은 막대한 전력電力 사용 없이는 굴러가지 못할 구조가 된 지 오래다. 게다가 다들 알다시피 전력의 상당 부분을 원자력에 의존하고 있다. 그런데도 우리 대부분은 이 기본 사실에 눈을 감고, 근본 질문도 하지 않은 채 그냥 고개를 돌리고 살아왔던 것이다. 아마 이 정신적인 게으름과 무책임에 대한 뒤늦은 깨달음과 뉘우침도 충격의 원인이 되었을지 모른다.[153]

충격이 컸던 만큼 당연히 일본의 상황에 대해서 한국인도 민감한 반응을 보였다. 그와 동시에, 국내의 원자력발전소와 핵폐기물 처리 문제에 관한 사회적 관심이 모처럼 높아졌다. 한국 정부가 국내 원전의 점검에 들어가 시민들을 안심시켜야 할 필요를 느끼는 데까지 갔다. 하지만 이러한 분위기는 잠깐 이어지다가 곧 가라앉아버렸다. 정부에 의한 원전 실태 조사가 과연 얼마나 견실하고, 신뢰할 만한 것인지 추궁하는 언론도 없었다. 일본의 사고현장 형편이 나아진 것도 아니었다. 후쿠시마에서는 여전히 사고 수습 전망이 불투명한 상태이고, 지금도 대기와 바다로 방사능이 끊임없이 흘러나오고 있다.

하기는 정신을 차릴 수 없을 만큼 별의별 흉측한 사고와 사건들이 터져 나오는 사회에서 원자력 문제에 대한 사회적 관심이 줄곧 이어지기를 바라는 것은 무리였는지도 모른다. 더욱이 방사능은 사람의 감각 기관으로 감지할 수 있는 것도 아니고, 고농도 피폭being bombed을 빼고는 당장 피해가 드러나는 것도 아니다. 사고 직후에는 정부기관에서 남한 곳곳의 방사능 측정치를 발표하기도 했지만, 시간이 흐르자 그것도 어느새 흐지부지되어버렸다. 언론이나 시민들한테서 요

---

152. 한 후쿠시마 주민은 "원전에 분노하면서도 원전 없이 못 사는 이곳은 식민지!"라고 했는데 그곳뿐이랴.

153. 영국 『타임스』의 편집인 칼레츠키는 "2008 세계금융위기로 시장근본주의는 무너졌다"라고 못 박는다. 시장도, 정부도 결함이 많아서 경제를 슬기롭게 운영해야 한댔다. 보수(!) 언론에서 나온 얘기다.

구와 압력이 빗발치지 않는데, 정부가 뭣 때문에 수선을 떨겠는가. 그러나 사람들이 관심을 품지 않는다고 해서 방사능 문제가 사라지는 것은 아니다. 문제를 조금이라도 깊게 들여다본다면, 재앙은 지금부터임을 대뜸 알게 된다. 그러니까 망각과 싸우지 않고서 인류 사회는 개선되지 못한다.[154] 사고 직후 후쿠시마에 들른 영국의 방사선 전문가 크리스 버스비는 이미 일본 동부 지역이 널리 오염된 사실을 알아내고는 소스라쳤다. 그는 사람들이 오염된 땅에서 자란 농산물을 소비해서 먹이사슬에 의한 내부 피폭(폭격 당함)을 입게 될 것을 예견하여, 앞으로 (이번 사고로) 희생될 사람이 수십만에서 백만 명까지 이를 거라고 추산(추정)했다. "되도록 거기서 멀리 떠나세요!" 해양생물학자 미즈구치 겐야는 "이제 지옥의 문이 열렸다"라고 한숨을 쉬었다. 바다가 오염돼 사람 몸 안에 먹이사슬을 통한 방사능 농축이 시작됐다는 것이다. 생선을 많이 먹는 일본에서 앞으로 그 피해가 적지 않을 것이다.

재난의 해결책이 민중을 버리는 짓인가

우리도 안심할 수 없다. 생물의 먹이사슬food chain 메커니즘은 국경과 상관없다. 또 대기 속에 방출되는 방사성 물질이 비에 섞여 한반도에도 내려온다. 미량이라도 코로 들이마시고, 흙과 물을 오염시키면 결국 사람과 생명체에 치명적인 독이 된다. 방사능 피폭에는 '어느 양보다 적으면 해롭지 않다'는 그런 분기점이 없다. 이미 한반도도 피재被災 지역이 됐다.

그런데도 일본과 한국의 정부와 원자력 업계와 대다수 언론과 어용

---

154. 미국의 수소폭탄 실험(1955년 태평양 비키니 섬)으로 피폭된 일본 어부들이 최근에야 피해보상 소송을 냈다. 그런 경우가 어디 한둘이랴. 늦었더라도 소리를 질러야 개선된다.

학자들은 상황의 심각성을 인정하지 않는다. 아마도 그것을 인정한다면 광범위한 주거지와 삼림, 농토 및 어장漁場을 포기하는 데 따르는 사회적 대혼란과 재정적 부담을 도저히 짊어질 수 없어서겠지 (→책임윤리의 실종). 이번 후쿠시마 사고 피해자에 대한 직접적인

후쿠시마 원전이 폭발한 뒤, 환경의 재앙을 걱정하는 일본 민심이 깨어났다. 그런데 일본 지배층은 민중이 빨리 그 사건을 잊기만을 학수고대하고 있다. 그래야 다시 원전을 마음껏 돌릴 수 있으므로.

배상이나 피난·이주에 따른 비용은 빼고, 단순히 정부가 인정한 제염 (=오염 제거) 비용만 계산하더라도 20년 넘게, 50조 엔이 넘는 천문학적 액수가 들 거라고 어느 연구자가 밝혔다.

하지만 재해災害를 해결할 아주 손쉬운 길이 있다. 재해의 규모와 수준을 최대한 축소·은폐하고, 피해자 구조를 팽개치는 것이다. 요컨대 민중을 버리는 정책을 쓰면 된다.[155] 실제로 이 정책은 자본과 국가가 늘 저질러온 못된 버릇이다.[156]

흔히 원자력 마피아라는 말을 쓴다. 원자력발전소를 건설·운영함으로써 막대한 이익을 챙기는 자본가·기업가들과 그들에게 협력하거나 빌붙어 살아가는 정치인, 관료, 언론, 학자들을 싸잡아 일컫는 이름

155. 소극적으로 버릴 뿐만 아니라 적극적으로 죽이기까지 한다. 온두라스의 환경운동가 베르타 카세레스가 2016년 초 괴한에게 살해됐는데 그 배후엔 쿠데타로 집권한 온두라스 정권이 있다.
156. 1980년대에 신자유주의를 내세워 노동자를 억누른 대처 영국 수상은 "사회 같은 것은 없다"라고 솔직히 말했다. 자본가가 바라는 대로 통치하고, 불쌍한 처지에 놓인 민중(실업자, 장애인)은 그냥 버리자는 말이다! 종種이 아니라 개개인 간의 약육강식(=이기적 유전자)을 말하는 새 사회진화론이 돌아왔다. 그런데 이것은 '변화'가 아니라 '보존'을 외친다. "시장(=자연)을 보존하고, 가만히 내버려둬라!"

인데, 문제는 이 원자력 마피아의 힘이 너무나 강고하다는 것이다. 에너지를 낭비하지 않는 좋은 삶이 있을 수 있고, 또한 다른 식으로 얼마든지 전력을 생산할 수 있는데도, 원자력발전이 줄곧 존속·확장되어온 결정적인 요인은 원자력 마피아가 버티고 있었던 것이다. 그들의 막강한 권력이 문제다. 이 세상은 '원자력 절대체제'라고 불러 마땅한 기괴한 독재체제가 되어버렸다. 이 체제에서 결정적으로 훼손되는 것은 자연과 사회적 약자의 삶, 평화와 민주주의, 그리고 무엇보다 '진실'이다.

맨해튼 프로젝트(2차 대전 중 미국이 영국과 캐나다를 거느리고 남몰래 벌인 핵폭탄 개발 프로그램) 이래 핵산업이 쉼 없이 커진 근저에는 언제나 거짓과 속임수와 은폐공작이 있었다. 히로시마와 나가사키에 원자폭탄을 떨어뜨린 뒤부터 방사능에 대한 거짓 정보가 여태껏 줄곧 활개 치고 다녔다. 그들은 끊임없이 방사능의 끔찍한 독성 작용을 은폐하거나 축소해왔고, 심지어는 '방사능을 쪼끔 맞으면 오히려 몸의 면역력이 커진다'는 뻔뻔스러운 논리까지 퍼뜨렸다. 방사능의 진실을 대다수 시민이 알게 되면 핵무기도, 원전산업도 그날로 끝날 수밖에 없기 때문이다. 원전은 사고 없이 정상으로 가동될 때에도 미량이지만 끊임없이 방사성 물질을 유출하므로 이웃 주민들이 건강 장애를 겪어야 한다. 원자력 마피아는 이를 당연히 부인하지만, 여러 번의 독립적인 역학疫學 조사로 이 사실이 밝혀졌다. 자주달개비꽃이라는 식물이 미량의 방사능에도 돌연변이를 일으키는 특성이 있음을 발견한 유전학자 이치카와 사다오가 정상 가동되는 원전 부근에 이 식물을 심어놓고 반응을 살펴서 방사능의 유출을 확인했다.

거짓말과 속임수와 은폐 공작[157]

열쇠는 방사능에 대한 정확한 지식과 정보이다. 그러나 국제원자력위원회IAEA는 물론이고 세계보건기구WHO도 방사능과 관련해 줄기차게 거짓 정보를 퍼뜨렸다. 1959년에 맺어진 IAEA와 WHO 사이의 협약은 WHO라는 유엔기구가 국제 원자력 추진 세력 앞에서 얼마나 허약한지를 유감없이 드러낸다. 그 협약은 방사능에 관한 한, WHO의 독자적인 조사·평가와 그 연구 결과의 공개를 모조리 금지하고 있다. 이를테면 WHO는 체르노빌 원전 사고(1986년 소련의 우크라이나 지방에서 터졌음)의 피해 상황에 관해 학술대회를 두 차례나 열고서도 그 결과를 발표하지 못했다. "체르노빌 사고의 피해자가 수천 명에 불과하다"라고 그냥 앵무새처럼 IAEA의 말을 따라 읊었다.

'핵의 평화적 이용'이라는 슬로건 밑에서 시작된 원자력발전 시스템은 핵무기에 못지않게 생명과 평화에 위협적이다. 본디 원자력발전과 핵무기는 일란성 쌍생아다. 가라타니 고진(일본 학자)이 "원전은 핵무기 개발을 전제로 한 산업이므로 핵무기를 꿈꾸는 국가는 원전을 결코 그만두지 않는다"라고 했다. 실제로 원전은 전력생산 시스템으로서 가장 위험하고 비경제적이며 불합리하다. 군사침략이나 배타적 국가주의 논리를 떠나서는 존립할 이유가 없다. 원전을 허용하면서 평화와 민주주의를 말하는 것은 자가당착(앞뒤가 안 맞음)이자 위선이다.

그러나 원자력발전 시스템의 존속을 허용해서는 안 될 가장 절박한 이유는, 이것이 지금의 잠깐의 이익을 위해서 미래 세대의 삶의 토대를 아예 파괴해버리는 몹시 비윤리적인 시스템이라서다. 방사능에 관

---

157. 진실을 덮으려는 권력의 욕구는 완강하다. 예컨대 미국엔 아직도 '흑인 노예사 박물관'이 없다. 백인들이 불편해하기 때문에 그 기억을 애써 얼버무린다. 진실을 전파(계승)하려면 싸워야 한다.

한 숱한 문헌과 자료를 읽고 나면, 절망적인 기분에 사로잡히기 쉽다. 제2차 세계대전이 끝난 뒤로 무수한 핵실험, 원자력발전소 가동, 핵폐기물 해양 투기(던져버리기)로 세계 곳곳이 이미 방사능에 오염될 대로 오염돼버렸다. 게다가 엄연한 핵무기인 열화우라늄탄이 세계 곳

북극해에 배가 마음껏 다닐 수 있게 된 것은 재난(=지구온난화)의 결과다. 그런데 세계의 자본가들은 재난의 해결은 뒷전이요, 재난으로부터 돈 벌 기회를 찾는 데만 열심이다. 자본주의는 참으로 힘이 세다. 하지만 우리는 끝끝내 정의正義를 물어야 한다.

곳의 전쟁터에서 거침없이 쓰이고 있다.[158] 코소보, 이라크, 아프가니스탄에서 리비아에 이르기까지! 그런데도 대다수 인류는 여전히 방사능 오염에 무감각하다. 원자력 마피아의 이익추구 욕망이 아무리 크다고 할지라도, 이대로 가면 멸망의 길이 분명한데도(→인류 때문에 생물의 절반이 멸종하고 있다) 그만두지 못하는 이유는 무엇일까?

지구별엔 그동안 다섯 번의 대大멸종이 있었는데 그때마다 최상위 포식자는 반드시 멸종했다. 기가 막히게도 최근의 지질地質 연대年代를 가리키는 학문 용어가 '인류세Anthropocene'가 돼버린 지금, 인류 멸종의 개연성은 무척 높은 셈이다(→'인류세'를 학계의 공식 용어로 삼을지, 곧 결정할 예정이란다). 그러므로 핵에 대해 관심을 품지 않고 무덤덤해지면 결국 묵시록(→성경에서 세상의 종말과 심판을 예언한 대목) 같은 상황이 찾아온다. 독일 철학자 귄터 안더스는 현대인들이 그렇게 된 까닭이 '상상력 결여' 탓이랬다. "세상이 경제성장과 효율성의 원리에 온통 휘말림에 따라 세계 자체가 거대한 기계로 바뀌었고, 사람은 한갓 그 기계의 부품이 되고 말았다. 그 결과로, 사람들 머리에는 양심

158. 한국도 영동(충북)에 열화우라늄탄 폐기장이 있다. 미군이 다른 나라에서 쓴 것을 여기 버린다.

과 책임과 윤리의식, 곧 근원적인 상상력이 깃들 자리가 없었다"라고 그는 비관했다. 하지만 그는 죽을 때까지 핵 없는 세상을 위해서 열심히 싸웠다.

덧대기 1
후쿠시마 주민들은 피해자이면서도 죽은 사람들에 대한 죄의식에 시달렸다. "정신을 차리고 보니 저 앞에 한 남자가 목까지 건물 더미에 묻혀 눈만 빛내고 있더군요. 말을 걸 수도, 무엇 하나 도와줄 수도 없었어요. 그렇게 그는 죽어갔습니다." 이소마에 준이치가 쓴 책『죽은 자들의 웅성임』은 후쿠시마 사고로 죽어간 사람들을 달래는 진혼곡이다. 일본이나 한국이나 이들의 웅성임(=또렷하지 않은, 들리지 않는 목소리)에 줄곧 귀를 닫고 살아왔다. 경제 번영(=소비문화)의 단물에만 도취된 채! 대다수 일본인은 후쿠시마 사람들을 (당연히) 동정했지만 이해관계(예컨대 재난 지역의 건물 잔해를 어디서 처리하느냐는 문제)가 불거지자 곧 후쿠시마의 현실에서 쌀쌀맞게 고개를 돌려버렸다. '연민'이란 새털과도 같다. 잠깐 눈물 흘리고 나서는 언제 그랬냐는 듯이 잊어버린다! 재난의 피해자들과 진정으로 공감하고 (그들을) 역지사지하는 실천은 과거와의 근본 단절, 다시 말해 원자력 발전을 없애기로 결단하는 것이다.

덧대기 2
방사능 오염(누출)이 계속되어온 곳은 후쿠시마만이 아니다. 30년 전에 터져버린 체르노빌(러시아) 핵발전소도 그동안 누출된 방사능은 3%에 불과하다. 낡은 원자로가 무너질 경우, 더 막대한 양이 다시 새어나온다. 후쿠시마의 방사능 유출량은 체르노빌의 세 곱절이나 된다. 두 곳은 완전 복구까지 수백 년이 걸릴지 수천 년이 걸릴지 알 수 없다. 그런데 한국과 일본의 지배층은 '원자력발전, 그대로 하자'는 태도가 아직도 굳건하다. '대안 에너지 개발'로 일찌감치 방향타를 돌린 독일 나라에서 배워야 한다. 미래학자 제러미 리프킨은 인터넷 기술과 재생 가능 에너지의 결합으로 3차 산업혁명이 일어날 거라고 예견하는데 그것이 일어난다 해도 그 출발점은 동아시아가 아니라 유럽(독일)일 것이다. 한·중·일은 아직 화석연료 퍼먹기에 여념이 없어서다.

덧대기 3

폴 비릴리오는 현대 과학기술문명의 핵심 특징을 그것이 전쟁기계를 만들어냈다는 것과 '속도가 빨라졌다'는 데서 찾는다. 예컨대 핵전쟁의 긴급사태가 벌어졌을 때는 정치토론을 벌여서 방침을 결정할 겨를이 없고, 전쟁기계의 논리에 그대로 따라야 한다. 기술 변화의 속도가 빨라지면 그 속도(!)를 지배하는 쪽이 권력을 몽땅 차지한다. 한편 통신혁명에 따른 기술 발달로 사고의 규모가 세계적인 차원으로 커진다. 그런 파국의 발생을 막으려면 기술의 잠재적인 쓸모를 수긍하면서도 기술의 지배에 '맞서는' 정치가 일어나야 한다고 그는 부르짖는다. 그가 쓴 『속도와 정치』 참고. 리처드 로빈스는 핵 발전 고수固守로 이어지는 끝없는 경제성장 욕구가 인간 본성에서 비롯된 자연스러운 결과가 아니라 자본 체제가 빚어내는 억지스러운 결과라고 못 박는다. 자본 체제는 쓸데없는 정보들을 눈발처럼 흩뿌려서 사람들의 '세상 읽기'를 훼방 놓는다. 또 소비를 끌어내기 위해 제품들을 일부러 일찍 낡게 만든다. 사람들은 수동적인 소비자=구경꾼으로 주저앉는다. '잔뜩 팔아먹겠다'는 자본의 논리는 인류의 앞날을 위태롭게 만드는 부도덕한 짓거리다. 그가 쓴 『세계문제와 자본주의 문화』 참고.

4부
두루 살펴야 할 세상

1 사랑의 쇠퇴

에밀리 브론테가 쓴 소설 '폭풍의 언덕'이
19세기에 수많은 인류를 울렸다. 사랑은 참으로
기괴한 것이다. 하지만 21세기의 인류는
'미친 듯한 사랑'에 빠지고 싶어 하지 않는다.
사랑의 열정이 엷어져가는 것을
바람직한 풍조라 할 수 있을까?

이 글은 '사랑'을 살핀다. 이웃 사랑이 아니라 성性을 거느리는 사랑을. 교과서에 뭐라고 적었는지부터 알아보자.

첫째. 우리는 사랑하는 사람과 감각적 사랑(섹스)도 하고 싶고, 서로 존중하는 정신적 결합도 바라고, 그런 사랑이 깊어지면 상대를 위해 자기를 희생하기도 하지(사랑은 고귀한 데로까지 나아갈 수 있어).
둘째. 전통적인 사랑관觀은 사랑더러 결혼과 출산/육아를 성실하게 떠맡으라는 것이지만 성과 사랑을 별개로 여기는 새로운 풍조trend가 생겨났지.[159] 쾌락주의는 곤란하지만 (사랑만 한다면) 결혼 약속 없이도 성관계를 맺는 것을 수긍해주는 것이 가운뎃길(중용의 길) 같다.

간단히 짚자. 첫 얘기는 너무 뻔해서 아무런 앎도 주지 못한다(그 말, 굳이 해줘야 하나). 둘째 얘기는 사람을 쪼끔 생각하게 만들지만

---

159. '소비'를 부추기는 현대 자본 체제가 이 풍조를 낳았다. "성性을 맘껏 소비하라!" 두려운 외로움에서 벗어나려고 남녀노소가 성을 찾지만 성적 결합이 끝난 뒤 '남남'이라는 느낌은 더 짙어진다.

'(결)혼전 성관계'를 둘러싼 시비는 그렇게 흥미롭고 중요한 토론거리가 아니다. 누가 뭐라든 가운뎃길을 찾아가는 추세(흐름)를 말릴 수도 없고, 말려야 할 절박한 사정도 없다. 사랑과 성을 별개別個로 여기는 풍조를 막아내기만 해도 다행이다. 쾌락주의나 성의 상품화가 남녀 모두를 어떻게 망가뜨리는지를 자세하게 보여주는 것은 교육적인 가치가 높은데 (그에 관해서는) 이 글의 끄트머리에 잠깐 덧붙인다.

우리가 두고두고 생각해볼 거리는 다음의 질문이다. "현대 사회에 접어들어 남녀 사이에 사랑(의 감정)이 점점 엷어져가고 있는 것 아닌가? 그거, 큰 문제가 아닌가?" 에바 일루즈(이스라엘의 사회학자)가 여러 해 전에 그런 얘기를 『사랑은 왜 아픈가』라는 책에 썼는데 만일 그렇다면 큰일이 아닐 수 없다. 그리스 신화에 따르면 '에로스(사랑)'는 카오스(틈)와 가이아(땅)에 이어서 생겨난 가장 오래된 신god으로서 우리한테 있는 가장 좋은 것들의 원인이다.[160] 사랑만큼 사람한테 '살 맛 나게' 해주는(=자기 존중의 느낌을 품게 해주는) 것이 없고, 사랑만큼 사람과 사람을 튼튼하게 이어주는 것도 없다. 사람끼리 서로 제대로 이어져야 사회가 든든히 자리 잡지 않겠는가. 그래서 대중가요는 주로 이것을 읊어댄다.[161] 이에 견주자면 '혼전 성관계 어쩌고'는 무척 한가로운 생각거리다. 세상에 사랑 자체가 시들어가는 판에 무슨 지질한 얘기를 떠들고 앉았냐?

160. 플라톤은 『향연』에서 사랑을 예찬했다. 그런데 옛 그리스 귀족 남자들이 찬양한 것은 중년 남자와 소년 애인 사이의 동성애였다. 남성 짝 150쌍이 용맹무쌍한 부대(군대)를 이룬 경우도 있다.
161. 이를테면 「가시나무」라는 노래. "내 속엔 내가 너무도 많아 당신의 쉴 곳 없네. 내 속엔 내가 어쩔 수 없는 어둠 당신의 쉴 자리를 뺏고, 내 속엔 내가 이길 수 없는 슬픔 무성한 가시나무숲 같네……."

그리워서 죽었네라

현대인들 사이에 사랑이 왜 시들었는지는 조금 뒤에 말하고, 열정적인 사랑이 어떤 것인지부터 잠깐 떠올려본다. 왜 사랑의 '열정'에 주목하느냐 하면, 그런 고귀한(밀도 높은) 감정이 곳곳에 숨 쉬어야 세상에 아름다운 문화가 꽃피어나고, 그래야 사회가 활력을 얻기 때문이다.

이탈리아에는 로미오와 줄리엣이 살았고 한국에는 춘향이가 살았다.[162] 엘로이즈/아벨라르 이야기(12세기)와 평강공주/바보 온달 이야기(6세기)는 실화實話다. 아벨라르는 이름난 신학자로서 홀몸(독신)으로 살지 않는다면 성당에서 내쫓길 처지였다. 이들 모두는 신분의 벽(평강공주, 춘향이)을 뛰어넘었거나 금지된 사랑(아벨라르, 로미오)을 했던 탓에 사람들한테 감명을 주거나 동정심을 불러일으켰다. 사랑의 열정을 품은 사람은 (영혼이 달라져서) 평소 같으면 엄두도 내지 못할 위대한 일을 벌인다.

괴테가 쓴 소설 『젊은 베르테르의 슬픔』(1774년)은 약혼자가 있는 처녀 로테를 짝사랑하다가 이뤄질 수 없는 사랑에 절망하여, 또는 죽어서라도 그 사랑을 완성하기 위해 스스로 목숨을 끊은 청년의 이야기다. 나폴레옹은 이 소설을 열 번도 넘게 읽었다 하고, 자기를 '제2의 베르테르'라 여기고 덩달아 자살한 청년들이 그때 꽤 많았다고 한다. 주인공이 속물스러운 귀족들한테 비웃음을 사는 얘기와 늪처럼 고여 있는 관료 사회를 불신하는 얘기도 들어 있어 단순히 연애소설로만 읽으면 안 되지만 아무튼 유럽인들이 감명을 받은 것은 그의 '사랑의

---

162. 로미오와 춘향이는 16세, 줄리엣은 14세였다. 방년(芳年, 꽃다운 나이) 16세를 '28청춘'이라 한다.

열정'에 대해서다.

그보다 조금 뒤에, 문인文人 김려가 정치적 분쟁에 휘말려 함경북도 부령땅(두만강가)에 귀양살이 가서 유배객들한테 시중드는 기생 연화 蓮花를 만났다. 글도 잘 짓고 그림도 잘 그리는 연화를 몹시 사랑했으나 다시 까마득히 먼 진해(경남) 바닷가로 유배지流配地가 옮겨져서 더 만날 수 없게 됐다. 그는 『연화 언행록言行錄』을 짓고 시집 『사유악부』에 그녀를 그리는 장시長詩를 남겼다.

묻노니 그대 무얼 생각하는가
내가 그리는 건 북녘 바닷가
눈 감아도 또렷한 성城 동쪽 길
두 번째 다리에 연희가 살고 있었지
집 앞에는 한 줄기 맑은 시내 흐르고
집 뒤엔 산자락으로 돌들이 구르지……

선비(사대부)가 기생(미천한 여성)을 추모하는 책을 쓴 경우는 그 말고는 없다. 그도 그리워서 죽었다.

사랑은 거대한 힘을 품고 있다[163]

사랑에 눈먼 사람한테 세상일은 단 하나, 상대한테 다가가는 일이다. 사랑은 사회적 신분의 차이 따월랑 당장 걷어치우게 만든다. 사랑의 힘이 남녀평등의 사회로 나아가는 한 걸음이 된다. 옛 조선의 선비들은 김려의 책을 읽으며 낮은 신분의 여성을 동등한(존엄한) 존재로 대접하는 마음가짐을 배웠을 것이다.

사랑은 '개인(나 자신)'에 눈뜨게 하는 거대한 힘이기도 하다. 20세기 초 중국의 어느 젊은 여성은 "부모가 내 짝(배우자)을 결정한다면 '나'는 어디 있느냐"라고 항의하면서 어느 날 문득 이 세상을 떠나갔다. 제 삶을 변변히 꽃피우지도 못한 채. 그녀의 죽음을 애도하러 찾아온 젊은이들이 무척 많았다고 한다. 1926년 어느 날, 현해탄(부산과 일본 사이에 있는 바다)을 건너는 배 위에서 음악가 윤심덕과 갑부의 아들이자 부모가 짝지어준 본처가 있었던 김우진이 함께 바다로 뛰어들었다고 신문에 보도됐다. 둘 다 일본 유학생이었고 윤심덕은 '자유연애'를 부르짖는 신여성으로, 이뤄질 수 없는 사랑에 절망한 것 아니겠냐는 추측이 나돌았다. 이 사건이 알려진 뒤 나온 윤심덕의 노래 「사死의 찬미」가 담긴 레코드 앨범이 엄청나게 많이 팔렸다. "광막한 황야를 달리는 인생아, 너는 무엇을 찾으러 왔느냐……."

사랑의 열정은 기괴하기까지 하다. 에밀리 브론테의 소설 『폭풍의 언덕』(1847년)의 주인공 히스클리프는 애인인 캐서린이 (자기를 버리고) 사회적 신분이 높은 에드가와 결혼하려 하자 집을 뛰쳐나간다. 복수심에 불타 에드가의 동생을 유혹해 아이를 낳고 그녀를 잔인하게 버린다. 캐서린은 죄의식으로 심하게 앓고 정신장애를 겪다가 죽는다. 히스클리프는 "내가 너를 죽였으니 (원한 맺힌) 귀신이 되어 날 찾아오라. 원귀가 된 너라도 보고 싶다"라고 무덤 앞에서 목을 놓았다. 그는

163. 베르테르 얘기에 왜 그렇게 열광했을까. 근대 사회로 접어들 무렵, '낭만적 사랑'에 대한 꿈(열정)이 생겨났다. 사랑은 고귀한 것으로, 세상의 질서에 거역하게 하는 힘이, 위반의 아우라가 있다는 것이다. 그래서 그 열정은 개인주의(자본주의) 사회를 열어주는 전령사가 됐지만, 한편 아낌없이 남에게 베푸는 인간관계가 이익만 따지는 인간관계보다 윗길임을 선포해 이기주의(자본주의) 사회를 넘어설 유토피아적 열정으로 발돋움하기도 했다.

사랑 때문에 제 삶마저 살해해버렸다.

옛사람들은 이렇게 인간관계를 깊게 맺었던가? 상대를 생각하는 마음이 끔찍했다. 망부석이라는 것이 전해 온다. 지아비 돌아오기만을 하염없이 기다리다가 돌이 돼버렸다는 전설! 정조chastity를 지키려고 수절한 것으로만 읽을 일은 아니다. 그것은 일면일 뿐이고, 한번 관계(인연) 맺으면 '끝까지 간다'는 삶의 길로도 읽자. 20세기에도 살아 있는 망부석望夫石 또는 망부석望婦石이 있었다. 월남민 장기려 선생(처음 의료보험조합을 만든 의사)은 이북에 두고 온 아내를 언제나 떠올리며 홀몸으로 살았다. 독일의 어느 여자도 (다시 만날 수 없는) 이북의 어느 남자를 기다리며 수십 년을 늙어갔다고 한다. 상대에 대한 배려가 결벽이 되기도 했다. 키르케고르(19세기 실존철학자)는 자기가 약혼녀를 불행하게 만들지 모른다고 염려해서 일부러 못된 짓을 벌여서 파혼을 끌어냈다.

사랑에서 마법이 빠져 달아났다

그런데 요즘(20세기 말~21세기 초) 사람들은 어떠한가? 이 글의 첫머리에서 '남녀의 사랑의 감정이 엷어져가고 있다'고 했다. 감정이 얼마나 식었는지 숫자(%)로 밝히기는 불가능한 일이지만, 그런 흐름이 분명하다는 것은 직관으로 알 수 있다. 수많은 TV 드라마를 보라. 재벌집 남자와 가난한 집의 여자가 해피엔딩으로 맺어진다는 신데렐라 이야기가 그렇게나 많다는 사실은 현실에서는 전혀 그렇지 않다는 것을 반증한다. 우리 사회에는 상류층 자녀끼리 (주판알 잘 튕겨서) 짝지어주는 '마담 뚜(쟁이)'가 오래전부터 활약해왔다. 인터넷 맞선(중매) 사이트가 미국에서 엄청난 인기를 끌고 있고, 한국에도 상륙했다. 서로 온갖 것(재산, 직업, 학력, 취미)을 미리 계산하고서 만나는 사람들 사이에 무슨 열렬한 감정이 우러나겠는가.

막스 베버(1864~1920)는 근대(현대)가 탈脫마법의 시대라고 규정했다. 돈(화폐)이 세상을 지배하고부터 신성한 것들이 죄다 사라졌다는 얘기다.[164] 거꾸로, 그 이전 사회는 '세상에는 마법 같은 것이 있다'고 여겼다. '마법 같은 사랑'에 대한 꿈이 그것의 하나다. "나의 거룩한 여신이여! 내가 왜 큐피드의 화살을 맞았는지[165] 나도 그 까닭을 모르겠소. 세상에 당신 같은 분은 어디에도 없소. 언제 어디서나 당신 생각뿐이오. 내가 모든 것을 잃는다 해도 당신 곁에만 있고 싶소. 당신이 곧 나이고, 내가 당신이오!" 이를테면 나폴레옹도 전쟁터에서 아내한테 이런 열렬한 편지를 써 보냈다. 전황을 파악하느라 신경을 곤두세워야 하는 곳에서 말이다. 이와 달리, 요즘에는 누가 "(난) 미친 듯이 사랑에 빠졌다." 하고 외치는 것을 들어보기가 어렵다. 쿨cool한 것을 당연하게 여긴다. 왜 이렇게 됐을까?

> **덧대기**
> 참사랑은 두 남녀가 그저 '즐겁게 (성적 쾌락을 누리며) 살자'고 맺은 계약이 아니다. 참사랑은 타인의 실존에 대한 근원적인 경험이다. 남을 내 가슴에 받아들이려면 내 정신은 텅 비어야 한다. 참사랑이란 그에게서 나를 발견하는 것이다. 그를 위해 나를 잃어버리고 그는 그런 나를 다시 일으켜세워준다. 사랑은 그가 내게 주는 선물이다. 지배자는 자기를 통해 남을 장악하지만, 사랑하는 사람은 남을 통해 자기 자신을 되찾는다. (그리워서

---

164. 새물결에서 펴낸 『짐멜의 모더니티 읽기』를 참고. '돈'에 관한 훌륭한 에세이가 들어 있다.
165. 로마 신화. 큐피드(에로스)가 장난으로 쏜 화살을 맞은 사람은 사랑에 눈이 멀어버린다.

죽은 사람들처럼) 죽음에 이르기까지 삶을 긍정하는 것이요, 타자他者 속에서 죽는 것이다. 그런데 현대의 세계가 너도나도 똑같이 규격화되고 자본화되어버려서 참사랑이 피어날 여지space가 점점 좁아들었다. 왕따에서 묻지 마 살인, 총기 난사까지 남다른 공격성을 띤 사람들이 세계 곳곳에 늘어나는 현상은 이것과 연관 지어 파악해야 한다. 사람들이 셀카 찍기에 열 올리고, 독일 청년들 사이에 자해 행위가 유행하는 것도 외톨이의 삶이 허망(허전)해서다. 오늘날 예술과 문학이 맞닥뜨린 위기도 이것의 직접적인 결과다. 자본 체제는 황금gold의 신神이 모든 것을 다 똑같이 만들어버리고, 타자the others에 대한 환상을 아예 없애버린다. 그러니 참사랑이 깃들 자리가 없고, 예술과 문학이 설 자리가 사라진다.

현대에는 사랑도 과학science이 돼버렸다. "무의식, 성적 충동, 엔돌핀(호르몬), 종種의 생존, 종족 번식, 두뇌 화학물질……." 이런 비정非情한 개념들로 사람의 감정을 낱낱이 해부해버린다. 생물학biology은 사랑을 화학 반응식으로 설명한다. 아무런 숭고한 뜻이 없는 생리 작용physiological function에 지나지 않는다는 것이다! 진화생물학은 그것이 생존(번식) 수단이라는 데만 주목한다. 그것보다는 좀 낫지만 심리학psychology도 사랑을 별것 아닌 일로 봤다. "두 사람의 '성격'이 그런대로 맞아떨어지면 그게 사랑이지, 뭐!" 마법이 어디 어슬렁거릴 곳이 없다. 옛사람들은 "아픔을 많이 겪을수록 참사랑이지. 사랑은 신적인 것과도 통한다네." 하면서 베르테르와 엘로이즈와 줄리엣을 애닯아했다. 하지만 요즘 심리학자들은 그렇게 홍역을 앓는 연인들을 가리켜 "어릴 적에 겪은 어떤 심리적인 외상(外傷, 트라우마) 때문이군요. 정신 분석을 받아서 치료하세요." 하고 권고한다. 공리주의자들은 연인을 위해 자기를 희생한다는 것을 한갓 어리석은 일로 치부해버린다. 다들 사랑으로부터 고귀하고 신비로운 영혼의 힘을 제거해버렸다.

시장 좌판에 나와 앉은 사랑

사랑의 탈脫마법화에는 페미니즘(양성평등운동)도 나름의 몫을 했다. 페미니즘은 여성에게 희생과 복종을 강요하는 사회에 반기를 들었다. 사랑을 합리화함으로써 여성의 정치적 해방을 이뤄냈다. "평등과 합의와 호혜(상호 혜택)의 규범에 의거해서 남녀의 공동생활을 협상합시다!" 페미니즘은 남성의 기사도 정신knighthood과 여성의 신비로운 광채brilliance라는 허튼 베일(가리개)을 거리낌 없이 찢어버렸다. "(낭만적인) 사랑 따위는 여성을 억누르는 사슬이야!" 페미니즘이 남녀 관계를 평등화하는 큰 구실을 한 것과는 별도로, 감정의 합리화를 얼마쯤 거들었던 것의 공과(공로와 과실)는 따로 따져야 한다. 이를테면 직장에서 성희롱의 구설수에 오르지 않으려면 함부로 남한테 친밀감을 나타내지 말아야 한다. 그런데 남녀관계란 물건 계약관계처럼 분명히 맺고 끊는 게 아니라 밀당(밀고 당김)이 오가는 영역이 아닌가.

그렇지만 사랑의 합리화에 가장 큰 영향을 끼친 것은 '결혼 시장의 형성'이다. 짝을 찾으려면 시장에 가야 하고, 사랑은 경제적 거래행위가 돼버렸다. "신랑감(수요)이 신붓감(공급)보다 많으니 적으니……." 저 사람이 어떤 사람인지를 따지는 게 아니라, 저 사람의 '조건'이 어떠한지를 묻는다. 내가 결혼시장에서 '높은 값'을 받으므로 상대도 높은 값을 받는 사람을 스카우트(선발)해야 한다. 학력과 경제력과 얼굴 값을 줄곧 저울질하다 보면 '내 영혼을 뒤흔드는 사랑을 해보고 싶다'는 낭만적인 의지는 시나브로 사그라든다. 중매쟁이가 현관문을 들어서면 사랑의 천사는 울면서 창문 밖으로 달아난다.

19세기나 그 이전에도 짝을 찾을 때 계산을 하기는 했다. 재산과 사람들의 평판(평가와 판단), 교육수준과 가풍家風, 지참금 규모를 잠깐 따졌다. 그러나 선택할 수 있는 조건, 곧 교류 범위가 제한된 탓에 성격과 외모(겉모습) 말고는 짝한테서 바라는 게 적었다. 그 바람(소망)도 최소한에 머물렀다. "그저 착한 사위(며느리)면 됐지, 뭘! 언청이(윗입술이 태어날 때부터 세로로 찢어진 사람)나 곰배팔이(팔이 꼬부라져 붙은 사람)만 아니라면야……."[166]

현대에는? 인터넷 만남주선 사이트를 보자. 인간의 심리(감정)가 거대한 정보(데이터베이스)가 됐다. 후보들을 한눈에 보여주고, 점수를 매겨서 (그 서열을) 견주게 해준다. '그만하면 됐다'고 만족하기보다 끊임없이 (후보감을) 저울질하게 만든다. 인터넷은 사람을 값으로 견줘서 '최고의 상품'을 결정하는 시장으로 커갔다. 사랑하는 사람을 남들과

---

166. 옛날엔 정보가 적어서 아무개가 어떤 사람인지 잘 몰랐다. 이상형의 사람이려니, 과대평가하기 일쑤여서 환상 속에 낭만적 사랑이 싹텄다. 알 것, 다 아는 요즘은 이성에 대한 신비로움이 사라졌다.

견줄 수 없는 신비로운 존재로 바라보는 관점은 결혼 시장이 대대적으로 자리 잡은 뒤로 속절없이 무너졌다.

사랑을 두려워하는 현대인

그런데 사랑은 어떤 것인가? 플라톤은 사랑이 앎과 지혜에 이르는 길이라 했다.[167] 단 하나의 아름다운 몸을 사랑한다는 것은 '아름다움과 완전함'이라는 형상(이데아) 자체를 사랑한다는 뜻이란다. 그러니 이성理性과 사랑은 완전한 하나가 될 수 있단다. 그런데 현대에는 그런 소박한 생각을 지탱할 수 없게 됐다. 낭만적이고 에로틱한 사랑을 추구하는 문화를 합리화된 이성이 허물어버렸기 때문이다. 사랑의 아픔(낭만적인 고통)이 더 이상 문화적인 힘을 발휘하지 못한다. 이를테면 현대인은 '베르테르의 슬픔'에 대해 괴테 시절의 사람들만큼 절절하게 동정(공감)하지 않는다. "사랑을 위해 모든 위험을 짊어지라고? 경제적 계산에 따른 행동(=배우자 선택)을 거역하라고? 낮도깨비 같은 얘기군요!"

그 결과는 무엇인가? 사랑의 합리화는 실망으로 이어진다.[168] 내 사랑을 끊임없이 다른 사람들의 그것과 견주게 되고(=그렇게 하라고 사회가 강제하고) 결국 '나는 못났다'는 생각에로 빠져든다. 그래서 남들과 적극적으로 사귀는 것이 두려워진다. 사랑의 치열한 과정에 맞닥뜨리는 것을 회피하게 된다.

---

167. 에로스(삶의 충동)와 로고스(이성), 튀모스(용기)가 함께 하나를 이뤄야 한댔다. 에로스는 아토포스적인(=어디에도 없는) 타자를 향한 욕망을 불어넣어서 생각(이성)에 길을 열고 활기를 준댔다.
168. 온라인의 이성교제는 구체적 만남 없이 허튼 상상놀음으로 빠진다. 만나보면 실망할 수밖에 없다.

현대의 상담 전문가들은 이에 대해 어떻게 맞서라고 가르치는가? 자기계발과 '처세술(세상에 대처하는 기술)'을 일러주는 책이 수없이 많은데 흥미로운 것이 하나 있다. 20대와 30대의 여성들한테 '고급 속물이 되라'고 꾀는 책이다.[169] (교양 없고 자기의 좀스런 이익만 좇는) 속물은 근대의 산물이다. 중세 때의 위/아래 신분질서가 허물어지고 자유경쟁과 평등의 원리로 탈바꿈한 근대 시민사회는 내가 남들과 대면(교통)하고 남들한테 '인정'을 받음으로써만 참된 '나'를 세울 수 있는 그런 곳이 됐다. 그런데 속물은 남들한테 인정받는 싸움을 왜곡된 방식으로 실천하는 사람들이다. 남들한테 인정받는 마지막 목적이 참된 '나'를 세우는 데 있다는 사실을 까맣게 잊어버린 사람들! 그런데 속물이 되라고? 누구나 품고 있는 본성(곧 이기적 욕망)에 솔직해지되, 자기가 (천박한) 속물이라는 것을 어리석게 드러내지는 말라고? 현대는 대다수 사람들이 속물(=계산하는 눈만 남은 사람)이 돼가고 있거니와, 속물 됨을 버젓이 찬양하는 이야기마저 드디어 나돌게 됐다.[170] 이런 세상에 참사랑의 열정을 품은 젊은이들을 만나기는 쉽지 않은 일 같다. 어찌해야 할까? 우리는 문제투성이 사회를 어떻게든 고쳐내야 하는데 그러려면 그런 일에 앞장설 만큼 감수성이 풍부한 청년들이 나와야 한다. 쿨cool한 청년이 아니라 핫hot한 청년이! 어찌해야 청년들이 핫해질 수 있을지, 만만찮은 생각거리가 우리 앞에 놓여 있다.

　　노파심에서 덧붙이자. 현대인에게 사랑이 시들해져버렸다는 얘기를 들은 사람은 대뜸 다음과 같이 되묻기 마련이다. "그럼 옛날의 남녀들

---

169. 김홍중의 『마음의 사회학』 80쪽에서 인용.
170. 20세기 중반에 코제브는 "혁명이 사라지면서 철학도 사그라들고 역사가 저물었다"라고 경고했다. 미국인도, 일본인도 동물적(속물적)인 삶으로 쪼그라들고 소련인과 중국인도 곧 이를 뒤따를 것이랬다. 육체미 가꾸는 데에 온 정성을 쏟고, '먹방 TV'가 성행하는 것이 이런 세태를 말해주는 지표다.

이 훨씬 사랑이 넘쳤다는 거군요?" 수많은 사람들의 인생 대사를 그렇게 무 자르듯이 간단하게 결론짓는 것은 삼가는 게 좋다. 옛 여자들은 신분 차별 속에 살았고, 요즘 여자들은 차별을 (아직 군데군데 남아 있기는 해도) '딜' 겪으며 남자와 인연을 맺는다. 그런 면에서 요즘은 온전한 사랑의 관계를 맺기가 훨씬 수월해진 것이 사실이다. 반면에 사람과 사람이 더 깊이 사귀는 것을 현대 자본주의 사회가 어렵게 만들고 있다. 내 얘기는 우리가 이 점을 분명히 깨닫고, 현대 사회의 틀을 (어떻게든) 바꿔나갈 길을 찾아야 한다는 것이다.

덧대기 1
한병철은 에바 일루즈가 짚은 것처럼 사랑의 쇠퇴가 '사랑의 합리화'와 결혼 시장에 포섭된 탓이라기보다 현대인 사이에 (자기의 그림자에 빠져서 허우적거리는) 나르시시즘의 심성이 짙어졌기 때문이라고 풀이한다. 리비도(=삶의 에너지)가 자기를 건사하는 데 다 쓰인다. '나와 다른 남이 저기 있구나!' 하고 알아챌 눈길이 없다. 왜 나르시시즘이 널리 퍼졌을까. 한편, 에로스란 본디 내가 내 마음대로 부릴 수 없고, 선뜻 다가설 수 없는 남을 향하는 것이다. 올라갈 수 없어 보이는 나무에 오르는 것만큼 사람을 가슴 설레게 하는 것이 어디 있을까. 참사랑의 열정은 제 몸을 기꺼이 던져 세상을 바꿔내려는 변혁 정치의 열정과 무척 닮았다고까지 말할 수 있다. 그런데 자본에 깡그리 포섭된 21세기에는 모든 것이 다 똑같아지고, 누구든 '그저 그런 사람'으로밖에 보이지 않는다. 나를 매혹시키는 낯선 남을 찾아보기 어렵다. 오늘날 예술과 문학이 맞닥뜨린 위기의 주된 원인도 환상의 위기, 타자와 에로스의 소멸에 있다. 한병철이 쓴 『에로스의 종말』 참고. 요즘 청년들한테 '왜 연애를 안 하는지' 물었다. "어떤 이상한 사람을 만날지 몰라서"라는 대꾸가 돌아왔다. 그런데 본디 나를 매혹시키는 사람은 '뻔하고 그저 그런(=평균화된)' 사람이 아니라 내 영혼을 앗아갈 낯선(=그 정체를 알 수 없는) 사람이다. 그러니까 동료 사람들에 대한 짙은 불신이 에로스를 불가능하게 만든다. 사랑을 알기 쉽게 읊은 책으로 강신주의 『다상담 1』을 참고하라. 정신분석학의 개념으로 나타내자면 참사랑은 히스테리와 강박증 둘 다 극복하고 그 샛길로 가는 것이다.

덧대기 2

21세기는 '사랑의 합리화'에 대한 염려는 한가로운 일이 될 만큼 현실이 더 어두워졌다. (안정된 일자리를 찾기 어려워) 생존의 불안에 허덕이느라 아예 연애도, 결혼도 단념한 청년들이 늘어난 것이다. '7포(또는 N포) 세대'라는 유행어마저 생겨났다. 이것도, 저것도 다 포기한 세대! 그런데 오직 '굶어 죽지 않아야 한다'는 압박감에만 시달리며 살아가는 사람은 '죽지 못해 사는 삶'이요, '벌거벗은 (노예의) 삶'이 아닐까? 생존 걱정은 자기 삶에서 살아 꿈틀거리는 것들을 죄다 빼앗아 가서 사람을 '산(=살아 있는) 송장'으로 깎아내린다. 최근의 청춘영화 「스물」과 「위대한 소원」의 주인공들은 '섹스를 한 번이라도 해봤으면……' 하는 갈망에 사로잡혀 있다. 연애도 사랑도 감히 엄두를 내지 못할 사치요, 인생의 꿈이 고작 섹스 한 번이란다! 그런 인생은 어떤 인생인가? 삭막한 사막을 줄곧 무감각하게(=감성을 잃고) 걸어가는 낙타와도 같은 인생이다.

덧대기 3

『투게더—다른 사람들과 함께 살아가기』라는 책을 쓴 미국의 사회학자 리처드 세넷이 조사 관찰한 바로는 요즘 (미국) 노동자들이 점점 '어린애'가 돼가고 있단다. 어린애처럼 갑작스러운 분노를 삭이지 못하고, 사소한 일에도 동료한테 질투를 느끼고, 입만 열면 거짓말이 튀어나오고……. 노동자에 대한 억압과 통제가 심해짐에 따라, 요컨대 어른이 아이처럼 취급됨에 따라 나타나는 현상이랬다. 신분사회였던 중세 때 윗사람들(귀족)은 아랫사람들(상민)을 어린(=어리석은) 백성, 또는 child라 불렀는데 시대가 거꾸로 돌아가는 셈이다. '사랑의 쇠퇴(종말)'도, '노동자의 어린애 되기'도 자본 체제가 세계적 패권을 휘두르는 것의 결과다. 독일의 정신과 의사 미하엘 빈더호프는 물질의 포화 상태, 경제위기, 디지털화된 삶으로 인해 현대인들은 너무 빨리 단념하고, 기대할 생각을 품지 않으며 결정을 미루기가 일쑤라 했다. 요컨대 발달 장애를 겪는 '어른아이'들이 수두룩하단다. 그가 쓴 『미성숙한 사람들의 사회』참고. 인터넷 악플이 (한국이 특히) 심한 까닭도 자기 삶과 환경을 스스로 통제하지 못해 무력감에 시달리는 사람이 무척 많다는 뜻이다. 공격적인 헐뜯기로 자기 존재를 드러내서 쾌감을 얻고 싶은 것이다.

성노예 제도를 합법화하자고?

끝으로, 성의 상품화에 대해 덧붙이자. 전형적인 경우는 창녀娼女다. 옛 그리스나 서아시아의 신전을 지킨 여자들이 순례객한테 몸을 팔았다고 하니, 이는 무척 오래된 풍습인가 보다. 그러니 그 풍습을 없애기가 쉽지 않겠다. 그래선지 공창제公娼制라 하여, 직업으로 인정하고 세금을 걷는 나라도 10개 나라나 된다(네덜란드, 헝가리, 독일 등). 한국은 이를 금지하고 있지만 그 대신에 사창가(私娼街, 그늘에서 영업하는 곳)가 활개 치고 있고, 정부가 이를 없애려 할 때마다 '아예 법으로, 곧 공창제도로 인정해달라'는 주장이 일간신문에까지 버젓이 실린다.[171] 하지만 그 합법화는 국가더러 도덕과 인간성의 옹호 책무를 (공식적으로) 팽개치라는 것이니 '막 나가자'는 주문을 하는 셈이다.

왜 성 접대가 도덕적으로 나쁜가? 교과서는 몸을 사는 자가 몸을 파는 이를 인격적으로 존중하지 않는다고만 서술했다. 그렇게 말해서는 너무나 싱겁다. 실제로 주고받음직한 얘기를 떠올려보자. "니 몸뚱이는 당분간 내 거야, 이 X아!" 그렇다. 그 일을 하는 순간만큼은 내 몸이 내 몸이 아니다. 돈을 준 사람이 내 몸의 주인이다. 그러니까 '성性-노예'라 일컬어야 그 일의 본질이 드러난다. 그런데 이것이 그 순간들로 끝날까. 그녀에겐 두고두고 꼬리표가 따라다닌다. "쟤는 창녀였대." 자기 인생이 모조리 부정되는 것이다. 사람은 자기를 존중하는 마음이 없으면 온전하게 살아갈 수 없다. 국가가 '그것도 어엿한 직업'이라고 인정해준다 해서 그녀들한테 자기 존중감이 생길까? 이는 허튼 말장난에 불과하고, 그런 일을 두둔하는 국가는 기둥서방(창녀한테

---

171. 이를테면 조선일보에 그런 칼럼이 실리는데, 뻔뻔스러운 거짓 논리로 가득하다.

군림하는 깡패) 놈과 그렇게 멀리 떨어져 있지 않다. 30여 년 전에 『꼬방동네 사람들』(이동철 지음)이라는 책이 나왔는데 1960~1970년대 우리 사회의 그늘진 곳을 자세하게 그려냈다. 창녀를 비롯해 밑바닥 사람들이 어떻게 힘겹게 세상을 살아냈는지 생생하게 알려준다.[172]

요즘은 그 어두운 곳에 다가가서 그들의 삶을 진솔하게 그려내는 문학작품을 볼 수 없다. 동정同情의 눈길로 그들을 어루만지는 문인文人이 없다는 것은 이 사회가 그만큼 오그라들었다는 얘기다. 그 대신에 (간헐천이 터지듯) 이따금 사건이 터져 나온다. 장자연이라는 연예인이 우리 사회에서 내로라하는 여러 남자들한테 성 접대를 한 사실을 폭로하고는 제 목숨을 끊었다(2009년). 성노예로 살아서는 그의 삶이 파괴돼버린다는 사실을 잘 모르는 사람은 그 딱한 여자를 떠올려야 한다.

하지만 세상에는 이따금 '인간 승리'의 드라마가 연출될 때가 있다. 2008년 (히말라야 산자락에 있는) 네팔 나라의 민중이 왕을 쫓아내고 공화국을 세웠는데 그 주역은 '네팔 마오주의 공산당'이었다.[173] 그런데 그들이 조직한 민중 군대의 절반이 10대 여성이었다. 오랫동안 네팔(과 인도)의 농촌 여성들한테는 어린 나이에 시집가거나 창녀로 팔려 가는 길 말고는 입에 풀칠할 길이 없었다. 농촌이 워낙 무너져버린 탓이다. 그런데 네팔의 10대 소녀들이 성노예의 길을 거부하고 총을 들었다. 전사戰士가 된 것이다. 그녀들은 농촌의 케케묵은 가부장주의(남자들의 여자 지배)와도 맞서 싸웠다. 이 사례는 '성 접대, 그거 뿌리 깊은 것이 아니냐' 하고 자칫 숙명론에 빠질 우리들한테 한 줄기 빛을 비춰준다.

172. 하지만 「별들의 고향」(1974년) 같은 상업영화는 창녀의 삶을 그럴싸하게 미화해서 그린다.
173. 마오주의는 중국공산당 지도자 마오쩌둥(1893~1976)의 '농민 주도 혁명'을 따르는 노선이다.

부끄러운 나라 한국

그런데 성의 상품화 현상은 단지 성노예의 풍습으로 한정되지 않는다. 그것만큼 심한 경우는 아니지만 성性이 노리개로 팔리는 현상은 곳곳에 널려 있다. 현대 자본 체제가 그것을 마음껏 부추기고 있어서다. 이를테면 현대의 대중음악은 TV와 동영상이 발달한 탓에 귀로 듣기보다 눈으로 보는 음악이 돼버렸다. 대중은 노랫말을 머리로 새기기보다 잘생긴 남녀가 춤추는 모습을 눈요기하기 바쁘다.[174] 그러니 (한물 간) 걸그룹들은 노래를 잘 부르는 것보다 얼마나 섹시하게 비칠지에 더 몰두하게 된다. 그녀들은 예술가로서 높은 자기 존중감을 품기 어렵다. 심하게 말하자면 제 몸매를 눈요깃거리로 내놓은 대가로 돈과 이름을 얻는 것 아닌가. 그것뿐이 아니다. 자본가들은 참 영악해서 자기 회사의 여직원들한테 '눈요깃거리가 돼라!'고 꾄다. 예컨대 항공사에서는 몸매 날씬한 처녀들만 여승무원으로 뽑았다. 졸업을 앞두고 성형수술을 하는 여학생들이 한국에 참 많은 것을 보면 (항공사 말고도) 그런 회사가 한둘이 아니라는 얘기다. 한국만큼 여자의 얼굴과 몸매를 따지는 나라가 없다는 것은 우리의 부끄러운 자화상自畫像이다. 한국 여자들의 자기 존중감이 별로 높지 못할 것으로 짐작된다(여자들만큼은 아니라도 한국 남자들도 자기 존중감이 낮다. 이는 한국인들이 인터넷 악플을 다른 나라 사람들보다 훨씬 많이 달고 있다는 데서 입증된다).

간추리자. 교과서는 '성의 상품화'와 관련해 윤리 문제를 떠올리자고 했다. 나를 존중받고 남들을 존중하는 윤리를! 그런데 이것을 윤리 문제로만 가두지 마라. 사회가 건강한 틀(구조)을 세우지 않고서는 사람

174. 노랫말과 멜로디를 음미하는 것도 없고 그저 눈요깃거리가 돼버린 음악은 포르노에 가까워진다.

들이 윤리적인 삶을 살기 어렵다. 제 몸뚱이를 팔지 않고 떳떳하게 살아갈 길이 많이 열려 있다면 누가 영혼 없이 제 몸을 팔까? 우리의 영혼을 지키기 위해 싸워야 할 것들이 참 많다. 총을 든 네팔 소녀들이 우리더러 '정신 차려라!' 하고 죽비(참선할 때 졸음을 쫓는 나무자루)를 내리치고 있다.

2 종교를 평계 삼는 분쟁

요즘 유럽인들은 일부 이슬람교도들이 테러를 벌이는 것에 넋이 나갔다. 미움에 겨워서 12~14억 명의 이슬람교도 모두를 적으로 돌릴 판이다. 헌팅턴이 쓴 『문명의 충돌』은 그런 눈먼 대결을 선동하는 악질적인 책이다. 교과서가 그런 책을 소개해서는 안 된다.

『생활과 윤리』교과서에서 '종교와 윤리'를 살핀 대목은 다음 항목으로 되어 있다.

1. 종교의 본질
2. 종교와 갈등
3. 종교윤리와 세속윤리

종교만큼 수많은 사람이 얽혀 있고, (그에 대한) 사람들의 태도가 갖가지인 것도 없다. 그 자세한 사정도 아직 알지 못하는 학생들이 종교의 본질이 뭔지, 불과 한두 쪽 적어놓은 이야기만으로 알아들을 수 있을지, 더군다나 제 소견으로 판단할 수 있을지 몹시 미심쩍다. 이를테면 알타미라(스페인)의 동굴에 살았던, 구석기 시절의 원시인들은 뭘 믿었으며(그들이 그려놓은 물소를 믿었을까), 옛 서아시아인들은 왜 보이지도 않는 신神과 계약을 맺었는지(계약 이후로, '유대인'이라는 이름이 생겨났다), 구약 성서에 적힌 '신의 세계 창조' 이야기를 곧이곧대로 믿은 옛사람과 '진화론이 옳다'고 여기는 현대인의 신神 관념은 같은지/다른지 등등…… 헤아려야 할 것들이 쌔고 쎘는데 그 만리장성 같은 이야기를 어찌 한두 쪽의 분량으로 간추릴 수 있는가. 그 얘기를 다 늘어놓을 수 없어, 여기서는 '종교와 갈등', 그중에서도 종교끼리 벌이는 갈등만 짚어본다.

교과서는 이렇게 말한다.

> 종교끼리의 분쟁은 갖가지 이유로 일어났다. 그 탓을 종교로만 돌리기는 어렵지만, 종교인들의 (다른 종교에 대한) 배타적인 태도 때문에 생겨나기도 했다. 그런 태도에 빠지지 말자.

옳은 말씀이다. 박수 짝짝짝! 그런데 참 싱겁다. 잘못 읽힐 대목도 있다. 제대로 배움을 얻으려면 더 깊이 들여다봐야 한다.

교과서에 따르면 종교인들의 '태도 때문'에 빚어진 쌈박질이 전체 종교분쟁 가운데 몇 %를 차지하는지 알 수 없다. 하지만 "다른 이유도 있고, 그 이유도 있다"라고 나란히 적어놓으면 어린 학생은 '그 이유도 만만치 않은가 보다' 하고 느끼기 마련이다. 서술된 것의 비중이 같지 않은가.

사실을 똑바로 알자. 대다수 종교분쟁은 '종교인들의 태도' 때문에 터지지 않았다. 딴 이유 때문이다. 고쳐 말하자. 종교인들이 싸가지가 없어서 벌어진 종교분쟁도 있긴 있었다. '많았다'고도 할 수 있다. 하지만 단지 다른 종교가 싫다(밉다) 해서, 다른 종교인들을 칼로 찌르고 총으로 쏘는 경우는 (거의) 없었다. 자질구레한 다툼은 많았을지도 모른다. 그런데 우리가 문제 삼는 것은 분쟁이 너무 격렬해서 그 사회에 엄청난 피해를 끼친 경우다. 그런 경우만 한정해서 보자면 '종교인들의 태도'를 탓할 문제가 아니다.

왜 끔찍한 경우들에 한정해서 살피냐고? 우리가 사회 현상을 헤아리는 까닭은 '그런 걱정스러운 일이 생기지 않도록' 해결책을 찾기 위해서니까. 자질구레한 일들이야 큰 피해가 없으니 당장 걱정할 일은 아니다. 우선 큰 불을 꺼야, (그 뒤에) 작은 불을 끌 여유도 생기지 않는가. 사람의 태도는 더디게 바뀌거늘, 그에 대해 조급해할 것도 없다.

끔찍한 분쟁(전쟁)은 이해 다툼 때문이다

사람이 남들과 왜 싸우는지, 말보다 주먹을 앞세우는 경우는 어떤 경우일지 가만히 생각해보자. 내가 "하나님이 어쩌고저쩌고……" 말하는데 "하나님이 대관절 어딨냐? 그거 엉터리야." 하고 상대방이 나를 묵살해버렸다고 해서? 때로는 화가 나서 말싸움이 벌어질 수도 있겠지만 그렇다 하여 상대방이 죽이고 싶을 만큼 미울 것까지는 없다. 세상에 하나님 안 믿는 사람도 수없이 많고, 그들이 자기한테 무슨 해코지(가해)를 한 적도 없는데 그렇게 미움이 하늘까지 치솟을 리는 없다. 남이 정말 미울 때는 그가 내 인생에 정말 소중한 것(재산 등)을 늠름하게 빼앗아 갔을 때다. 그러니까 사회경제적 이해관계 때문에 '격렬한' 분쟁(전쟁)이 벌어지는 것이지 자기 종교를 무시해서가 아니다.

어린 학생은 높은(권위 있는) 사람의 말을 어리숙하게 믿는다. 어린(=어리석은) 어른도 자기편이 하는 말은 무심코 '그러려니' 여긴다(딴 동네 말은 안 믿지만 말이다). 사람의 말을 다 믿는 사람은 장사치가 되면 안 된다. 돈을 주고받는 시장에 얼마나 많은 거짓말과 속임수가 나돌겠는가. 순진한 사람은 쫄딱 망한다. 종교분쟁의 경우도, 그들이 내세우는 평계의 말을 '그러려니' 하고 믿지 마라. "우리 종교를 안 믿는 놈들은 마귀야! 그러니까 쳐부수자!" '십자군'(十字軍, 십자가를 짊어진 예수를 뒤따르는 군대)은 아름다운 이상理想을 추구하려고 자기를 희생하는 사람들(의 상징)이다. 11세기 서유럽의 가톨릭 교황은 사람들더러 '십자군이 되어 성전聖戰에 나서라'고 호소(선동)했다. 하지만 그들 대부분은 이슬람권이나 동유럽을 침략해서 재물을 약탈하기 바빴다. 가톨릭교회는 2001년에 와서야 '그때, 잘못했다'고 한참 뒤늦게 사죄했다. 이 사건의 이름이 '종교 용어'로 되어 있다 해서 이것을 종교 간의 분쟁이라 넘겨짚어서는 안 된다. 교황이 선동하기는 했지만, 그들의 행위 동기는 '침략/약탈'이었지 기독교 교리의 선포(포교)가 아니었다.

교과서는 "파키스탄과 인도는 (1947년에) '종교적인 이유로' 서로 따로 독립국을 세웠다"라고 적었는데, 이 말도 정확한 서술이 아니다. 그렇게 뭉뚱그려서 말하면 서로 다른 종교를 배척해서 그리 된 것으로 학생들이 읽을 수 있다. 다른 종교를 믿는 '사람들'이 새 나라의 지배층으로 행세하고 자기들은 꿰다놓은 보릿자루처럼 거기서 찌그러지는 것이 싫어서였지, 그 종교(의 교리)를 배척한 것이 아니다. "우리가 더 잘나가야 해!" 하는 세속적 이해관계로, 서로 딴살림을 차렸다는 얘기다.[175]

교과서에는 헌팅턴(1927~2008)의 이름난 책 『문명의 충돌』의 한 대목이 실려 있다(1993년 펴냄).[176] "유럽과 이슬람권의 갈등의 본질은 기독교와 이슬람교의 가치관이 다르다는 것이다. 또 둘 다 유일신의 보

175. 그런 이해관계 대립의 배후에는 대부분 유럽 종주국 자본의 개입이 있다. 21세기 지금, (시리아, 이라크, 콩고, 레바논, 리비아, 소말리아 같은) 여러 나라의 국가기구가 무너지다시피 한 것은 다 강대국의 식민주의의 결과다. 유럽이 골머리를 앓는 난민들은 그 나라들에서 생겨났다. 이른바 '실패한 국가들'이 앞으로도 점점 늘어날 터인데 그 근본 원인을 눈길에서 놓치지 말아야 한다.
176. '교학사' 것이 그렇다. 그걸 싣지 않은 교과서를 '사납게' 비판할 생각은 없다.

편주의를 실현하려 하기 때문에, 곧 이교도를 개종改宗시키고 싶어 하기 때문에 서로 으르렁댄 면도 있다." 헌팅턴이 학자라면 글쓴이는 열 곱절이나 훌륭한 학자겠다. 엉터리도 그런 엉터리가 없다. 유럽 대륙과 서아시아 대륙이 천 년이 넘게 이웃하며 살아온 역사를, 수많은 사건(대립)들의 원인을 그렇게 단칼에 '이것'이라고 못 박는 짓은 학자scholar라면 함부로 하지 못한다. 게다가 앞서 말했듯이 "걔들? 종교가 달라서 싸웠어!" 하는 말이 얼마나 뻔한(얍삽한) 핑계인지는 더 설명할 것도 없다.

테러리스트는 근본주의자가 아니다

실제 현실이 어떠한지, 살펴보자. 교과서는 다른 종교에 대해 배타적인 사람들을 가리켜 '종교 근본주의자'라 일컫고 있는데 그들과 관련한 최근 사례를 든다. '샤를리 에브도' 사건이다. 2015년 초 서아시아의 테러리스트 둘이 프랑스 파리에 있는 '샤를리 에브도'라는 잡지사에 쳐들어가 여럿을 죽인 사건이 일어났다. 이슬람교의 예언자이자 성스러운 심부름꾼 무함마드(570~632)를 비웃는(풍자하는) 기사를 실은 것에 분격해서다. 이 사건에 충격 받아 유럽 사회 전체가 '테러, 가만 둘 수 없다'며 들고 일어났고, 한편으로 잡지사가 표현의 자유를 넘어선 것 아니냐 하는 성찰의 목소리도 일부 나왔다.

이들(테러리스트)을 가리켜서 보수 언론은 '이슬람 근본주의자'라 일컫는다. 앞서 글쓴이는 이렇게 말했다. "남의 말을 무턱대고 믿지 마라. 어머니 아버지나 훌륭한 학자의 말이라 해도!" 그렇다면 묻자. 그 호칭이 테러리스트들한테 딱 들어맞는가? '근본주의자'라면 우리는 티

베트 불교도나 미국 아미시 공동체(현대문명과 단절하고 살아가는 기독교도들)를 떠올려야 한다. 후자의 경우는 신념이 있다. 그래서 이들은 다른 종교에 대해 화를 내거나 시샘하지 않는다. 말할 기회를 얻으면 남들을 차분히 설득하려고는 하겠지만 유일신을 '진짜로' 믿는 사람들은 헌팅턴이 생각하는 것처럼 '얼른 개종해.' 하고 남들을 폭력적으로 윽박지르지 않는다는 말이다.

그러니까 총을 들고 파리시에 나타난 두 사람은 유럽의 으리으리한 문명에 지독하게 열등감을 느끼는 가짜 근본주의자다. 몇 사람 읽지도 않는 이름 모를 잡지에 실린 한심한 만화를 보고 "이슬람권이 이것으로 말미암아 흔들리겠구나." 하고 위협을 느꼈다니 우습지 않은가. 그 두 사람이 무슨 제국주의 군사폭력기구에 쳐들어가서 당당하게 싸움을 걸었다면 그것은 진짜배기 싸움이라 할 만도 하다. 대중의 눈길을 끌지 않는 외롭고 위험스러운 일에 제 목숨을 거는 것이니까. 하지만 싸가지 없는 만화를 그렸다는 이유로 힘없는 사람을 살해하는 것이 어찌 성스러운 싸움일까.

무너지지 않으려고 이슬람교에 매달렸다[177]

그런데 왜 그런 (비뚤어진 방향으로 나가는) 사람들이 생겨났을까? 테러의 배후세력이라 비난받는 탈레반(=아프가니스탄 파슈툰 부족에 근거둔 정치군사집단)이 2009년에 벌인 사건에서 힌트를 찾자. 그들은 거대

---

177. 예전엔 이슬람근본주의가 없었다. 유럽 자본에 대한 방어 심리로 20세기에 생겨났다. 이슬람권은 유럽을 지배하는 처지(중세)에서 지배당하는 처지(근대)로 바뀐 데 따른 '굴욕감'이 아주 뿌리 깊다.

지주에게 맞서는 땅 없는 소작인小作人들을 도와준 덕분에 파키스탄의 일부 지역을 차지했다. 이 사실은 파키스탄 정부가 거대 지주 편이라는 얘기다. 그런데 유럽의 지배층들은 파키스탄 정부의 친구였다. 그들(유럽인)은 탈레반이 사그라들기를 바랐는데, 그렇다면 파키스탄의 소작인들 편을 들었어야 하지 않은가? 그래야 탈레반이 소작인들의 인심을 얻을 기회를 막아낼 터이니까 말이다. 유럽 지배층한테 이렇게 들이대자. "가짜 근본주의자와 테러리스트가 자라날 바탕을 마련해준 것은 바로 당신들 아니오?"[178]

　서아시아 사람들 중에는 두 테러리스트처럼 유럽에 대해 싸잡아 증오하는 사람들이 많다. 두 사람이야 처벌받아 마땅하지만 '증오하는 사람들'에 대해서는 '왜?' 하고 질문을 던져야 한다. "왜 당신들은 그렇게 아득바득 이슬람교에 매달리는 거요?" 서아시아는 백 년 전에는 유럽 제국주의에 짓밟혔고, 지금도 세계 자본 체제에 단물만 빨려서 민중 대다수가 밑바닥 삶을 산다. 게다가 유럽 문명이 마구 밀려듦에 따라 자기들의 민족적 종교적 전통이 송두리째 사라지게 생겼다. 대다수 사람들이 정신적 공황(패닉) 상태로 빠질 참이다. 조선왕조가 끝나갈 무렵, 우리 사대부 중에도 "나라의 문을 닫아걸어라! 서양 오랑캐들이 기웃거리지 못하게!" 하고 부르짖는 위정척사파가 나오지 않았는가. 이와 비슷하게, (서양 오랑캐들한테 맞서) 자기들의 (문화적) 정체성을 지키려는 서아시아 사람들의 안간힘 때문에 이렇게 이슬람교가 힘을 발휘해온 것이다.[179]

178. 일자리도 없고 살아갈 길이 팍팍한 청소년이 수없이 많다. 이들이 꾀임을 받아 테러단원이 된다.
179. 그들한테 배울 게 있다. 샤리아(이슬람법)에 따라 투기(돈놀이)를 금지하는 '이슬람권의 금융'이 요즘 공황(디플레이션)으로 휘청거리는 세계경제에서 이슬람 국가들이 버티는 데 도움이 되고 있다.

이슬람교에 대해 (여성을 업신여긴다는 둥) 흉보는 얘기가 많다. 쪼끔 삐뚤어진 요즘의 이슬람교를 두고는 그 말이 맞다. 하지만 원래의 이슬람교가 그런 것은 아니다. 일찍이 2500년 전에 싯다르타가 제행무상(諸行無常, '멈춰 있는 것은 없다'는 앎)을 말하지 않았는가. 종교라는 것도 시대와 장소에 따라 그 내용이 바뀌기 마련이다. 글쓴이는 이슬람교 교리에 대해 거의 어둡지만 기본 사실에 비추어 얼마쯤은 짐작할 수 있는데, 우선 12억 명이 믿는다면 거기 좋은 내용이 많이 들어 있을 것으로 봐야 한다. 인류의 4분의 1이 바보는 아니잖은가. 그것은 힌두교(다신교)보다 수준이 높다. '유일신' 종교가 아닌가. 무함마드는 양성평등의 실천을 많이 했다 하고, 이슬람교에는 '가난한 사람들을 돌보라'는 목소리도 많이 들어 있다. 지금의 서아시아가 좀 더 여유를 갖고 근대화에 힘쓸 형편만 된다면 그들의 이슬람 종교도 더 슬기로운 방향으로 바뀌어갈 수 있다. 유럽 제국주의에 맞서 민중이 들고 일어났던 1970년대 이란 국가의 이슬람교는 신정神政 국가로 있는 지금보다 훨씬 진취적이었다는 사실을 떠올리자.

'문명 충돌론'은 마녀사냥을 벌이자는 선동이다

이쯤에서 '언어'라는 것을 다시 살피자. 예전부터 남을 헐뜯기 위해 딱지 붙이는 말이 여럿 있었다. "마녀witch, 이단heresy, 무신론자, 빨갱이red, 좌빨(종북)……." 이슬람 근본주의자라는 낱말도 그렇게 쓰여왔다. 유럽 지배층은 어떤 사람한테 그가 이슬람교를 견결하게 믿는다 해서 그 이름을 붙인 것이 아니다. 테러를 벌였기 때문에 붙였다. 이슬람교가 어디 테러를 명령하는 종교인가? 그게 아니라면 테러리스트들을 가리켜 '이슬람 근본주의자'라 불러서는 안 된다. 사람한테 어떤 이름을 붙이는 것이 (그 이름으로 불리는) 사람들을 벼랑 끝으로 모는 경우가 있다. 지금의 그 이름이 그렇다. 두 명에 불과한 테러리스트가 '이슬람 근본주의자'라고 불렸다. 세계 곳곳에는 이슬람교를 견결하게 믿는(근본주의자라고 불릴 만한) 신자들이 많이 사는데, 이들 모두는 불과 몇백 명, 또는 몇천 명밖에 안 되는 테러리스트들과 '한통속'이라고 취급받게 된다. 그 이름은 이슬람교도들을 마구 공격(비난)해도 된다는 허가장이 된다. "유럽인들이여! 이슬람교도들한테 분노의 화살을 날려라!" 실제로 2015년의 여러 테러 사건 이후로, 미국에 사는 .이슬람교도들은 언제 누구한테 공격을 당할지 몰라 두려움에 떨지 않았는가. 죄는 도깨비가 짓고 벌은 고목나무가 받은 셈이다.

헌팅턴의 혐오스러운(구역질나는) 대립구도가 솔직하게 노렸던 것도 이슬람교도들에 대한 그런 마녀사냥이었다. "유럽과 서아시아 사이에 벌어지는 티격태격은 모두 종교 탓이야! 그러니까 기독교가 이기나, 아니면 이슬람교가 이기나 한판 붙어보자!" 그러니까 그 싸움은 서아시아인들을 다 세뇌시켜서 이슬람교를 못 믿게 할 때까지 멈추지 않을 것이다. 유럽인들이 그 책의 결론을 다 믿는다면 말이다. 유럽 제국주의는 오랫동안 서아시아를 식민지로, 아니면 석유를 캐 갈 황금의 보물 창고로 삼으려고 갖가지 참견을 해왔다. 그들한테 '문명의 충돌'은 자기들의 참견을 합리화할 좋은 구실이 돼줬다. "어, 느그덜이 우릴 삐딱하게 대해? 우리랑 한판 붙자는 거야, 뭐야?" 헌팅턴은 제3세계를 지배 대상으로 여기는 미국의 지배층이 내세울 수 있는 좋은 구실을 만들어준 셈이다. 실제로 그는 CIA(미국 정보기관)에 뻔질나게 드나들며 그들과 교류한 사람이다. 1970년대 베트남전쟁 때 혁명군(지금의 베트남 정부)을 몰아내려고 그곳 농촌을 폐허로 만드는 작전(=정착촌 전략)을 짠 바 있다. 그곳의 융단 폭격, 고엽제 살포를 '문명화'라고 찬양했다.

기독교 근본주의에 대해서 덧붙인다. 19세기 말~20세기 초에 영국과 미국의 보수적인 복음신학자들이 자유주의 신학에 맞서 내세운 것인데, 최근에는 다른 종교를 배척(비난)하고 사회개혁에도 반대하는 꼴통들을 (죄다) 가리키는 낱말로 그 뜻이 넓어졌다. 미국의 조지 부시 전 대통령(2000~2008년 재임)이 이들을 솔직하게 대변했다. 미국의 지배층 상당수는 이 부류다. 미국이 세계를 호령해야 한다는 욕망이 가득한 사람들이다(그 욕망의 눈으로 성서를 읽는다).[180] 한국에도 이 부류가 제법 있어서 '개독교'라는 신조어가 생겨났다. dog+기독교! 이들의 악행을 알리려면 책 한 권을 따로 써야 한다. 그런데 세상 사람들은 힘없는 사람(이슬람 근본주의)한테만 곤장을 치고, 힘센 사람(기독교 근본주의)을 비난하는 경우는 드물다. 후자가 언론과 대학과 정부와 기업 곳곳에 똬리 틀고 있기 때문이다. 그렇지만 이들의 (다른 종교에 대한) 배타적 태도가 이슬람과의 분쟁에서 '주된' 원인이라고 넘겨짚어서는 안 된다. "넌 기독교 신앙이 잘못됐어!" 하고 교리를 놓고 다투기보다 "너흰 왜 약소국(의 민중)을 함부로 짓밟고 단물을 빨아먹니?" 하고 현실의 지배(억압) 행위를 문제 삼아야 한다.

2015년 초 샤를리 에브도 테러 사건이 벌어지고 며칠 뒤, 캐머런(영국)과 라브로프(러시아), 네타냐후(이스라엘)와 압바스(팔레스타인)가 손을 맞잡고 파리 거리를 행진했다. '테러에 맞서자'며! 어디선가 베토벤의 「환희의 송가」(합창교향곡의 마지막 대목)가 흘러나왔다. 이것, '인류 모두가 형제가 되자'는 감격스러운 이상理想을 노래한 것 아닌가. '나

---

180. 이명박이 서울시장일 때 "서울시를 하나님께 바치겠다"라고 말했는데 그런 욕망의 표현이다.

도 샤를리 에브도다', '나도 경찰이다'라는 스티커가 거리 곳곳에 나붙었다. 서아시아에서 깡패국가(이스라엘)를 이끈 사람과 그들한테 시달림을 받는 팔레스타인의 대표가 거룩한(?) 반테러 동맹의 동지로 둔갑하고, 시민들한테 폭력을 휘두르기 일쑤였던 경찰이 느닷없이 엄마 같은 천사로 격상되었다. 전 세계가 두 명의 테러리스트에 맞서 하나가 되었으니 60억 대 2다. 참으로 '거룩한' 싸움이다. 베토벤은 이런 우스운 싸움을 위해 감격의 노래를 창작했는가? 올랑드(프랑스)가 샤를리 에브도 직원을 위로한답시고 껴안자 올랑드의 옷소매에 새똥이 떨어졌다.[181]

---

181. 지젝이 쓴 『신을 불쾌하게 만드는 생각들』에서 인용. 현대엔 숱한 어릿광대들이 정치가로 행세하는데 가령 이탈리아의 재벌 베를루스코니! 그는 수상prime minister을 맡은 때에도 환락 속에 살았다

3 민족이 외출해버린 통일론

2016년 초 북한이 미사일을 쏘자,
한미 양국은 연합 군사훈련 속에
(북한 지도자의 목을 베는) 참수작전을 넣었다.
한편 중국과 러시아는 미국이 한반도에
사드(미사일 체계)를 배치하는 것을 줄곧
반대해왔다. 한반도에 전쟁의 포연이
모락모락 피어오르고 있다.

『생활과 윤리』교과서는 남북한 민중의 통합 문제와 관련해 무려 12
쪽에 걸쳐 서술했다. 간추려보자.

1) 지구촌 시대일수록 민족정체성이 필요하다. 남북의 민족통합으로
   민족정체성을 회복하자.
2) 통일은 자유민주주의와 시장경제에 기초해 두 체제를 통합하는
   것으로, 국민적 합의에 기초해 점진적으로 이뤄져야 한다. 최소한
   의 평화비용(통일비용)을 치러서 분단비용을 줄이자.
3) 북한 이탈 주민을 포용해서 통일의 기반을 마련하자.
4) 한민족 네트워크를 널리 퍼뜨려서 한민족 공동체를 만들자.[182]

시험 문제를 풀기 위해서라면 이 단원을 길게 들여다볼 것 없다. 당
연히 옳은 말씀을 내놓은 것 같고, 그런 말씀은 정답과 오답을 분별
하기가 별로 어렵지 않다. 예컨대 통일이 차츰 이뤄져야 옳지, 난폭하

---

182. 세계가 하나의 체제로 합쳐진 시대에 '한민족끼리 놀자'는 주장은 허튼 꿈으로 끝나기
    쉽다.

게(갑작스레) 벌어진다면 통일비용이 확 늘어날 것은 뻔한 이치가 아닌가. 그러니 시험을 위해서라면 '한민족 네트워크' 같은 낯선 낱말에 대해 쪼끔 알아두는 것쯤으로 족하다. 무슨 철학사(사상사)와 관련된 대목이 아니니 별로 출제되지도 않는다. 하지만 그래서는 아무런 배움도 일어나지 않는다. 교과서의 집필자들은 학생들이 (이 책을 공부함으로써) '평화' 통일의 기반을 마련하는 슬기로운 청년들로 커가기를 간절히 바랄 터이지만, 그런 윤리적인 심성이 잘 북돋아질 것 같지는 않다는 말이다. 학생들한테 한 톨이라도 앎을 선사하려면 교사가 어떤 이야기를 건네야 할까?

통일을 서두르자고?

교과서가 베풀어주려는 앎에서 의미 있는 대목이라면 "통일을 서두르지 말자. 그러다가는 통일비용이 확 늘어날 수 있다"라는 대목일 것이다. 오래전부터 간간이 시행돼온 여론조사 결과를 보면 어느 학생이든 이 얘기를 쉽게 수긍할 것임을 알 수 있다. 여론조사의 결과, 곧 민심의 흐름(동향)은 다음과 같다. "분단 이전 시대를 살아봤던 늙은이들은 통일을 바라는 민족적 정서가 제법 있는 반면, 분단 체제에 익숙해진 젊은이들은 무거운 통일 비용으로 말미암아 자기들 삶에 주름살이 끼는 것을 바라지 않는다." 살붙이(혈육)와 헤어져서 이산가족으로 외롭게 살아온 늙은이들한테는 청년들이 통일문제를 이처럼 주판알을 튕겨서 판단하는 것이 섭섭하게 느껴질 수도 있겠지만(분단된 지 70년 세월이 흘러 그분들은 대부분 별세하셨다), 이런 계산적인 생각은 나름으로 최소한의 (공리주의적인) 합리성을 갖고 있다. 아무렴, 어느 날 갑

자기 통일조국이 '도둑'처럼 찾아온다면 남북한의 대다수 민중이 그런 어지러운 현실에서 즐거움을 누릴 리는 만무하기 때문이다.

그럴 개연성, 곧 북한의 급변 사태(=국가지도부 붕괴)의 가능성과 관련해 알아둘 사실 몇 개부터 떠올리자. 2014년 10월에 나온 미국 육군 보고서는 이런 얘기를 했다. "북한지도부에 대한 미국의 압력이 (한반도에서의) 전쟁이나 (북한의) 정권 붕괴로 이어질 수도 있다." 또 2015년 9월 3일, 중국의 전승절戰勝節 행사가 세계 언론에 대문짝만하게 보도됐는데 중국의 시진핑 주석은 자기의 바로 옆자리(예전에는 북한의 김일성 주석이 앉았던)에 북한의 지도자가 아니라 남한의 박근혜 대통령을 앉히고 칙사 대접을 했다(달라진 국제 정치지형을 말해주는 상징적인 장면이다). 그 무렵 중앙일보의 한 칼럼은 놀라운 소식을 전했다(2015년 9월 17일자). 중국이 (급변 사태 때의 시나리오로서) 자기들 나름으로 마련한 '북한 분할 통제안'을 미국에 제안했다는 것이다(원산만을 자기들 몫으로 달라는 내용). 2016년 초 북한이 장거리로켓(인공위성)을 쏘아 올리자 한반도를 둘러싼 정치지형은 다시 얼어붙었다. 미국은 이 사태를 사드(고고도미사일방어체계)를 주한미군에 배치하는 정치적 명분으로 삼았고, 3월의 한미 군사훈련을 사상 최대 규모로 치르겠다고 나섰다…….

'차츰 통일로 나아가자'는 말은 무슨 뜻인가? 북한에 급변 사태가 일어나는 쪽으로 사태를 몰고 가서는 안 된다는 얘기다. 중국의 '분할 통제안'은 그럴 경우, 압록강과 두만강 쪽으로 (중국과의) 국경을 넘으려는 난민들을 통제하겠다는 명분에서 나온 것이다. 미국이 그 제안을 100% 수긍할지 어떨지는 모르겠지만 아무튼 한국군과 미군만으로 그런 사태를 다 다스릴 역량이 되지 못하므로 어떤 내용으로든 중국과 타협을 보려고 할 것이다. 물론 이것은 급변 사태가 됐을 경우를 대비하는 가상 시나리오다.

그런데 이것은 '점진적인 남북 통합'과는 전혀 동떨어진 얘기다. (당분간이라지만) 북한 땅을 한국과 미국(또는 일본), 중국과 러시아 네 나라가 분할 점령하겠다는 것인데[183] 그럴 경우 북한 민중은 자기들 신세를 어떻게 느낄까? 나라 잃은 백성, 곧 난민refugees으로 비참하게! 북한 땅에 머물러 있지 못하고 심지어 만주 벌판을 떠돌아다닐 사람들이라면 그 처참한 감정을 더더욱 견뎌내기 어려울 것이다. 누구는 등 따신 집에서 느긋이 사는데 누구는 난민으로 떠도는 상태에서 '민족 통합'이란 우스운 얘기다. 분할 점령이 남북의 원만한 통합으로 이어질 것이라는 보장은 있는가? 북한의 일부 민중이 따로 독립국가로 남겠다고 뻗대지 말라는 법도 없다.

이런 정치적 격변을 상상할 경우는 한번쯤 역사를 되돌아보고 생각거리를 찾아야 한다. 데자뷔deja vu! 프랑스 말로 '이미 봤다'는 뜻이고 한자말로 기시감旣視感이라 일컫는다. 70년 전에 한국 민중은 잠깐 그럴 가능성과 맞닥뜨렸다. 2차 대전이 끝난 뒤 미국은 일본이 식민지로 다스렸던 나라들의 전후戰後 처리와 관련해, 한반도는 미국, 영국, 소련과 중화민국(지금의 대만)이 신탁통치하자는 제안을 잠깐 제기했다. 4대국이 합의를 보지 못해서 결국 없었던 얘기가 돼버렸지만 자칫하면 한국 민중의 식민지로부터의 독립은 얼마쯤 뒤로 늦춰질 수도 있었던 것이다.

이러구러 70년의 세월이 흘렀다. 지금 우리는 민족의 일부가 (잠깐이라 해도) 다시 주권 없는 상태로 내몰릴 수도 있는 개연성을 안게 됐

---

183. 미국이나 중국 지배층의 가상 시나리오가 구체적으로 무엇인지, 우리는 알 수 없지만 인터넷에는 4대국 분할 통치안이 그럴싸한 방안의 하나로 나돌았는데 그럴 경우를 잠깐 상상해보는 것이다.

다. 그때는 36년간 나라 없는 백성으로 살아온 뒤였으므로 신탁통치 안이 (실망감은 불러왔다 해도) 큰 충격은 아니었지만 지금은 다르다. 버젓이 주권 국가의 민중으로 살아온 사람들한테 그것은 견디기 어려운 충격이다. 그때는 '역사의 제자리걸음(망국의 신세가 계속되는 것)'이었지만 지금은 역사의 커다란 후퇴가 된다.

미 육군 보고서가 이런 사태를 버젓이 예견하고 있거니와, 왜 그런 일이 생길지 그 까닭도 감추지 않았다. 미국의 압력으로 북한 정권이 무너질 수 있다는 게다. 그런데 교과서는 남북통일을 말하면서 이런 근본적 현실(!)에 대해 입도 뻥끗하지 않았다. "우리의 노력으로 통일을 이뤄내자"라고 부르짖고 있으므로 어린 학생들은 그 아름다운 주장대로 세상이 이뤄질 것으로 순진하게 믿는다. 과연 그런가? 북한 정권이 무너진다면 그 주된 행위자는 미국이다. 북한을 군사적으로 압박하고 경제적으로 봉쇄한 (그런 힘센) 나라는 미국이었으니까. 그렇다면 (흡수)통일은 누구 덕분인가? 민중이 그 기반 마련을 위해 애쓴 덕분이 아니라 미국의 '은혜' 덕분이 된다. 한반도에서의 정치적 변화, 곧 북한의 급변 사태와 그에 따른 북한의 합병 문제는 우선 미국이 한반도를 호령하는 문제이지, 남북의 아름다운 통일 문제가 아니라는 얘기다.

통일을 서두르지 않으려면?

내 얘기가 잘못 읽힐 수도 있겠다. '북한 급변 사태'가 어김없이 벌어질 거라는 비관적인 전망으로! 현실에서는 미국과 남한만이 북 치고 장구 치는 게 아니므로, 세상일이 어떻게 나타날지는 뭐라고 못 박을 수 없다. 하지만 그럴 개연성이 현실의 정치적 경향(흐름)으로, 얼마쯤 터 잡고 있다는 사실은 분명하다.

왜 이 얘길 꺼내는가? 통일을 지금 서두를 거냐, 아니면 (통일 비용이 덜 들도록) 천천히 나아갈 거냐는 문제는 나중 어느 때에 선택(판단)할 일이 아니라 '바로 지금' 선택(판단)할 일이기 때문이다. 미국과 남한(새누리당 정권)의 지배층은 이미 오래전부터 통일을, 아니 북한 정권의 붕괴를 재촉하는 쪽으로 군불을 땠거니와,[184] 민족의 미래를 그려보는 남한 학생들은 그럼 어떤 태도를 취할 거냐, 하는 문제가 여러분한테 제기되고 있다. 돌아가는 사태를 가만히 내버려두면 그들 지배층이 바라는 쪽으로 사태가 흘러갈 개연성이 더 높아진다. 우리가 무엇을 공부하는 까닭은 그 앎을 그저 시험에나 써먹고, 그 다음에는 '나 몰라라' 하기 위해서가 아니다. 그것은 너무 허망한 공부가 아닐까? 남한 국가가 실제로 벌이는 행동과 달리, 교과서는 '통일의 과정을 서두르지 않는 게 현명하다'고 여러분에게 가르쳐줬다. (그 문제에 관한 한) 그것이 옳은 말씀이다! 그렇다면 국가의 주인으로 커가야 할 여러분은 (나중이 아니라) 지금부터 당장 주인다운 목소리를 낼 줄 알아야 한다. "남한 지배층은 북한과의 대결 정책을 그만두고, 하다못해 햇볕 정책으로라도 돌아가시오! 미국 지배층은 북한을 억눌러서 말려 죽일 생각을 제발 거두고, 북한과 평화협정을 맺으시오!" 하고. 그 얘긴 나중에 좀 덧붙이기로 하고, 여기서는 한반도의 정치 현실을 좀 더 들여다보는 공부가 필요하다.

'북한 이탈 주민' 얘기에서 실마리를 풀자. 교과서는 그들의 생각을 옳게 진단했다. "이들은 자본주의 경쟁사회에 매력을 느껴 이곳서 성

---

184. 개성공단 폐쇄로 일터를 잃은 노동자들이 그 폐쇄가 불법이라며 손해배상소송을 냈다.

공하고 싶기도 하지만, 남한 사회가 힘없는 사람들한테는 무정하고 이기적인 사회라 느끼기도 한다." 이들을 감싸 안는 것이 점진적인 민족 통합의 첫걸음이다. 그런데 이들을 정말로 포용한다는 것은 단순히 '정착 자금 몇 푼' 대주는 일이 아닐 게다. 남한 사회가 힘없는 사람들 한테도 따뜻한 곳으로 바뀔 때라야 이들이 다시 북한으로 되돌아가고 싶어 하지 않을 것이다. 북한 민중 전체도 마찬가지다. 남한 사회가 사회적 불평등이 개선되는 쪽으로 뚜렷이 바뀔 때라야 "우리, 작은 차이는 덮어두고 남녘 사람들과 한 나라를 이룹시다!" 하는 바람(소망)이 북녘 사회에 높아질 것이다.[185]

그런데 교과서가 전제해놓은 통일의 원칙이 무엇인가? "자유민주주의와 (자본주의) 시장경제에 기초해, 또 국민적 합의에 기초해 더디게 나아가자!"라는 것이다. 여기서 '국민적 합의'는 북한 민중을 밀쳐두고 남한 민중끼리 합의하자는 뜻이다. "북한 민중 너희는 그저 우리가 시키는 대로 따라와!" 북한 민중은 통일 문제에 대해 스스로 자유로운(!) 선택을 하지 못한다.[186] 어떤 얘기의 옳고 그름을 제대로 따져 물으려면 그 얘기가 전제해놓은 생각부터 헤아려야 한다. 이를 '반성적인 논증'이라 한다. 미국과 남한의 지배층이 우리한테 (일방적으로) 들이미는 '통일의 원칙'이 실제 현실에서 들어맞는지(=그들의 말과 실제가 일치하는지)는 나중에 따질 일이고 먼저 따질 것은 그 원칙 자체가 옳은 거냐라는 물음이다. 진리는 다수결이 아니다. 지금 다수가 그런 의견을 품고 있다 해서 그게 저절로 '진리의 자격'을 부여해주는 게 아니

---

185. 북한 이탈 주민만 '주변화'되는 게 아니다. 남한 청년들 대다수의 미래가 불안정해 졌다.

186. 1990년대 동유럽은 세계 자본 체제 수용을 '자유 선택'하지 않았다! 서유럽 자본 체제의 공세에 넋 놓고 휘말렸을 뿐이다. 참된 선택은 주어진 것 중의 택일이 아니라 스스로 좌표를 설정하는 것.

라는 말이다. 요컨대 일방적 흡수통일은 진리가 아니다.

우리가 바라는 통일은

북한 국가는 자본주의 경제 아닌 사회주의 경제를 자기들 목표로서 추구한다. 시장경제를 더러는 받아들일 생각이 있겠지만(개성공단의 남북 합작이 그 사례다), 시장경제가 전면화하는 것을 바라지는 않는다. 그렇다면 남한과 북한이 일방적이지 않은 (정말로 민주적이고 평화적인) 통일을 이뤄낼 길은 서로 다른 두 체제가 공존하는 길밖에 없다.[187] 전前 대통령 김대중도 일찍이 이런 취지의 '연방제 통일안'을 부르짖은 적 있다.

이와 달리, 교과서가 말하는 '국민적 합의'는 사실 평화통일과 전혀 동떨어진 얘기다. 북한 민중은 어르고 달래서 남한 국가권력의 품속으로 합병시킬 대상이지 '국민', 곧 나라의 주체로 대접받고 있지 않기 때문이다. 남한 지배층의 높으신 분들께서는 북한 쪽이 뭐라고 생각하든 (휴전선을 넘어 북녘 땅을 접수해서) 자본주의 시장경제를 밀어붙이고 싶다는 것이고 북한 국가의 존재에 대해서는 단칼에 지워버리겠다는 속내를 드러냈다. 남한의 야당과 시민사회(시민단체)와는 북한을 언제 흡수 합병할지 그 시기time와 속도에 대해서만 토론하겠다는 것이 그분들의 뜻이다. 교과서가 '(흡수) 통일 원칙'을 말한 것은 높으신 분들의 뜻(방침)을 대변한 것이고, '국민적 합의'를 말한 것은 '(흡수 합

---

187. "현실 사회주의가 망했으니 자본주의 말고 대안이 없다"라는 주장은 옹색한 변명(남 탓)이다. "우리 체제는 별탈이 없다"라고 자기를 두둔할 수 있어야 한다. 그런데 지금 장 밋빛 미래가 느껴지는가?

병을) 서두르지 않을 터이니 그 방향 자체에 대해서는 찬성해달라'는 그분들의 대對국민 설득 방송을 그대로 전달해주는 것이다.

두 체제는 공존할 수 없는가? 얼핏 생각하면 그럴지도 모른다. "체제의 운영 원리가 달라서 어쩌고……." 하지만 그런 추론은 세상일을 진지하게 헤쳐나갈 생각이 없는 사람들의 허튼 속셈을 그대로 긍정하는 얘기다. 시장경제가 여전히 미덕이 크다고 여기는 사람들일지라도 자본 체제가 안고 있는 문제점(공황, 자연파괴)을 힘껏 해결하겠다는 성심성의open mind가 있다면 딴 동네에서 자본 체제에 대해 대안(딴 길)을 찾아보고자 하는 노력을 훼방 놓지는 말아야 한다. 시장경제의 미덕은 현실에서 증명돼야 하는 것이지, '우리는 진리의 편에 서 있다'고 깝죽대서는 안 된다.[188]

물론 탈脫시장경제 쪽도 자기를 겸손하게 바라볼 줄 알아야 한다. 우리는 자본 체제가 훨씬 사람답게 살 수 있고, 또 인류 문명이 지속적으로 발전할 수 있는 그런 대안의 사회체제로 바뀌기를 진심으로 바란다. 하지만 현실에서 나름의 관성inertia을 갖고 굴러가는 사회경제 제도를 하루아침에 전혀 딴 사회경제제도로 바꿔내는 것이 무척 어렵다는 사실을 잘 안다. 20세기 여러 나라의 사회주의 경제 실험들이 대부분 실패한 것이 이를 말해준다. 어떻게 사회경제 체제를 바꿔가야 나름의 활력을 지탱하면서 자본 체제의 여러 문제점들을 해소할 수 있을지, 간단히 그림을 그리기 어렵다. 어디는 자본 체제가 (얼마쯤 자본의 독주獨走를 견제하는 장치들을 들여와서) 굴러가고, 어디는 자본 체제를 아예 크게 허물고, 이런 갖가지 접근 방식(사회적 실험)들이 활기

---

188. 2015~2016년 미국과 유럽 중앙은행은 금리를 제로(마이너스)까지 낮췄다. 은행이 빚 더미에 앉더라도 기업을 살려야 한다는 비상조치다. 자본은 이윤을 벌지 못하면 죽는다. 세계 자본 체제가 근본 위기에 빠져서 허우적거리고 있는데 그것이 '절대로 옳은' 체제라고 강변하는 것은 파렴치한 짓이다.

차게 시도된 가운데서야 우리는 어떤 제도 형태들로 모아내는 것이 인류의 삶에 바람직할지 좀 더 자세한 앎을 얻는다.

우리는 지금의 자본 체제(남한)와 지금의 국가사회주의 체제(북한) 중에 어느 것 하나를 이분법으로 선택할 수 없다. 두 쪽 다, 더 진취적인 방향으로 자기를 탈바꿈하겠다고 다짐하며 공존의 길을 갈 수 있을 때라야 그 다짐들이 남북한 민중한테 감격스럽게 다가갈 것이다. 우리를 살맛 나는 미래에 대한 설렘으로 들뜨게 만드는 통일만이 진짜배기 통일이다.

> **덧대기**
> 1991년 말 소련(소비에트연방)의 해체와 더불어 현실 사회주의가 막을 내렸다면, 2001년 9·11 뉴욕 테러가 터지고, 2008년에 (언제 끝날지 모를) 세계경제대공황이 터져 나온 것과 더불어 자유주의 유토피아(=자본주의는 영원하리라는 믿음)도 뚜렷이 빛이 바랬다. (좌파에게든 우파에게든) 찬란한 별빛이 우리의 앞길을 일러주던 복된 시대가 아찔하게 저물었다. "또 실패하라, 더 낫게 실패하라"라는 경구만 남아서 우리를 가시처럼 찌르고 있다.

한반도에 새벽이 밝아올까

하지만 현실은 우리의 바람과 거꾸로 돌아가고 있다. 평화통일은커녕 살벌한 (북한) 붕괴작전이 거세게 벌어졌다. 2016년 3월의 한미 연합 군사훈련 때는 '참수(목 베기) 작전'이라 하여 북한 국가의 대표를 아예 쏴 죽이는 노골적인 작전 훈련도 집어넣을 정도다.[189] 미약하나마 남북 긴장 완화 국면으로 돌아섰던 김대중 정권(1998~2002)과 노무현 정권(2003~2007)이 막을 내리고, 수구守舊 보수 세력의 정권이 잇달아 집권하면서부터 남북관계는 더 차갑게 얼어붙었다. 그런데 이것은 또 동아시아의 긴장 격화로 이어진다.[190] 그뿐이랴. 한국의 수구보수 정권은 이때다 싶어, '테러 방지법'을 들여왔다. 국가정보원한테 영장warrant 없이 모든 국민의 핸드폰을 도청하고 감청할 권한을 부여하는, 국민의 기본권을 송두리째 짓밟는 법이다. 정보기관(국가정보원)이 견제 받지 않는 괴물이 될 위험이 높아졌다. 야당들이 사상 처음으로 필리버스터(의사진행 방해)로 맞섰지만 민주주의를 지켜낼 진정성이 없어서 중간에 싸움을 그만두었다.

우리는 북한 정권이 핵무기 개발에 고집스레 매달리는 것을 안타깝게 지켜봐왔다. 역지사지해보자면 미국이 자기들을 '제거(또는 붕괴) 대상'으로만 취급하는 데 맞서 핵무기를 자기 방위의 수단으로 삼으려는 생각이 이해되지 않는 바는 아니지만 그들이 아무리 핵무기를 개발해봤자 세계의 패권을 휘두르는 미국의 북한에 대한 태도는 쉽게 바뀌지 않는다(꼭꼭 억눌러서 서서히 말려 죽이려는 것인데 미국 정부는 이를 '전략적 인내=견뎌내기'라는 허튼 용어로 일컫는다). 미국은 북한과 평화협정(!)을 맺어 70년 묵은 분단 체제를 해소할 생각이 털끝만큼도 없다(→그것이 가장 결정적인 과제인데도). 중국의 반대도 무릅쓰고 사드(미사일방어체계)를 들여와 중국 봉쇄의 고삐를 틀어쥐려는 미국한테 북한의 핵개발 사업은 오히려 좋은 핑곗거리가 돼준다. 미국은 앞으로 30년간 1조 달러를 들여 전략핵무기를 업그레이드할 계획을

---

189. 아마 공중폭격을 퍼붓고 기습부대를 침투시키는 그런 내용일 것이다. 이때 중앙일보의 한 칼럼은 "체제의 본질과 본질이 부닥칠 때 변화가 터진다. 한반도의 운명은 남한이 개척해야 한다"라고 썼다(2016. 2. 17). 남한 지배층이 흡수통일(합병)의 속셈을 솔직히 드러냈다.

190. 중국은 '사드'를 남한에 배치하는 것에 대해 줄곧 한국 정부에 경고해왔다.

밝혀서 미국과 러시아가 실전배치 핵탄두 숫자를 줄이기로 합의한 핵군비축소 협정(1987년)과 그 흐름은 흐지부지될 것 같다. 일본도 북한 핵을 핑계 대며 '평화 헌법'을 걷어치웠다. 남한 집권정당은 그 사태를 핑계 삼아 『테러 방지법』(곧 민주주의 압살법)을 들여왔다.[191] 이렇게 상호 대결의 악순환이 깊어지는 것을 가리켜 미국(남한)과 북한 정권이 서로 '적대적으로 공존'하고 있다고 싸잡아 비판할 수도 있다. 하지만 비판보다 중요한 것은 참견이다. "두 쪽 다 대결은 일단 멈춰!" 그러려면 한반도에 평화의 기반을 마련하고 더 나아가 자주 통일의 길을 닦을 제3의 주체로 남한 민중이 나서야 할 터인데 아직 누구도 그런 목소리를 모아낼 채비를 갖추고 있지 못하다.

간추리자. 교과서는 '북한을 일방적으로 흡수 합병하자'는 원칙과 '되도록 북한 민중의 반발을 불러일으키지 말자' 다시 말해 '(흡수 합병을) 천천히 추진하자'는 현실론의, 서로 따로 노는 두 얘기를 섞어놓았다. 교과서는 민족을 말하지만 거기 민족 관념은 외출外出을 해버렸고, 윤리를 말하지만 '힘의 원칙'이 곧 윤리라고 들이대는 것에 불과하다.[192] 학생들을 참된 윤리와 참된 정치의 주체로 호명呼名하지 않는 교과서에서 무슨 배움이 일어날 리 없다. 세상은 넓고 깊다. 우리는 (국정) 교과서를 벗어나 자기 눈으로 세상을 보고, 거기서 진실을 찾아내자. 세상을 바로 세우려면 말이다.

---

191. 같은 때에 중국도 반테러법을 들여왔는데 미국, 일본과 유럽은 한국 것은 침묵하고, (편파적으로) 중국 것만 반대했다. 이 법이 통과되자, 검열과 압수수색이 쉽지 않은 '텔레그램'으로 '사이버 망명자'가 늘어났다. 심지어 집권 정당의 사람들도 여럿이 망명했으니 코미디 같은 일이다.

192. 미국은 10년 전만 해도 이란을 '테러 지원 국가=악의 축'이라 단죄하고 경제봉쇄를 했다. '폭격하겠다'고 줄곧 위협도 했다. 미국의 지배에 고분고분 순종하지 않는다는 이유로! 힘이 정의라고 했다.

덧대기 1

우리는 우리나라를 '한국'이라 일컫지만 세계 대다수 언론은 South Korea라 일컫는다. 우리 자신을 객관적으로 바라볼 필요가 있다. 교과서에 적힌 통일(=북진통일론) 얘기를 '당연한 것이려니' 하고 외우는 학생은 North Korea가 1991년 UN에 가입해서 국제사회가 '한 민족, 두 국가'의 현실을 인정했다는 것을 새겨둬라.

덧대기 2

남한(한국) 지배층이 북한을 사납게 압박하는 것은 그것 하나만 봐서는 세상 이치를 읽어내기 어렵다. 남한 안에서도 그런 억압이 비일비재했다는 사실을 더불어 읽자. 이를테면 2011년 봄, 서울 인사동에는 용역(심부름꾼)이 여럿 나타나 노점상들한테 폭력을 휘둘렀다. 용역 깡패들은 종로구청과 공식 계약을 맺고 버젓이 폭력을 저질렀다. 해방 후 서북청년회와 김두한의 행패를 시작으로, 국가와 조직폭력배가 한통속으로 놀았던 폭력의 역사가 무척 뿌리 깊다. '어버이연합'이라는 유령 단체가 전경련(자본가단체)한테 뒷돈을 받아가며 (청와대 행정관의 지시에 따라) 위안부 인권운동단체까지도 '종북'이라고 헐뜯고 다닌 것도 그 역사의 연장이다. 펄트가 지은 『대한민국 무력 정치사』 참고. 하기는 현대 국가들 상당수가 폭력적으로 놀았으니 이를 '한 나라'만의 문제로 볼 일도 아니다. 1900~1987년 사이에 전 세계에서 1억 7000만 명에 이르는 사람들이 국가가 저지른 범죄(살인 행위)의 희생양이 됐다고 한다. 로빈스가 지은 『세계문제와 자본주의 문화』 참고.

덧대기 3

남북문제는 미·일·한 군사동맹의 모습으로 나타나는 미국의 동아시아 지배의 맥락을 빼놓고 읽으면 반쪽짜리 앎에 그친다. 미국이 세계를 어떻게 지배해왔는지, 이라크전쟁(2003~2011)을 예로 든다. 미국의 침략 명분(→이라크에 대량살상무기가 있음)이 허튼 구실이라는 것은 금세 밝혀졌다. 지젝은 미국의 속임수 논리를 다음과 같은 농담에 빗댔다. "(1) 나는 당신의 주전자를 빌린 적 없다, (2) 나는 당신의 주전자를 고스란히 돌려줬다, (3) 내가 당신한테서 주전자를 빌려왔을 때, 주전자는 이미 구멍이 나 있었다." 미국 지배세력이 이라크의 석유를 탐내기도 했지만 침략의 가장 큰 동기는 '미국이 세계의 경찰'이라는 사실을 (이라크 민중한테가 아니라) 전 세계에 본보기로 보여주려는 속셈이었다. "우리한테 대들면 이런 꼴이 난다. 잘 알아둬라."

덧대기 4

북한의 민중과 국가가 그동안 벌여온 실천에 대해 역사적인 잘잘못을 살피는 문제는 어마어마한 분석과 토론이 필요하다. 우리(남한)의 역사와 한데 엉켜 있어서다. '그들의 역사 따로, 우리 역사 따로'가 아니다. 그에 대해 글쓴이가 아무 말도 꺼내지 않은 까닭은 우리 사회가 아직 그것이 진취적(생산적)으로 토론될 형편이 되지 못했기 때문이다. 북한과 미국 사이에 적어도 평화협정이 맺어져서 공존의 기반이 마련될 때라야 말문이라도 연다. 이것을 어떤 관점에서 바라봐야 하는지만 일러두자. 20세기 중반기에 제3세계 민중이 곳곳에서 민족해방운동을 벌인 결과, 수많은 신생국이 탄생했다(프란츠 파농의 『대지의 저주받은 자들』이 그 비전을 선명하게 그려냈다). 옛 식민주의는 대부분 물러갔다. 하지만 반세기가 지난 지금, 신생국 대부분이 세계 자본 체제에 오히려 더 깊숙이 예속돼버렸다. 더 강력한 신식민주의에 무릎 꿇었고, 유럽 열강이 여전히 이들을 쥐락펴락한다. 민중의 삶이 옛날보다 더 가난해진 나라도 많다. 그러니까 우리는 예전의 민족해방운동을 칭찬하고 앉았을 겨를이 없다. 그 역부족의 현실을 냉철하게 짚어야 지금의 현실을 극복할 깨달음이 (가까스로) 생긴다.

4 환대론과 평화론

레비나스는 (유대인이라는 이유로)
제 핏줄들이 목숨을 잃고 저만 살아남았다.
그는 낯선 타자를 섬기는 것(=환대론)이
으뜸 윤리라고 부르짖었는데 그 얘기를
홀로코스트와 연관해서 읽어야 한다.

이 글은 '지구촌의 윤리적 상황과 과제'를 간단히 살핀다. 교과서부터 간추린다.

1) 세계화에는 양면성이 있다. 이 흐름에 주체적으로 대처하자.
2) 국제관계와 관련해, 현실주의와 이상주의의 두 관점을 균형 있게 취하고 국제 정의에도 힘쓰자.
3) 부국은 약소국을 도울 의무가 있다. 국제 평화에도 힘쓰자.

곁가지로 칸트의 환대론[193]과 영구평화론, 레비나스의 환대론이 소개돼 있는데 좀 더 알아보자.

우선 칸트의 말씀을 듣는다. 낯선 나라의 사람을 환대歡待하는 일과 관련해, 그는 이렇게 말한다. "우리가 딴 동네에 찾아간다고 생각해 보라. (그들이) 우리를 문전박대하지 않고 따뜻하게 맞아주기를 바라

---

193. 기쁠 환歡, 맞을 대待! 세 살짜리 아일란 쿠르디의 주검이 2015년 9월 초 터키 바닷가에서 발견되자 동정심이 생긴 유럽 사람들이 시리아 난민 400만 명의 환대 여부를 비로소 고민하기 시작했다. 내전civil war으로 지옥hell이 돼버린 시리아 민중의 삶을 인류의 공적公的 문제로 떠안아야 한다.

지 않겠는가. 우리가 환대 받기를 바란다면 우리한테 찾아온 나그네도 따뜻하게 맞아줘야 옳다!"

이런 얘기는 사실 칸트가 처음 꺼낸 것이 아니다. 일찍이 호머가 지은 『오디세이』에는 "나그네를 환대하는 것이 그리스인들의 의무"라고 적혀 있다. 오디세우스가 이 섬, 저 섬을 표류하며 고초를 겪을 때의 이야기다. 인류 사회에 커다란 도시가 생겨나고 호텔과 여관이 발달한 것은 근대 사회에 접어들면서부터다. 그 이전에는 다른 지방으로 여행을 갈 경우, 아무 민가民家나 문을 두드리고 "하룻밤 재워주시오." 부탁할 수밖에 없었다(여행객 자체가 많지 않았다). 그리고 집 주인은 변변한 방이 없을 경우, 외양간(마구간) 구석이라도 자리를 내줬다. 이를 당연한 의무로 여겼다. 칸트는 세계 민중이 수천 년 동안 실천해오던 (소박한) 생활풍습을 글로 간추려서 옮겼을 뿐이다.

세계 평화를 꿈꾼 칸트

아무튼 이 얘기는 같은 동네(나라) 사람들끼리의 도덕규범을 딴 동네(나라) 사람들에게까지 넓힌 것이다. 나와 남들 사이에 서로 동등한 권리/의무 관계가 맺어져야 한다는 얘기를! "내가 자유롭기를 바란다면 먼저 남들을 자유로운 존재들로 대접하라!" 요즘이야 평범한 얘기로 들리지만 이렇게 모든 사람을 평등한 존재로 대접하는 도덕규범을 처음으로 본때 있게 세운 사상가가 칸트이고, 그가 그럼으로써 근대 사회의 이정표를 세웠노라고 역사책은 말한다.[194]

194. 세계인권선언(1948) 1조는 "사람은 자유롭게 태어났고 존엄성과 권리가 같다"라고 선포했다.

칸트는 국제연맹(국제연합)의 필요성도 처음 부르짖었다. 국제연맹 League of Nations은 1차 세계대전이 끝난 직후(1920년), 전쟁 예방을 위해 설립돼서 40~60개 나라가 참가했으나 국제 분쟁의 해결에 무능력함을 드러내 1930년대 이후 유명무실해졌다. 그 취지를 이어받아 1945년 말 국제연합United Nations이 다시 출범했다. 그는 모든 나라가 민주적 법치국가로 우뚝 서고, 또 동등한 주권 국가로 대접받는 것만이 세계 평화를 이룰 유일한 길이라고 부르짖었다. 국제연맹과 국제연합은 칸트의 생각에 바탕을 두고 설립됐다. 요즘은 이 얘기가 상식이 됐지만 칸트 시절만 해도 새로운 얘기였다.

지금 UN이 돛을 올린 지 70년이 넘었다. 칸트의 이상은 제대로 꽃 피어났는가? 식민지 국가들이 독립한 것이야 역사의 진보이지만 모든 나라가 UN의 깃발 아래, 명실상부하게 자유(주권적 지위)와 독립성을 누려왔던 것은 아니다. 두 가지 사례만 든다. 1973년 칠레에 들어선 아옌데 정부는 미국 정부가 뒷배를 봐준 군인 피노체트의 쿠데타에 의해 무너졌다. 아옌데가 미국의 지배로부터 벗어나 사회주의 정치를 펼치려 했기 때문이다. 2011년 리비아의 국가지도자 카다피는 반란을 일으킨 이른바 '자유리비아군'에 의해 살해됐다. 그런데 그 반란군이 유럽 열강(미국, 프랑스, 이탈리아)의 앞잡이였고, 유럽 전투기의 폭격 없이는 카다피 정부의 붕괴가 전혀 가능하지 않았다는 사실을 들이밀어야 한다. 왜 유럽 열강이 카다피를 제거하기로 결심했는가? 아프리카 국가들끼리 힘을 합쳐 유럽 나라들의 지배와 간섭에서 벗어나려 했기 때문이다. 이런 일이 벌어지는데 UN은 멀거니 구경만 하고 있었다. UN이 국제평화를 위해 나름으로 구실해온 바가 없지 않으나, 유럽 열강이 자기들의 이른바 국가 이익과 자본 체제의 패권 유지를 위해 집요하게 벌이는 일(토벌 작전)까지 막아내지는 못한다.

여기서 칸트의 교역론交易論을 잠깐 떠올려보자. 그의 말에 따르면, "상업과 교역은 서로 사귀고 소통하려는 인간의 본성이 창출해낸 것"으로서, 이런 '상업 정신'은 전쟁과 양립할 수 없는데, 그 이유는 상업의 발전과 교역의 확대는 교역하는 두 나라에 모두 이익이 되고, (도덕적 힘이 아니라) 이런 화폐의 힘이 전쟁을 막고 평화를 가져오기 때문이라는 것이다. 요즘도 남한 지배세력의 일부가 한반도 평화문제를 칸트의 자유주의 이론에 따라 해결하려고 해왔는데 그것이 이른바 (김대중 정권이 내세웠던) 햇볕정책이다. 군사력으로 전쟁 억지력을 높이는 것보다 남북 사이에 경제 교류를 늘리는 것이 평화를 꾀하는 지름길이라는 생각이다. 그런데 칸트는 상업과 교역을 (그것이 이뤄지는) 시대 조건과 결합해서 역사적으로 파악하지 못했다. 그것이 평화를 꾀하는 데 도움이 된 시대도 있고, 그렇지 못한 시대도 있는 것이다. 수십 수백 명의 무리(밴드)끼리 집단살이를 하면서 유랑하던 원시 시대에는 교역이 확실히 전쟁을 막는 수단이 됐다. 낯선 무리와 맞닥뜨렸을 때 그들이 우리한테 도움이 될 물자를 건네며 '교역을 하자'고 제안해 온다면 그들과 적이 되어 싸워야 할 까닭이 없다. 중세에도 중국과 주변 나라들 사이에는 조공무역이 성행했는데 이것도 서로 간에 친선과 평화를 이루는 데 도움이 된 것이 분명하다.

하지만 자본주의 시대에 접어들면서 상업과 교역은 날이 갈수록 친선이나 평화와 동떨어진 것이 됐다. 스페인과 네덜란드와 영국의 중상주의 무역은 막후에 해적질과 약탈전쟁을 숨기고 있었다. 영국과 네덜란드의 동인도회사들이 인도와 인도네시아를 마구잡이로 약탈했던 역사를 잊지 말자. 자유무역 시대(19세기)에도 영국은 중국 정부가 아편 무역을 억누르자 '아편 전쟁'을 일으켰다. 자본주의가 쇠퇴기로 접어든 제국주의 시대(19세기 말~)에는 더더욱 교역이 평화로부터 멀어졌다. 조선 나라가 병인양요(1866)와 신미양요(1871)에 시달린 사실을 떠올리자. 유럽 열강이 대포cannon와 기선steamship을 앞세워 우리한테 '교역'을 강요한 결과는 무엇인가? 청일전쟁과 러일전쟁 그리고 의병전쟁이었다. 1~2차 세계대전도 교역과 상업이 없었기 때문에 터진 게 아니고, 교역과 상업 때문에 벌어졌다. 물론 그것이 자본주의적(제국주의적) 교역이었기 때문이라고 더 구체적으로 짚어야 하지만 말이다.

칸트를 쪼끔 두둔해주자. 그의 시대(18세기)에는 자본주의적 교역의 침략적인 본성이 충분히 드러나지 않았다고! 그가 살았던 나라(프러시아)는 해외 무역에 나선 적이 없어서 더욱이 자세한 사정을 알지 못했을 거라고! 유럽 열강의 약탈 무역의 진상은 늘 뒤늦게 알려졌을 거라고! 그러므로 칸트의 갸륵한 뜻은 흉잡을 까닭이 없지만 '자유무역, 참 좋아!' 하는 얘기가 얼마나 시대에 뒤떨어진 순진한 얘기인지는 똑똑히 새기자.

교과서는 세계가 하나로 얽힌 요즘, '인류는 모두 형제'라는 이념에 의거해서 부국富國이 약소국을 원조해야 한다고 덕담을 읊었다. 부국의 원조가 꼭 약소국에 보탬이 된다는 보장은 없지만 아무튼 부국이 성심을 다하자는 것이다.[195] 갸륵한 말씀이긴 한데 왜 원조가 별로 보탬이 안 될 때가 많을까? 그 원조가 어땠는지만 살펴서는 깊은 앎이 나오지 못한다. 이미 상업과 교역의 틀(메커니즘)이 유럽 열강에 유리한 쪽으로 짜여 있는 터라, 몇 푼의 원조만으로는 그런 형편을 돌파할 힘이 생겨나지 못한다. 자유무역이 아니라 약소국과 부국이 함께 클 수 있는 다른 교역의 틀이 새로 마련돼야 한다. '공정 무역'이라는 것

---

195. 한국 국가와 민중은 이웃 나라를 돕는 우애fraternity가 별로 깊지 못하다. 경제 규모에 견줘 빈국에 대한 원조 액수가 형편없이 낮다. 환경위기에 대한 대응도 적극적이지 않다.

도 그런 문제의식에서 생겨났겠는데 그것이 과연 세계 경제 질서를 호혜(互惠, 상호혜택)의 것으로 뒤바꿀 힘을 키울지는 몹시 미심쩍다.[196]

덧대기 1
브라질의 커피농장 일꾼 중에는 60킬로그램 한 자루를 수확하고서 그 임금으로 겨우 커피 한 잔 값(!)을 받는 사람이 수두룩하다. 네슬레(커피 유통기업)는 노예노동으로 생산된 커피를 사들인 사실을 인정한 적 있다. 수십 개 나라의 커피농장에 어린이노동과 강제 노동이 널리 퍼져 있다.

덧대기 2
글로벌 자본주의가 된 지금은 부국(강대국) ↔ 빈국(약소국)의 대립 구도보다 부자들 ↔ 가난한 자들의 대립 구도가 더 막중해졌다. 전 세계의 부자들이 저희끼리 똘똘 뭉쳐서 계급이익을 꾀하기 때문이다. 미국의 부자들은 자국의 민중보다 한국과 사우디아라비아의 부자들과 더 동질감을 느낀다. 20세기 말부터 빈부 격차가 '가파르게' 벌어지고 있다. 예컨대 인도는 최근 3년 새에 억만장자가 26명에서 69명으로 늘어난 반면, 최근 10년 새에 슬럼(빈민굴) 주민도 두 배 가까이 늘었다. 전 세계에서 하루 2달러 미만으로 목숨을 잇는 사람이 20억 명이 넘는다.

덧대기 3
비정부기구NGO에 관한 달콤한 선전을 곧이곧대로 믿는 사람이 많다. 가령 유누스가 설립한 '그라민 은행'은 가난한 나라의 빈민이 쉽게 사업을 하게끔 돕는 착한 자본이라고! 라미아 카림에 따르면 국가와 사회가 부실한 방글라데시에서 NGO가 '그림자 국가'(=사실상의 통치기구) 노릇을 해왔는데 NGO들이 사실은 자기네를 지원해준 유럽 자본을 돕고 있다는 것이다. 그가 쓴 『가난을 팝니다』 참고.

---

196. 공정무역의 대상으로 꼽히는 것은 커피, 바나나, 설탕 등 기호식품뿐이다. 그것들은 유럽 열강이 후진국들의 자급자족 농업을 무너뜨리고서 들여놓은 것들이다. 단작농업은 후진국을 세계시장에 휘둘리게 만든다. 후진국들한테 더 절박한 것은 자립경제를 세우는 것이지, 좀 더 비싼 값에 커피를 파는 것이 아니다. 식품 값이 크게 떨어진 2009년에 세계 영양 결핍자는 10억 명이 넘었다.

레비나스의 환대론과 홀로코스트

'낯선 사람들을 환대하라'는 이야기는 20세기에 들어와 훨씬 묵직한 무게를 얻었다. 레비나스(1906~1995)는 이렇게 말했다. "칸트처럼 서로 주고받을 권리로서 환대를 말하는 것만으로 모자란다. 그렇게 주판알을 튕기지 말고, 아무 조건(계산) 없이 남들한테 환대를 베풀라!"

가만히 생각해보자. 칸트의 환대론이야 아무한테나 쉽게 권할 수 있다. "네가 지금 베풀면 나중에 너도 혜택을 누릴 거거든." 하지만 레비나스의 말씀은 생뚱맞다. "누가 네 왼뺨을 때리거든 오른뺨도 (마저 때려 달라고) 돌려대라"라고 분부한 예수님 말씀만큼이나 난폭하다. 부처님 가운데 도막이 아니고서야 어찌 그렇게 무거운 도덕규범을 따를 수 있을까.

그래서 이 얘기의 시대적 배경이 중요하다. 그는 유대인이다. 리투아니아에서[197] 유대교 교육을 받으며 자랐다. 그가 청년이 됐을 때 유대인들은 유럽 곳곳을 휩쓴 험악한 반유대주의 정치선동에 너나없이 시달렸다. 홀로코스트(대학살)가 벌어질 때 그는 '운 좋게' 살아남았다. 두 남동생은 학살당했다. 이런 배경을 읽어야 왜 그가 그렇게 난폭한 (?) 정언定言 명령을 내렸는지가 이해된다. "저기, 수많은 사람들이 죄 없이 죽어가고 있단다. 앞뒤 잴 것 없이 번개처럼 달려가서 당장 그들을 살려내야 하는 것 아니냐? 그런 순간에 이것저것 계산하는 놈은 사악한 놈이다!" 물론 그가 홀로코스트 하나만 들이판 것은 아니다. 사회주의로부터 빗나간 스탈린주의 정치와 눈먼 민족(종족) 분쟁들이 낳은 수많은 참극을 지켜보면서 유럽 철학을 뿌리째 톺아봤다(살폈

197. 남쪽으로 폴란드와 러시아, 서쪽으로 발트해에 닿아 있는 나라. 러시아제국에 합병됐다가 독립했다.

다). "유럽 철학 자체가 전쟁과 깊이 얽혀 있군 그래!"

교과서는 레비나스의 철학을 다음과 같이 서술했다. "무조건적인 유보 없는 환대: 타자를 자기화하려는 동일화의 지배 논리를 넘어, 자기 자리를 내어주는 '타자에 대한 비대칭적 수용'으로서의 환대다. 이때 환대의 근거는 형제애다. '우리는 서로 형제'라는 전제를 수용할 때 비대칭적인 환대가 의무로 부과될 수 있다." 문장이 참 어렵게 읽힌다. 건져내야 할 핵심은 이런 얘기다.

"유럽은 (유대인과 같은) 낯선 이방인들을 받아들이지 않았어. 자유주의라는 그럴싸한 이념은 떠들면서도 그 이방인들이 자기 것을 다 버리고(가령 개종하고), 유럽 부르주아 사회에 동화될 때만 받아들였지. 유럽 부르주아들의 자유는 가짜 자유야. 우리는 다른 윤리를 품자고. 우리와 전혀 다른, 낯선 이들을 그 자체로서 존중해주자고. 나(우리)를 내세우기 앞서 그들부터 생각하자고. 저들이 우리한테 목 놓아 외치고 있지 않니? 자기들 목숨을 살려달라고 말이야. 그 외침(부름)에 응답할 줄 알아야 인격적인 존재로서 '나(우리)'가 비로소 우뚝 설 수 있는 것 아니겠니?[198] 저들이 온전히 삶을 살아내지 못하면 나(우리)도 없어. 저들이 빼앗기고 내쫓긴 자리를 내(우리)가 차지하고 있는 것은 아닐까?"[199]

---

198. 분배정의론은 '저마다 제 몫이 있다'는 전제에서 출발하는데 바울에 따르면 그것은 율법(계약)의 원리다. 바울은 '내 몫'이라는 관념(→'나'를 지탱하는 것) 자체를 넘어서는 근본적인 변혁을 꿈꾸었다.

199. 20~21세기에 현대판 천민賤民인 난민refugees이 숱하게 생겨났다. 세계 자본 체제의 사생아다. 2015년엔 독일 수상이 시리아 난민을 받아안는 결단을 내렸는데 한국 사회는 무관심했다.

인간 학살극이 배출한 괴물 같은 이웃

이런 갸륵한 생각과 별도로, 그가 유럽 철학 전체를 '나(우리)가 남들을 자기화自己化하려는 동일화同一化의 지배논리'의 표현으로 읽은 것은 맹렬한 논쟁거리가 된다. 그는 그 생각을 유럽 철학 모두를 '존재의 망각'으로 단죄斷罪한 하이데거한테서 물려받았는데 '모든 것을 싸잡아 단죄'하는 생각은 언제나 커다란 (생각의) 구멍을 남긴다. 레비나스의 얘기는 20세기 후반, 극단적인 상대주의로 치달은 포스트모더니즘 사상으로 연결됐다.

칸트가 일찍이 타자들의 존재에 대해 숙고하여 세계 평화를 궁리한 뒤로, 20세기에는 타자들에 대한 숙고가 훨씬 깊어졌다. "저 낯선 작자들(난민, 이교도, 온갖 소수자들)과 어떻게 관계 맺어야 한다는 말인가!"[200] 레비나스는 유대교라는 보편(유일신) 종교에서 자기 사상을 길어 올릴 수 있었던 덕분에 칸트보다 더 무거운 정언명령을 발동할 수 있었다. 하지만 종교보다 현실이 더 깊었다. 그의 '타자他者 철학'이 홀로코스트의 비극을 온전히 다 감당해낸 것 같지는 않다는 말이다. 그 타자들(유대인)이 어떤 지경에 놓여 있었던가?

영화 한 편을 소개한다. 클로드 란츠만이 1985년에 「쇼아SHOAH」라는 기록영화를 펴냈다. 쇼아는 히브리말로 '절멸(씨 말리기)'이라는 뜻이다. 그는 10년 동안 세계를 돌아다니며 촬영해서 무려 9시간(!)짜리 영화를 만들었는데 그 시절의 뉴스 필름이나 기록 필름을 전혀 쓰지 않고 등장인물들의 말(인터뷰)만으로 유대인 학살을 증언하는 이야기다.[201]

---

200. 영화 「파이란」(2001)은 타자(불법 체류자)의 죽음과 깡패의 인간적 각성을 다룬, 권할 만한 명화다.

(영화에 따르면) 대학살은 이렇게 벌어졌다. 먼저 유대인을 곳곳의 게토(=유대인 강제격리 구역)에 몰아넣은 뒤 정해진 시간이 되면 그들을 수용소행 기차에 태운다. 가축 수송용 짐칸을 10~20칸쯤 매단 열차다. 수송 과정에는 음식도, 물도 전혀 주지 않으며, 전체 인원의 5~10%쯤이 수송 도중에 죽어나간다. 수용소에 도착하면 옷을 벗기고 가스실로 보내 질식시켜서 소각로에 (그 시체를) 태웠는데 모두 2~3시간밖에 걸리지 않았다고 한다. 어떤 수용소의 경우, 5천 명씩 태운 기차가 하루 세 번 왔는데 이들을 죽이고 태우느라 수용소 관리들이 몹시 바빴단다. 이 과정에서 독일 관리들은 한 번도 '너희를 죽일 예정'이라고 내비치지 않았다. 탈의실에서 어쩌다 이 사실을 귀띔 받은 유대인도 이 사실을 전혀 믿으려 하지 않았다.

사람이 가스실 안에서 극한의 공포에 휩싸이게 되면 다들 구역질나는 배설물을 가득히 쏟아낸댔다. 가스 살포가 다 끝난 가스실에 들어가 보면 방바닥에 아이들의 으깨진 두개골이 질펀했는데 가스가 밑으로부터 올라오니까 다들 조금이라도 숨을 더 쉬려고 미친 듯이 남의 몸을 밟고 올라섰기 때문이란다. 그런 끔찍한 광경까지는 아니라도 굶주릴 대로 굶주린 유대인들은 도덕 감정을 잃어버려서 과일이라도 하나 주면 아버지가 자식 것을 빼앗고 어린 아이가 할머니 것을 뺏으러 달려들었단다.

나치 관리들도 처음에는 끔찍한 학살극을 저지르는 데 대한 죄의식으로 미칠 지경이었는데 그것도 시간이 차츰 흐르니까 기계처럼 무덤덤하게 그 일을 해낼 수 있게 되더란다. 나치 관리들의 증언은 한결같

---

201. 이 증언 말고도 나치는 숱한 잔혹행위를 저질렀다. 가령 똥 누기를 일부러 막았다. 결국 똥이 터져 나와 옷과 침대, 동료에게 튄다. 독일군은 이들을 짐승으로 취급해도 되겠다는 기분이 든다.

았다. "유대인들이 그렇게 많이 죽은 것은 참으로 유감이다. 하지만 나는 세월이 많이 지나서 잘 기억이 나지 않고…… 나는 졸병이라서 명령에 따랐을 뿐이다. 그리고 어떻게 생각해보면 유대인들이 그런 고통을 당한 것은 그들한테 어떤 업보業報가 있었기 때문이 아닐까? 반유대주의를 우리가 발명한 것도 아니다……."

그런 끔찍한 곳에서 과연 누가 사람으로서 자기의 존엄성을 지탱할수 있었을까? 유대인 사회는 저마다 제 목숨을 살리려고 갖은 추레한 짓을 다 벌였다. "나(우리)는 독일 사회에 이러저런 공적이 있으니까 제거(추방) 대상에서 빼주세요. 저놈들은 제거돼 마땅한 인간쓰레기들이에요. 나리님들을 정성껏 모실 터이니 저만 예뻐해주세요……."

'우리 모두는 무젤만'이라고 말할 수 있을까

'인간 학살극'은 새로운 타자들을 만들어냈다. 포로수용소에는 인간적인 감정도 다 달아나고 영혼마저 잃어버린, 살아 있지만 사람이라 일컫기 어려운 '산-죽은' 목숨들이 있었단다. '무젤만'이라 일컫는다.[202] 공포스러운 장면을 송두리째 맞닥뜨리고서 그 검은 태양에 의해 온몸에 화상을 입은 사람! 홀로코스트가 얼마나 끔찍한 참극인지 가장 생생하게 증언할 사람이지만 바로 그렇기 때문에 증언할 능력(영혼)조차 잃어버린 사람! 낯빛도 없고 눈동자에 초점도 없는 사람! 그저 목숨만 이어가는, 얼굴이 없는 사람!

---

202. '무슬림'의 독일어식 표현. 몸을 가누지 못해 흔들거리며 걷는 모습이 기도하는 무슬림 같다 해서 붙여진 이름이다. 심지어 추위도 못 느끼고 말도 못 알아듣는다. '좀비'도 무젤만과 이웃사촌이다.

무릇 사람은 남(들)의 연약한 얼굴에서 건네 오는 무한한 요청에 "내가 여기 있어요(=뭘 도와 드릴까요?)" 하고 대꾸할 때 비로소 윤리적인 주체가 된다. 그런데 무젤만은 "내가 여기 있어요(=날 도와줘요)!" 하고 말할 수 없다. 사람은 사람을 만날 때라야 (도우려는) 마음이 일어나는 법인데 그는 사람 아닌 괴물일 뿐이다. 사람들은 이를테면 "우리 모두 사라예보의 시민이오."[203] 하고 가장 비참하게 짓밟힌 희생자와 자기를 동일시하면서identify with 인류에 대한 형제애를 불러낸다. 그런데 사람 아닌 역겨운 괴물과는 도무지 자기를 동일시할 수 없다.

슬라보예 지젝은 레비나스의 '타자(=이웃)' 관념에는 일종의 허상이 있다고 비판한다. 이웃(타자)을 윤리적인 책임에 대한 요청이 퍼져 나오는 심연abyss으로 여기는 것은 괴물로 바뀔 수도 있는 이웃을 윤리적으로 고상한 것으로 떠받드는 일이랬다. 그리고 이는 대학살에서 살아남은 자가 무슨 생각을 할지를 숙고(궁리)한 것이 아니고, 멀찍이 안전한 곳에서 파국을 지켜본 사람의 감상을 읊조린 것이란다. '운 좋게(또는 영리하게)' 살아남은 사람의 죄의식이 타자를 떠받들게 만들었다는 것이다.[204]

그는 '네 이웃을 사랑하라'는 예수의 계명은 레비나스의 관념과 다르다고 본다. 궁극적인 타자가 신 자신이라면 기독교에서는 신 자신이 인간이요, '우리 중의 하나'이므로(헤겔은 '저 너머의 신'이 십자가 위에서 죽었다고 말했다), 그리스도와 자기를 동일시한다는 것은 타자성을 접어두는 것이다. 이것이 기독교의 탁월한 사상적 혁신이다. 그 대신에 성령이, 타자가 아닌 신도들의 공동체가 출현한다. 기독교의 궁극적인

---

203. 사라예보는 유고슬라비아의 해체로 불거진 보스니아 내전(1992~1995)에서 끔찍하게 짓밟힌 도시다. 1914년엔 이곳서 벌어진 어떤 암살 사건이 1차 세계대전의 도화선이 되기도 했다.
204. 지젝이 쓴 『시차적 관점』 참고.

지평은 이웃의 알 수 없는 타자성의 심연을 존중하는 것이 아니다. 타자의 가면(그럴싸한 허울) 뒤에 아무런 신비로움도 없다는 것을 깨닫는 것이다.[205]

<blockquote>

덧대기 1

'남을 환대하자'는 윤리적 요청은 '남들한테 선물을 베푸는(=증여하는) 것이야말로 명예로운 일'이라는 생각으로 뒷받침돼야 한다. 이 생각이 자본주의 이전, 곧 원시 부족사회에서는 너무나 당연한 상식common sense 이었다. 그 시절엔 '소유ownership'의 뜻이 지금과 무척 달랐다. 내가 누구한테 물건을 건네받아도 그게 완전한 내 소유물이 아니었다. 내가 잠깐 맡아둔(=점유한) 것에 지나지 않는다. 물건들은 증여(건네줌)와 답례의 사슬 속에서 순환하고(돌아가고), 이것이 사회를 재생산하는 힘이었다. 교과서(사회 지배층)는 어려운 이웃한테 성심을 다해 '자선charity을 베풀자'고 권유하고 있는데 그저 돈 몇 푼 떼어내서 건네주는 것으로 생색낼 일이 아니다. 우리가 돈벌이, 곧 내 것을 얼마나 많이 움켜쥐느냐 하는 집착(얽매임)에서 벗어나지 못하는 한, 아무리 자선을 많이 한들 그 자선은 자기를 돋보이는 겉치레가 될 뿐이다. 참으로 값진 게 무엇인지 새로운 가치관과 사회구성 원리를 옛사람들한테서 다시 배워야 한다. "끝없이 남한테 베풀며 살아라! 그게 너의 의무다! 물건 값만 치르면 거래(인간관계)가 끝나는 그런 경제(계산) 동물의 삶을 살지 마라!" 마르셀 모스의 『증여론』(1925)과 모리스 고들리에의 『증여의 수수께끼』(1996)를 참고하라. 자본주의를 넘어설 비전(상상력)의 일부를 거기서 얻을 수 있다.

</blockquote>

<blockquote>

덧대기 2

유럽은 2015년 여름, 시리아에서 생겨난 수백만 명의 (피)난민이 몰려들고, 한편으로 이슬람 테러가 터져 나오는 바람에 난민과 외국인 노동자를 싸잡아 비난하는 우익 정치집단이 기승을 부렸다. 그 덕분(?)에 새로운

</blockquote>

205. 그의 이웃론(타자론)은 그런 허술함이 있다 해도 무게 있는 윤리학이다. 그의 환대론에 따르면 우리는 (국가 붕괴 위협이라는) 어려운 처지에 놓인 북한 민중을 아무런 계산 없이 도와야 한다.

급진정치를 추구하는 흐름(그리스의 시리자, 스페인의 포데모스 등)이 큰 반향을 얻지 못하고 묻혀버렸다. 난민과 테러는 다 글로벌 자본주의의 결과이고, 유럽의 기득권 지배세력은 이런 우익 정치의 출현에서 큰 이득을 얻는다. 지젝은 난민 문제에 대처하는 정치 방침을 다음과 같이 간추렸다. 첫째, 난민들의 존엄한 생존을 돕기 위해 유럽이 모든 노력을 쏟아야 한다. 그에 대해 비타협적 자세만이 야만주의를 몰아낼 수 있다. 둘째, 헝가리나 슬로바키아에서 생겨난 지역적 야만주의를 막으려면 유럽연합 모두를 포괄하는 관리 네트워크를 통해 난민 유입 사태를 다뤄야 한다. 한편 난민들은 유럽 당국이 배치해준 주거 지역과 그곳의 법(사회 규범)을 존중해야 한다. 종교적이거나 성적, 인종적인 어떤 형태의 폭력도 관용되지 않고, 다른 사람들의 삶의 방식이나 종교에 어떤 것도 강제할 권리가 없으며, 공동체적 관습을 포기하려는 모든 개인의 개별적 자유를 존중해야 한다. 셋째, 신식민주의적인 모순을 피하려면 군사적이고 경제적인 새로운 국제적 해결책도 개발되어야 한다. 넷째, 가장 어렵고 중요한 과제는 난민을 만드는 사회적인 조건(!)을 없앨 급진적인 경제적 변화다. 난민 발생의 궁극적인 원인은 오늘날의 글로벌 자본주의와 지정학적 게임이다. 눈앞의 정치적 다툼만 살필 일이 아니다. 문제는 경제대공황(!)이다. 근본적인 변화가 일어나지 않으면 그리스 같은 유럽 나라의 이민자들이 난민 대열에 합류할 것이다. 길게 봐서는 사회주의의 비전을 다시 '발명'해내야 한다. 그는 환경 난민을 비롯해 온갖 난민이 늘어날 미래를 예견하면서 '인류가 노마드(유목민) 같은 삶을 준비해야 할 것'이라고 덧붙였다. 한편, UN난민기구 친선대사 정우성(영화배우)은 레바논 난민촌에서 만난 아기의 눈빛을 잊을 수 없다며, 우리도 난민 입국심사의 문턱을 낮춰야 한다고 호소한다.

덧대기 3

철학과 종교의 가장 큰 물음은 '어떻게 남들과 교통하느냐'다. 기독교의 신神은 그 과제를 던져주기 위해 태어났다. 사람은 친숙한 동네(세계)에서는 '생각'이 일어나지 않는다. 습관에 따라 (생각 없이) 행동할 뿐이다. 낯선 남(들)과 마주쳤을 때라야 그를 어찌 대해야 할지 비로소 '생각'하게 된다. 인간人間, 곧 사람들 사이에서만 비로소 사람이 '생각할 줄 아는 짐승'

이 된다. 한국말만 써오던 사람은 한국말의 특징에 대해 모르는 것과도 비슷하다. 다른 나라 말을 배워본 사람만이 한국말이 어떤 점에서 남다른지 비로소 알게 된다. 사람은 대부분의 시간을 '나' 속에 갇혀 산다. 낯선 남을 만나 (그와 사귀고 싶다며) 미친 듯한 사랑에 빠지게 될 때라야 '나'를 잊게 된다. 이와 달리, 남(들)과 교통하는 법을 배우지 못한 사람은 도덕적인 불감증을 스스로 깨닫지 못한다. 유대인 600만 명의 학살은 그 시절 독일(유럽)인들의 철학과 종교가 송두리째 무너져 내렸다는 뜻이다. 신神의 이름으로 받아안았던 '이웃 사랑'의 계명을 스스로 지워버린 것이다. 지금의 인류가 그 야만 상태에서 얼마나 벗어나 있을까? 우리가 세계 자본 체제에 의해 무자비하게 억눌리거나 따돌림당하며 살아가는 세계 곳곳의 사람들을 잊고(외면하고) 지내는 한, 인류 사회는 야만스러운 약육강식의 정글에서 한 치도 벗어나지 못할 것이다. 늘 깨어 있자.

덧대기 4

사스키아 사센이 최근에 쓴 책 『축출 자본주의』에 따르면 21세기 들어 난민수용소와 선진국의 감옥에 갇힌 사람, 빈민가(슬럼)에서 헤매는 잉여(＝생존에 허덕이는) 인구가 급증하고, 후진국에는 강대국(독점자본)이 착취해 가서 황폐해지는 땅이 늘어나고 있다. 세계 자본 체제가 자기를 연명하기 위해 훨씬 무자비한 짓거리(행태)를 벌이는 단계로 옮아갔다는 뜻이다. 한국은 그동안 '(상대적으로) 잘나갔던 나라'다. 그래서 자본 체제의 이런 변화를 '덜' 실감하고 있을 뿐이다.

삶의 행복을 꿈꾸는 교육은
어디에서 오는가?

미래 100년을 향한 새로운 교육

▶ **교육혁명을 앞당기는 배움책 이야기**

혁신교육의 철학과 잉걸진 미래를 만나다!

 핀란드 교육혁명
한국교육연구네트워크 총서 01 | 320쪽 | 값 15,000원

 일제고사를 넘어서
한국교육연구네트워크 총서 02 | 284쪽 | 값 13,000원

 새로운 사회를 여는 교육혁명
한국교육연구네트워크 총서 03 | 380쪽 | 값 17,000원

 교장제도 혁명
한국교육연구네트워크 총서 04 | 268쪽 | 값 14,000원

 새로운 사회를 여는 교육자치 혁명
한국교육연구네트워크 총서 05 | 312쪽 | 값 15,000원

 혁신학교에 대한 교육학적 성찰
한국교육연구네트워크 총서 06 | 308쪽 | 값 15,000원

 혁신학교
성열관·이순철 지음 | 224쪽 | 값 12,000원

 행복한 혁신학교 만들기
초등교육과정연구모임 지음 | 264쪽 | 값 13,000원

 서울형 혁신학교 이야기
이부영 지음 | 320쪽 | 값 15,000원

 혁신교육, 철학을 만나다
브렌트 데이비스·데니스 수마라 지음
현인철·서용선 옮김 | 304쪽 | 값 15,000원

 혁신교육 존 듀이에게 묻다
서용선 지음 | 292쪽 | 값 14,000원

 다시 읽는 조선 교육사
이만규 지음 | 750쪽 | 값 33,000원

 프레이리와 교육
한국교육연구네트워크 번역 총서 01
존 엘리아스 지음 | 한국교육연구네트워크 옮김
276쪽 | 값 14,000원

 교육은 사회를 바꿀 수 있을까?
한국교육연구네트워크 번역 총서 02
마이클 애플 지음 | 강희룡·김선우·박원순·이형빈 옮김
352쪽 | 값 16,000원

 **비판적 페다고지는
세상을 변화시킬 수 있는가?**
한국교육연구네트워크 번역 총서 03
Seewha Cho 지음 | 심성보·조시화 옮김 | 280쪽 | 값 14,000원

 마이클 애플의 민주학교
한국교육연구네트워크 번역 총서 04
마이클 애플·제임스 빈 엮음 | 강희룡 옮김 | 276쪽 | 값 14,000원

 미래교육의 열쇠, 창의적 문화교육
심광현·노명우·강정석 지음 | 368쪽 | 값 16,000원

 대한민국 교사, 어떻게 가르칠 것인가?
윤성관 지음 | 320쪽 | 값 15,000원

 아이들을 어떻게 가르칠 것인가
사토 마나부 지음 | 박찬영 옮김 | 232쪽 | 값 13,000원

 아이들의 배움은 어떻게 깊어지는가
이시이 준지 지음 | 방지현·이창희 옮김 | 200쪽 | 값 11,000원

 모두를 위한 국제이해교육
한국국제이해교육학회 지음 | 364쪽 | 값 16,000원
2015 세종도서 학술부문

 경쟁을 넘어 발달 교육으로
현광일 지음 | 288쪽 | 값 14,000원

 독일 교육, 왜 강한가?
박성희 지음 | 324쪽 | 값 15,000원

대한민국 교육혁명
교육혁명공동행동 연구위원회 지음 | 152쪽 | 값 5,000원

▶ 비고츠키 선집 시리즈
발달과 협력의 교육학 어떻게 읽을 것인가?

 생각과 말
레프 세묘노비치 비고츠키 지음
배희철·김용호·D. 켈로그 옮김 | 690쪽 | 값 33,000원

 도구와 기호
비고츠키·루리야 지음 | 비고츠키 연구회 옮김
336쪽 | 값 16,000원

 어린이 자기행동숙달의 역사와 발달 I
L.S. 비고츠키 지음 | 비고츠키 연구회 옮김
564쪽 | 값 28,000원

 어린이 자기행동숙달의 역사와 발달 II
L.S. 비고츠키 지음 | 비고츠키 연구회 옮김
552쪽 | 값 28,000원

 어린이의 상상과 창조
L.S. 비고츠키 지음 | 비고츠키 연구회 옮김
280쪽 | 값 15,000원

 연령과 위기
L.S. 비고츠키 지음 | 비고츠키연구회 옮김
336쪽 | 값 17,000원

 성장과 분화
L.S. 비고츠키 지음 | 비고츠키 연구회 옮김
308쪽 | 값 15,000원

 관계의 교육학, 비고츠키
진보교육연구소 비고츠키교육학실천연구모임 지음
300쪽 | 값 15,000원

 비고츠키 생각과 말 쉽게 읽기
진보교육연구소 비고츠키교육학실천연구모임 지음
316쪽 | 값 15,000원

 비고츠키와 인지 발달의 비밀
A.R. 루리야 지음 | 배희철 옮김 | 280쪽 | 값 15,000원

 수업과 수업 사이
비고츠키 연구회 지음 | 196쪽 | 값 12,000원

▶ 평화샘 프로젝트 매뉴얼 시리즈
학교 폭력에 대한 근본적인 예방과 대책을 찾는다

 학교 폭력 어떻게 만들어지는가
문재현 외 지음 | 300쪽 | 값 14,000원

 학교 폭력, 멈춰!
문재현 외 지음 | 348쪽 | 값 15,000원

 왕따, 이렇게 해결할 수 있다
문재현 외 지음 | 236쪽 | 값 12,000원

 젊은 부모를 위한 백만 년의 육아 슬기
문재현 지음 | 248쪽 | 값 13,000원

 아이들을 살리는 동네
문재현·신동명·김수동 지음 | 204쪽 | 값 10,000원

 평화! 행복한 학교의 시작
문재현 외 지음 | 252쪽 | 값 12,000원

 마을에 배움의 길이 있다
문재현 지음 | 208쪽 | 값 10,000원

▶ 교과서 밖에서 만나는 역사 교실
상식이 통하는 살아 있는 역사를 만나다

 전봉준과 동학농민혁명
조광환 지음 | 336쪽 | 값 15,000원

 남도의 기억을 걷다
노성태 지음 | 344쪽 | 값 14,000원

 응답하라 한국사 1·2
김은석 지음 | 356쪽·368쪽 | 각권 값 15,000원

 즐거운 국사수업 32강
김남선 지음 | 280쪽 | 값 11,000원

 즐거운 세계사 수업
김은석 지음 | 328쪽 | 값 13,000원

 강화도의 기억을 걷다
최보길 지음 | 276쪽 | 값 14,000원

 광주의 기억을 걷다
노성태 지음 | 348쪽 | 값 15,000원

 선생님도 궁금해하는
한국사의 비밀 20가지
김은석 지음 | 312쪽 | 값 15,000원

 교과서 밖에서 배우는 역사 공부
정은교 지음 | 292쪽 | 값 14,000원

 팔만대장경도 모르면 빨래판이다
전병철 지음 | 360쪽 | 값 16,000원

 빨래판도 잘 보면 팔만대장경이다
전병철 지음 | 360쪽 | 값 16,000원

 영화는 역사다
강성률 지음 | 288쪽 | 값 13,000원

 친일 영화의 해부학
강성률 지음 | 264쪽 | 값 15,000원

 한국 고대사의 비밀
김은석 지음 | 304쪽 | 값 13,000원

 조선족 근현대 교육사
정미량 지음 | 320쪽 | 값 15,000원

▶ 창의적인 협력수업을 지향하는 삶이 있는 국어 교실
우리말 글을 배우며 세상을 배운다

 중학교 국어 수업 어떻게 할 것인가?
김미경 지음 | 332쪽 | 값 15,000원

 토론의 숲에서 나를 만나다
명혜정 엮음 | 312쪽 | 값 15,000원

 이야기 꽃 1
박용성 엮어 지음 | 276쪽 | 값 9,800원

 이야기 꽃 2
박용성 엮어 지음 | 294쪽 | 값 13,000원

토닥토닥 토론해요
명혜정·이명선·조선미 엮음 | 288쪽 | 값 15,000원

 인문학의 숲을 거니는 토론 수업
순천국어교사모임 엮음 | 308쪽 | 값 15,000원

▶ 4·16, 질문이 있는 교실 마주이야기
통합수업으로 혁신교육과정을 재구성하다!

통하는 공부
김태호·김형우·이경석·심우근·허진만 지음
324쪽 | 값 15,000원

내일 수업 어떻게 하지?
아이함께 지음 | 300쪽 | 값 15,000원

인간 회복의 교육
성래운 지음 | 260쪽 | 값 13,000원

교과서 너머 교육과정 마주하기
이윤미 외 지음 | 368쪽 | 값 17,000원

수업 고수들 수업·교육과정·평가를 말하다
박현숙 외 지음 | 368쪽 | 값 17,000원

도덕 수업, 책으로 묻고 윤리로 답하다
울산도덕교사모임 지음 | 320쪽 | 값 15,000원

체육 교사, 수업을 말하다
전용진 지음 | 304쪽 | 값 15,000원

교실을 위한 프레이리
아이러 쇼어 엮음 | 사람대사람 옮김 | 412쪽 | 값 18,000원

걸림돌
키르스텐 세룹-빌펠트 지음 | 문봉애 옮김
248쪽 | 값 13,000원

마음의 힘을 기르는 감성수업
조선미 외 지음 | 300쪽 | 값 15,000원

작은 학교 아이들
지경준 엮음 | 376쪽 | 값 17,000원

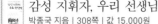
감성 지휘자, 우리 선생님
박종국 지음 | 308쪽 | 값 15,000원

주제통합수업, 아이들을 수업의 주인공으로!
이윤미 외 지음 | 392쪽 | 값 17,000원

수업과 교육의 지평을 확장하는 수업 비평
윤양수 지음 | 316쪽 | 값 15,000원
2014 문화체육관광부 우수교양도서

교사, 선생이 되다
김태은 외 지음 | 260쪽 | 값 13,000원

교사의 전문성, 어떻게 만들어지나
국제교원노조연맹 보고서 | 김석규 옮김 392쪽 | 값 17,000원

수업의 정치
윤양수·원종희·장군 지음 | 280쪽 | 값 14,000원

학교협동조합,
현장체험학습과 마을교육공동체를 잇다
주수원 외 지음 | 296쪽 | 값 15,000원

거꾸로교실,
잠자는 아이들을 깨우는 수업의 비밀
이민경 지음 | 280쪽 | 값 14,000원

교사는 무엇으로 사는가
정은균 지음 | 292쪽 | 값 15,000원

마을교육공동체란 무엇인가?
서용선 외 지음 | 360쪽 | 값 17,000원

21세기 교육과 민주주의
한국교육연구네트워크 번역 총서 05
넬 나딩스 지음 | 심성보 옮김 | 392쪽 | 값 18,000원

교사, 학교를 바꾸다
정진화 지음 | 372쪽 | 값 17,000원

함께 배움
학생 주도 배움 중심 수업 이렇게 한다
니시카와 준 지음 | 백경석 옮김 | 280쪽 | 값 15,000원

▶ 더불어 사는 정의로운 세상을 여는 인문사회과학
사람의 존엄과 평등의 가치를 배운다

밥상혁명
강양구·강이현 지음 | 298쪽 | 값 13,800원

좌우지간 인권이다
안경환 지음 | 288쪽 | 값 13,000원

도덕 교과서 무엇이 문제인가?
김대용 지음 | 272쪽 | 값 14,000원

민주 시민교육
심성보 지음 | 544쪽 | 값 25,000원

자율주의와 진보교육
조엘 스프링 지음 | 심성보 옮김 | 320쪽 | 값 15,000원

민주 시민을 위한 도덕교육
심성보 지음 | 500쪽 | 값 25,000원
2015 세종도서 학술부문

민주화 이후의 공동체 교육
심성보 지음 | 392쪽 | 값 15,000원
2009 문화체육관광부 우수학술도서

교과서 밖에서 배우는 인문학 공부
정은교 지음 | 280쪽 | 값 13,000원

갈등을 넘어 협력 사회로
이창언·오수길·유문종·신윤관 지음 | 280쪽 | 값 15,000원

오래된 미래교육
정재걸 지음 | 392쪽 | 값 18,000원

동양사상과 마음교육
정재걸 외 지음 | 356쪽 | 값 16,000원
2015 세종도서 학술부문

대한민국 의료혁명
전국보건의료산업노동조합 엮음 | 548쪽 | 값 25,000원

교과서 밖에서 배우는 철학 공부
정은교 지음 | 280쪽 | 값 14,000원

교과서 밖에서 배우는 고전 공부
정은교 지음 | 288쪽 | 값 14,000원

교과서 밖에서 배우는 사회 공부
정은교 지음 | 304쪽 | 값 15,000원

전체 안의 전체 사고 속의 사고
김우창의 인문학을 읽다
현광일 지음 | 320쪽 | 값 15,000원

교과서 밖에서 배우는 윤리 공부
정은교 지음 | 292쪽 | 값 15,000원

▶ 살림터 참교육 문예 시리즈
영혼이 있는 삶을 가르치는 온 선생님을 만나다!

꽃보다 귀한 우리 아이는
조재도 지음 | 244쪽 | 값 12,000원

선생님이 먼저 때렸는데요
강병철 지음 | 248쪽 | 값 12,000원

성깔 있는 나무들
최은숙 지음 | 244쪽 | 값 12,000원

서울 여자, 시골 선생님 되다
조경선 지음 | 252쪽 | 값 12,000원

아이들에게 세상을 배웠네
명혜정 지음 | 240쪽 | 값 12,000원

행복한 창의 교육
최창의 지음 | 328쪽 | 값 15,000원

밥상에서 세상으로
김흥숙 지음 | 280쪽 | 값 13,000원

북유럽 교육 기행
정애경 외 14인 지음 | 288쪽 | 값 14,000원

▶ 남북이 하나 되는 두물머리 평화교육
분단 극복을 위한 치열한 배움과 실천을 만나다

 10년 후 통일
정동영·지승호 지음 | 328쪽 | 값 15,000원

 선생님, 통일이 뭐예요?
정경호 지음 | 252쪽 | 값 13,000원

 분단시대의 통일교육
성래운 지음 | 428쪽 | 값 18,000원

 김창환 교수의 DMZ 지리 이야기
김창환 지음 | 264쪽 | 값 15,000원

▶ 출간 예정

참된 삶과 교육에 관한
생각 줍기